慶應義塾大学
東アジア研究所10周年(地域研究センター30周年)
記念講演集

アジア・アフリカ研究
現在と過去との対話

KEIO INSTITUTE
OF
EAST ASIAN STUDIES

慶應義塾大学東アジア研究所

はじめに

　30 年が経過することは、一人の人間にとっても、またひとつの組織にとっても、これまで辿ってきた道のりを眺め、そして今後進むべき道を考えるよい機会となるであろう。2014 年に、慶應義塾大学地域研究センター発足 30 周年、およびその後継組織である東アジア研究所成立 10 周年を祝福できるのは、まことに喜ばしいことである。

　地域研究センターは慶應義塾創立 125 周年を記念して、1984 年 4 月に誕生した。それははじめから「学際的、総合的」であることをうたい、全学からさまざまな専門家を集める共同研究の場として成立したのである。同センターは、現代世界にとってその巨大な意義がすべての人々にとって明らかであるが、しかしわれわれの大学教育には必ずしも居場所のなかった地域研究に実践の場を与えたのであった。しかも、このセンターにおける研究は、決して慶應義塾内部に閉じられたものではなかった。それは学内の学部の垣根を飛び越えて研究者を集めると同時に、国家の垣根をも飛び越えて共同の研究プロジェクトを組織した。したがって、それは学際的、総合的であるばかりでなく、国際的だったのである。一世代前の地域研究センターのニューズレターに、外国人を含む文科系と理科系の研究者が集い、諸科学を融合させようと試みる研究プロジェクトの紹介が行われていることを見出すのは興味深いことである。

　本書は地域研究センター発足 30 周年、および東アジア研究所成立 10 周年を記念して、2014 年 1 月から 3 月にかけて行われた歴代所長・副所長による連続講演会の講演原稿、講演会の合間に行われた 30 年を回顧する座談会の記録、そして地域研究センターと東アジア研究所の歴史を物語る資料を収録したものである。本書の刊行までに、思いのほか時間がかかってしまったため、講演原稿によっては、それが言及している現地の状況に重要な変化が生じている場合もあるが、お許しいただきたい。資料を一瞥したとき、読者諸氏は、予算規模からしてもスタッフの数からしても決して大きくはないこの研究機関が、あたかも大伽藍の長い回廊に連なった多くの壁画群のごとく、

かくも多くの研究成果を発表してきたことに驚かれるであろう。この記念すべきときに名誉あるこの研究所の所長となった私の仕事はほかでもない、グローバリゼーションの時代に地域研究を適応させつつ、この回廊をさらに先へと延長することなのである。

　地域研究は、世界のあらゆる地域がグローバリゼーションの波にさらされるにつれ、これまでの研究戦略を調整せざるをえなくなっている。そのような調整は、研究資金の獲得方法から現地調査の方法に至るまで、また大学院生の教育方法から研究成果の公表の仕方にまで及ぶであろう。少なくとも、グローバリゼーションという外側から及ぶ波に、それぞれの地域で人々がどのように適応するか、抵抗するか、あるいは適応と抵抗の組み合わせがどうなるかという問題に、われわれはますます注意を払わなければならなくなっているのである。

　とはいえ、地球規模で生じている諸問題を探求する「グローバル・スタディーズ」なるものが、従来の「エリア・スタディーズ」の地位を奪い、駆逐し、そして後者に博物館行きを命じるという事態はおそらく生じないであろう。というのも、世界のあらゆる地域はグローバリゼーションに伴い、いっそう相貌を似たものにするであろうが、異なる文化を背景とした政治・経済・社会の姿はひとつに収斂するものではないと予想されるからである。したがって、今後の地域研究はこれまでと変わらず視線を「下に」向け、その土地で生きる人々と彼らが形作る社会の個性の把握に努めると同時に、視線を「上に」も向け、その土地で生じる事象が他の諸地域で生じている事象とつながっていることを強く意識しなければならないであろう。もちろん、厄介な仕事であるが、その面白さは尽きることがない。

　最後に、連続講演会の開催に関わる煩瑣な連絡や調整などを行ってくださった東アジア研究所の小沢あけみさん、そして本書刊行に際してさまざまなご助力をたまわった慶應義塾大学出版会の方々に深く感謝申しあげたい。

2014 年 9 月

慶應義塾大学東アジア研究所
所長　高橋伸夫

目 次

はじめに　　高橋伸夫　i

第Ⅰ部　《連続講演》アジア・アフリカ研究——現在と過去との対話

第1章　アフリカ現代史における現在と過去との対話
——独立期アフリカ指導者たちの思想と行動　　小田英郎　3
はじめに　3
1　独立期のアフリカにおける強い「歴史的復権」志向　4
2　アフリカ性の主張と国家建設のイデオロギー　9
3　アフリカ的社会主義の諸言説　11
4　アフリカ的社会主義の試みと挫折——タンザニアの事例　16
5　アフリカ性の主張のトーンの低下——ポスト冷戦時代の社会主義の退潮のなかで　20
むすびに代えて——新生南アフリカと「アフリカのルネサンス」の主張　21

第2章　中華民国史研究——現在と過去との対話　　山田辰雄　27
はじめに——現代と過去との対話：2つの意味　27
1　中国国民党左派の研究——中華民国史の提唱　29
2　日中関係の150年　34
3　天安門事件（1989年）と歴史の連続性　37
4　蔣介石研究　39
おわりに　41

第3章　香港を考える　　可児弘明　43
はじめに——暮らした香港、やぶ睨みの香港　43
1　"residual China" としての香港　46
2　何が "residual China" を残したのか　65
3　"residual China" その後　71
おわりに　76

第4章　38度線の設定——ポストリビジョニズムの視点　　小此木政夫　81
はじめに——ポーランド問題と原爆実験の成功　81
1　ポツダムでの軍事協議　83
2　バーンズの小さな原爆外交　86

3　「ブラックリスト」作戦計画　91
　4　38度線の設定　95
　5　緊急占領の挫折　100
　おわりに　103

第5章　東アジアと南アジアのはざまで──地域研究の行方を探る
　　　　　　　　　　　　　　　　　　　　　鈴木正崇　111
　はじめに──視座と方法　111
　1　異文化の理解Ⅰ──スリランカ（1980〜）　118
　2　異文化の理解Ⅱ──インド（1982〜）　124
　3　異文化の理解Ⅲ──ミャオ族（1983〜）　130
　4　異文化の理解Ⅳ──ナガ族（2003）　138
　5　異文化の理解Ⅴ──バリ（1990〜）　140
　6　異文化の理解を越えて　141
　7　地域研究と文化人類学　143
　おわりに──地域研究の行方　147

第6章　地域研究としての中国政治研究──歴史・現状・課題　国分良成　153
　はじめに　153
　1　地域研究──アメリカから日本へ　155
　2　戦後の中国政治研究──アメリカと日本　163
　3　慶應義塾の中国政治研究　168
　おわりに──中国政治研究の課題　172

第7章　冷戦後の日本外交──なぜ歴史問題が収まらないのか　添谷芳秀　177
　はじめに　177
　1　日本外交の基本的構図　178
　2　1990年代日本外交の変化(1)──動機としての国際協調主義　181
　3　1990年代日本外交の変化(2)──歴史問題への取り組み　184
　4　1990年代後半からの変調──反中感情の蔓延　191
　5　安倍外交の虚と実　194
　おわりに　197

第Ⅱ部　《座談会》地域研究センター・東アジア研究所の30年──回顧と展望　201

第Ⅲ部　《資　料》　241

第Ⅰ部 《連続講演》
アジア・アフリカ研究——現在と過去との対話

第 1 章

アフリカ現代史における
現在と過去との対話
──独立期アフリカ指導者たちの思想と行動

小田英郎
(慶應義塾大学名誉教授)

はじめに

　この小論は、慶應義塾大学東アジア研究所創立 10 周年(前身の地域研究センター創立 30 周年)を記念して標記のテーマで行われた講演を、あらためて文章化したものである。2014 年 1 月から 3 月まで 8 回にわたって行われたこの記念講演の統一テーマは「アジア・アフリカ研究──現在と過去との対話」で、この小論はその「アフリカ編」に当たる。
　「現在と過去との対話」というと、E・H・カーの名著『歴史とは何か』(清水幾太郎訳、岩波新書、1962 年)を思い出す人も多いに違いない。同書が刊行された当時大学院生であった私は、同書のなかでカーが示した、「歴史とは現在と過去との対話である」という極めて斬新で説得力豊かな歴史哲学に接して、何か新しい視野が開けていくような、一種の爽快感を覚えたものであった。
　「歴史は(人々がそのなかに加わって歩いていく)進行する行列であり、行列が進むにしたがって新たな展望が開ける。その新しい展望に立って、過去の歴史の再検討、再評価が可能となる。その意味で、歴史とは現在と過去との対話であり、さらに現在と未来(未来の諸目的)との対話でもあるのだ」と

いうのが、カーの考え方である。

　ひるがえって、アフリカ現代史（独立期以降の時代）のなかで、「現在と過去との対話」がもっとも顕著に行われたのは、いつであったか。それは、大枠で独立期（1950年代末期〜60年代初期）から国家建設の初期（〜およそ70年代）にかけての時代であった。この小論で取り上げる、アフリカ指導者たちの「アフリカ性の回復」の主張は、独立〜国家建設過程における「アフリカの伝統的価値の再評価」とその現代的復元の叫びであって、これもまた「現在と過去との対話」にほかならない。

　独立期のアフリカの指導者たちにとって、独立とは何を意味するものであったか。独立期から国家建設期に広がりをみせた「アフリカ的社会主義」は、どのような認識に基づくものであったか、それはD・E・アプターのいう「政治的幻想期」[(1)]にのみ生命力をもちえた、あだ花的イデオロギーに過ぎなかったのか、いまから半世紀前にアフリカのいたるところに響き渡った「アフリカ・ルネサンス」の叫びは、ポスト冷戦時代の民主化、自由化の巨大な潮流のなかで、かき消されてしまったのか、といった諸問題を、以下の順序で考えてみることにする。

1　独立期のアフリカにおける強い「歴史的復権」志向

　アフリカ現代史を概観するとき、そこには強い歴史的復権への志向性が貫かれていることに気づく人は、多いであろう。1950年代末期〜60年代初期の独立の時代と、それに続く国家建設の初期の時代には、アフリカの指導者（および知識人）の多くが、「アフリカ性の回復」を強く主張し、アフリカの復権を声高に叫んだ。それはまた、主体性の回復の要求でもあった。

(1) 過去におけるアフリカ性の全否定とそれへの反作用

　主体性の回復の要求は、脱植民地化過程にある旧植民地諸国、諸地域に共通の現象であるが、それがとりわけ顕著にみられたのは、アフリカであった。なぜかといえば、アフリカにおけるそれは、ヨーロッパ植民地主義勢力が作り上げ流布させた「アフリカ（人）の劣等性」といった誤った認識ないしフィ

クションと、それに基づく「アフリカの文化価値＝アフリカ性（Africanity）の全否定」に対する、当然の反作用だったからである。「ヨーロッパ人の優越性」と対になって流布された「アフリカ人の劣等性」の観念は、16世紀に本格化し19世紀末まで続いた大

西洋奴隷貿易の時代に育まれ、19世紀末期以降のアフリカ分割・植民地化の時代に固定的なものとなった。「アフリカ人は文化的に劣等であり、自分で社会を発展させる潜在力もなければ、自治能力もない」というヨーロッパ人の一方的かつ差別的な認識は、アフリカに対する植民地主義的支配を正当化する論理ともなったのである。

　アフリカ植民地に対するフランスやポルトガルの同化主義政策はその典型である。例えばフランスの場合、その政策は「アフリカ植民地を漸次フランス化していくこと」が建前であって、植民地のアフリカ人を教化してフランス文化を身につけさせ、一定の文化水準に達したアフリカ人を開化民（évolué）と認定し、これに市民権をあたえるという方式であった。もっとも、この同化主義政策は極めて不充分にしか実施されず、その「恩恵」に浴したアフリカ人はごく僅かであった（セネガルのサンルイ、ゴレ、ダカール、ルフィスクの4地区の住民は全くの例外であった）。ポルトガルの同化主義の空洞化ぶりは、それ以上であった。

　同化主義はヨーロッパ文化の普遍性を前提とする。したがって、必然的にアフリカ文化＝アフリカ性は全否定される。換言すれば、アフリカの主体性は否定され、アフリカの自立も拒否される。フランスは第二次世界大戦後に植民地制度改革に着手するが、植民地に独立を認める政策に転換したのは、アルジェリア戦争の失敗を経験した後の1960年のことであった。ポルトガルの場合はさらに動きが緩慢で、解放勢力を武力で抑えきれなくなった1970年代半ば以降に、ようやくギニアビサウ、モザンビーク、アンゴラ等の独立を認めたのであった。フランス、ポルトガルにとって、同化主義の呪縛は、それほど強かったのである。将来、海外の植民地に自治を認めることを漠然

とではあれ予定していたかにみえるイギリスの場合でも、例えば代表的な植民地行政官ロード・ルガードがその著『英領熱帯アフリカにおける二重の委任』（1922年）で述べているように、植民地人民はイギリスの手に導かれて道徳的、物質的に進歩を遂げ、自治能力を身につけるべきものとされていたのであって、アフリカ人が自力で発展の道をたどるとは考えられていなかったのであった。

　繰り返して述べるが、強いアフリカ性の主張は、植民地支配の時代におけるアフリカ性の全否定への、当然の反作用だったのである。

(2)　アフリカの個性（African Personality）——主体性のアフリカ的表現

　そもそも主体性の回復の要求は、脱植民地化過程にある諸国、地域に共通してみられる現象であるが、とりわけそれが顕著にみられたのは、アフリカにおいてであった。例えば、1958年9月のフランス第5共和制憲法草案に対する国民投票で当時の仏領アフリカのうちで唯一、圧倒的多数の反対票を投じて、フランス共同体の枠外で劇的な独立を遂げたギニアの、アフメド・セク・トゥーレ（初代大統領）は、当時、次のように述べた。

　「植民地制度はわれわれ自身の価値に有害な影響をあたえたが、アフリカの抵抗によってわれわれの文明——きわめて人間的な文明——の基本的土台はまもりぬかれた。……物質崩壊の時代（原子力時代）は、アフリカ人が自分の価値——人間的、社会的、精神的、文化的な——の真の源泉にたちかえる時代と符号している」[2]。

　トゥーレはまた、同じ文章のなかで「アフリカの歴史の闇の時代はすぎさった」とし、「自分の文化のかけがえのない性格をうきぼりにしたい、もっぱらアフリカの個性にもとづいて、自分固有の価値をのばしたい」[3]という強い希求を表明している。

　「アフリカの個性」という用語でアフリカの復権を主張したのは、むろんトゥーレだけではない。例えば独立ガーナ（旧英領ゴールドコースト）の初代首相であり初代大統領でもあったクワメ・ンクルマ（エンクルマ）は1958年4月、第1回独立アフリカ諸国会議の開催（アクラ）を前にして、その歴史的意義をラジオ放送で次のように語っている。

「この偉大な大陸の歴史で初めてと思いますが、国際問題に独自の役割をはたす力をもった、正真正銘の全アフリカ独立諸国の指導者が、相互の国家的問題を論じ、国際的な平和と善意にアフリカが貢献する第1歩を踏み出すために、会議を開くことになりました。歴史のうえで、アフリカはあまりにも長いあいだ、他人の声によって語られてきました。国際問題のうえで"アフリカの個性"と私が呼んできたものが、その本来の衝撃をあたえる機会を、いままさに、もとうとしているのです」(4)。

「アフリカの個性」について語っている独立期前後のアフリカ指導者は、ほかにも数多くいる。アリウン・ディオプ（セネガル）、A・ケソン゠サッケイ（ガーナ）、トム・ムボヤ（ケニア）、E・ムファレレ（南アフリカ）……。それは、トゥーレやンクルマが強調した「アフリカの個性」の時代の到来という歴史認識にくわえて、「このアフリカの個性こそアフリカ・ナショナリストたちがあらゆる努力と犠牲を傾注すべき目標であり、彼らの多くがこの個性の発展のためにその血を流し、生命をささげてきたのだ」(5)というJ・キ゠ゼルボ（オートヴォルタ＝現ブルキナファソ）の言葉に込められた時代感覚を、彼らが共有していたからにほかならない。

なお、「アフリカの個性」は単に個々の指導者、知識人のレベルだけで主張されたのではない。それは例えば、アフリカ大陸で開催された最初のパン・アフリカ会議とさえ評された前述の第1回独立アフリカ諸国会議（1958年4月）の宣言、決議のなかにも盛り込まれている。さらにその翌年の1959年7月、ガーナ、ギニア、リベリア3国が独立アフリカ諸国共同体（Community of Independent African States）という名称のアフリカ統合モデルを描き出したサニケリ宣言のなかにも、その共同体の行動原理を規定する基本的目的として、アフリカ諸人民の利益、自由、独立、統一と並んで、「アフリカの個性」が挙げられている(6)。すなわちアフリカ大陸レベルで、「アフリカの個性」の正統性が公式に認められていたのである。

(3) ネグリチュード（Négritude）――同化主義への反作用

「アフリカの個性」ほど一般的でないが、同じような歴史的意味合いを帯びて登場した主体性の概念に、ネグリチュードがある。セネガルの初代大統

領であり、詩人でもあり、哲学者でもあったレオポルド・セダール・サンゴールは、ネグリテュードを「黒人民族を、あるいは、より正確には黒人アフリカ世界を特徴づける文明的——文化的、経済的、社会的、政治的——諸価値の総体」(7)と定義したが、「黒人性」と一語でいってもよさそうなこの概念は、フランス植民地政策の根幹をなす同化主義への反作用として、1930年代以降パリに在住するアフリカ知識人を中心に展開されたネグリテュード運動のなかで、発展してきたものである。非黒人であるJ・P・サルトルなども同調したこのネグリテュード運動は、当初、文化運動の色彩が強かったが、第二次世界大戦後にいたって政治的次元をつけ加え、サンゴールの主張した独特の人道主義的アフリカ社会主義の哲学的基礎となった。なお、後述するように、サンゴールのいう「黒人世界を特徴づける諸価値」とは「黒人アフリカの共同体的伝統＝ヒューマニズム」を指すと考えられる。

ネグリテュードは、アフリカ現代史との関係でいえば、セネガルを中心としてフランス語圏の一部で声高に主張されたのであって、「アフリカの個性」ほどの地域的広がりはもってはいなかったが、それにしても、「不当な植民地的過去の告発を伴う自己の歴史的存在の再発見」の概念であり、叫びであることには変わりがない。

(4) 独立の意味するもの＝主体性の回復

以上に述べたことからも明らかなように、1950年代後半以降のアフリカ（植民地）にとって、独立とは単に政治的自決権を獲得することや、植民地的経済構造を脱却して経済的自立・発展のレールに乗ることだけを意味するものではなかった。独立とは政治、経済、社会、文化、国際関係などにおける主体性の回復を意味するものであった。

エジプトの社会学者アンワル・アブデルマレクは次のように述べている。「主体性の回復は——解放運動のなかのもっとも遅れた部分においてさえも——非植民地化の過程の目標であり、終点であると受け止められている」。彼はまたこうもいっている。「アフリカ、アジアの国々はしばしばきわめて古い文明を誇った国々である。……これらの国々は発展過程の断絶を経験し、断絶はのちになって植民地化をまねきよせることになった。だから、これら

の国々にとっては、独立とはかれらの歴史的存在を再発見することである。それは……植民地主義の衝撃のもとに歪められ、ねじまげられた民族の深層にある存在、主体性をとりもどして、自己自身を確立し、そこから出発して現代文明が保有する共通の財産のために貢献することである」[8]。

アブデルマレクの主張のキーワードは「（自己の）歴史的存在の再発見」である。人間としての尊厳を踏みにじられ、その文化価値を全否定されたアフリカにとって、独立とは、何よりも「民族の深層にある存在＝主体性」を回復することでなければならない。それは、アンクルトムイズムからの自己解放であり、アフリカの尊厳や、ヨーロッパ人との人間的平等に基礎づけられた「積極的自己確認」でなければならない。

独立期～国家建設期に、アフリカの個性やネグリチュードが、多くの指導者によって声高に叫ばれたのは、このためである。

2　アフリカ性の主張と国家建設のイデオロギー

それでは、こうしたアフリカ性の主張は、独立期に続く国家建設期に、どのようなイデオロギーや政策に、どのように反映されたのであろうか。一般に変動期がイデオロギーの時代であることはよく知られている。イデオロギーは変動する社会の方向性を指し示し、実現すべき社会の未来像を描き出し、そこに到達するまでのプロセスを説明する。もっとも、往々にして変動期のイデオロギーが描き出す社会の未来像には、政治的幻想に過ぎない部分も含まれがちであって、国家建設期のアフリカのイデオロギーもまたその例にもれない。

社会主義とアフリカ性との結合の試み

さて、独立期アフリカの指導者たちの多くが唱導したイデオロギーおよび体制は、基本的には社会主義であった。実際、帝国主義の苛斂誅求に苦しんだ過去をもち、民族資本その他の資本主義的発展の条件を欠いたアフリカには、国家建設の大事業に取り組むに当たって、社会主義以外の選択肢は、ほぼなかったといえる。

そこで、社会主義とアフリカ性を結合させようとする試みが目立ってくる。いわゆるアフリカ的社会主義（African Socialism）の台頭である。アフリカ的社会主義が真の社会主義といえるかどうかは、別の問題である。一方にアフリカ性の強い主張があり、他方に社会主義を選択する以外の道がほぼない以上、この両者を結合しようとするのは、ごく自然な流れである。ガーナ、ギニア、セネガルを初めとして独立期アフリカに誕生した諸国がこぞってアフリカ的社会主義（後述するようにギニアの指導者セク・トゥーレはあえてこの名称を避けていたが）を標榜したのは、この時代の「アフリカ性の政治文化」が強く作用していたことの証左である。そこではヨーロッパ起源の社会主義イデオロギーは相対化される。ちなみにアフリカにマルクス主義を標榜する政権が登場するのは、ほとんど1970年代に入ってからであって、国名を挙げればアンゴラ、モザンビーク、ベナン、エチオピア、ブルキナファソ（旧オートヴォルタ）などである。なお、コンゴ人民共和国（現コンゴ共和国）、ソマリアは1年早く、1969年にマルクス主義（科学的社会主義）を標榜する政権を誕生させている。

　後述するように、アフリカ的社会主義のイデオロギーは一人のイデオローグによって生み出されたものではない。そこには多様なイデオローグが存在する。J・モーハンは『アフリカ的社会主義の多様性』と題する論説（1966年）のなかで、「自分達の用いる政治的レトリックのなかで"社会主義"をほのめかしたい、という誘惑を退けるような指導者をもった国は、アフリカにはほとんど存在しない」[9]と述べているが、確かにレトリックのレベルを超えない、成熟度の低いものも含めて、さまざまなアフリカ的社会主義が、独立期から国家建設期の初期にかけて、アフリカのそこここで、唱えられたのである。

　これらの多様なアフリカ的社会主義に共通するのは、「社会主義は外来的なものではなく、アフリカ社会の共同体的伝統のなかに社会主義的要素が存在していたのだ」という、基本的認識である。そうした共同体的伝統を現代的に復元して、国家建設の基本に据えるというのが、彼らの一般的な主張である。

　共同体的伝統のなかに存在する社会主義的要素とは何か。W・H・フリー

ドランドの指摘によれば、それは①労働は社会的義務であるとする観念、②生産主義の観念、③無階級社会的志向、④社会一元論、などである[10]。これをもって、ただちに「社会主義的伝統」といいきってしまうのには、若干無理があるような気もするが、一応の指摘としてここに紹介しておく。

3 アフリカ的社会主義の諸言説

前節で述べたように、アフリカ的社会主義と総称されるイデオロギーは、一人のイデオローグによって生み出されたものではない。アフリカ的社会主義に関しては、さまざまな言説がある。以下、代表的な3つの言説を、概略説明する。

(1) サンゴールのアフリカ社会主義――「社会主義はヒューマニズムである」

サンゴールのアフリカ的社会主義の基礎をなすものは、「社会主義はヒューマニズムである」[11]という認識である。そうした基本的認識に立って、サンゴールは、伝統的な黒人アフリカの共同体には独特のヒューマニズムが流れていたと主張する。この共同体は個人の集合体ではなく、霊的交感の場であったし、集産主義的でもあった、と彼はいう。「我々はヨーロッパ人がやってくる以前に、すでに社会主義を造りあげていたのだ」[12]とさえ、サンゴールはいいきるのである。したがって、いまなすべきことは、伝統的共同体を律してきたそうした精神の在り方を復元し、国家建設に反映させることである、というのである。

ネグリテュードはこうした主張の土台をなす概念であり、サンゴールによれば、ネグリテュードがもつもっとも重要な属性はヒューマニズムなのである。

社会主義についてのサンゴールの認識を、より明確に描き出すために、マルクス主義についての彼の解釈の概略を示しておく。サンゴールはまず「我々はこんにちいわれているような意味での"マルクス主義者"ではない」と明言したのち、現代のマルクス主義は、マルクスの思想を誤って解釈していると主張する。「経済学よりもむしろヒューマニズム、すなわちヒューマ

ニズムの哲学こそマルクスの思想の根本的特性であり、その積極的貢献である」（下線はサンゴール）。『資本論』のなかで展開された人間疎外の問題を取り上げて、サンゴールは「誰の名において、何の名において、マルクスは人間の尊厳を、人間が自己の労働の産物をすべて自分の手中におさめる権利を、主張したのか？」「誰の名において、何の名においてマルクスは深夜労働や、少年労働や、アフリカの奴隷売買を非難したのか？」という問いを発したうえで、その答えをヒューマニズムに帰着させている(13)。

　C・F・アンドレインのいうように、サンゴールの唱導するイデオロギーは、社会主義というより社会主義的ヒューマニズムと呼ぶのが妥当なのかもしれない(14)。

(2) セク・トゥーレの共同体主義

　アフリカの共同体的伝統を、社会主義のイデオロギー、制度の基礎にすえるべきだとする点では、前述のセク・トゥーレ（ギニアの初代大統領）のほうが、さらに徹底している。トゥーレはいう。「アフリカは本質的に共同体社会である。集団生活と社会的連帯がアフリカの慣習に、多くの民族がうらやむようなヒューマニズムの基調を帯びさせている。それは、アフリカではだれもが家族社会、村落社会あるいは部族社会の組織のもとに生活を組織することなど考えられないという人間的特性によるものである。アフリカ諸国民の声には顔がなく、名がなく、個人的な響きがない」(15)。

　彼はまた、既成の社会主義と彼のイデオロギーを峻別してこう述べている。「われわれはいっさいの曖昧さと誤った類推をはっきりとさけるために、"共同体主義"という表現を用いている。……社会的友愛の諸側面のもとで知られているわれわれの社会的連帯、個人的利益に対する社会的利益の優位、共同責任の感覚、村落の生活を規制し支配する正式な民主主義の慣習――これらはすべてわが社会生活の基礎をなすものであるが――われわれが共同体的現実とよぶものを、これらが形成しているのである」(16)。

　トゥーレは、こうした共同体的伝統を基礎にすえて、新たな独立ギニアの国家建設を進めようと試みた。

　しかしながら、上述のような共同体の概念は、必ずしも特殊アフリカ的

（あるいはギニア的）とはいえないであろう。前近代的な村落共同体においては、「全体」が「個」に優位し、生産、消費を含めて、社会生活が共同性の感覚によって支配される傾向があるというのは、ごく一般的なことである。その意味で、共同体主義をアフリカの伝統に根ざすとするトゥーレの論理は、かなり強引なのである。

　しかし、開発独裁のイデオロギーという側面に注目すれば、トゥーレが共同体主義を標榜した理由も理解できる。まずトゥーレは、ギニア社会のなかに（マルクス主義的な意味での）階級は存在しない、という基本的認識に立つ。そこにあるのは階級ではなく、同質的な「人民」である。彼の認識によれば、そもそも政党は対立あるいは競合する複数の階級の利益を代表するものであるが、ギニア社会には階級は存在せず、したがって人民を代表する政党（前衛政党）として、ただひとつギニア民主党（PDG）のみが存在を認められる。一党制の正当化である。レーニン主義的な民主集中制を組織原則とするこのギニア民主党は、人民のエネルギーを迅速な国家建設に向けて集中的に投入する役割を担うが、党の行う指導について、トゥーレは次のように述べている。「指導とはあらかじめ決定された目標を実現するために権力を用いることである。指導とは独裁を行使することである」[17]。

（3）セク・トゥーレとマルクス・レーニン主義

　なお、トゥーレの思想にはマルクス・レーニン主義的な用語で語られる部分が、かなり多くみられる。それは彼が急進的な労働組合運動を足がかりにして独立期ギニアのトップリーダーに躍り出たことと、密接に関連していたであろう。ここに詳述する余裕はないが、トゥーレの思想とマルクス・レーニン主義との親和的関係について、若干、触れておきたい。例えば、彼の展開する矛盾論がそうであって、主要矛盾としての「植民地主義とナショナリズムの矛盾」と、副次的矛盾としての「アフリカにおける各社会層間の矛盾」を区分し、主要矛盾は国家・民族を最小単位とする「国際的階級闘争」によって克服すべきものであり、副次的矛盾は主として共同体的、友愛的連帯の次元で解消されるべきものだとする。そこには帝国主義的、植民地主義的国家（ブルジョア国家）対プロレタリア国家という図式が明確に描かれてい

る⁽¹⁸⁾。実践面でも、ギニア民主党の組織原則として民主集中制を導入したことは、前に述べたとおりである。

　こうしたことから、アンドレインのようにトゥーレを「アフリカ的マルクス主義者」に分類する向きもあるが、それよりもむしろ「マルクス主義的アフリカ主義者」と呼んだほうが正確であるような気がする。彼は一見、擬似マルクス主義的側面とアフリカ主義の側面をもつ双面神（ヤヌス）のようにみえるが、つまるところ、（彼がいうところの）ギニア社会に固有の共同体的伝統に根ざした社会主義（彼はその用語をあえて避けているが）を基礎とし、マルクス・レーニン主義の理論的、実践的武器をもってそれを強化しようとした、というのが、実際のところであろう。そこでは、マルクス・レーニン主義は特殊アフリカ的基準に基づいて分解され、部分的に取捨選択されているに過ぎない。このようにマルクス・レーニン主義を相対化してしまっては、もはやマルクス・レーニン主義者とはいえない。トゥーレはいう。「社会は原理原則や哲学や教義や所与の科学のためにつくられるのではない。……われわれは社会を科学に適用するのではなくして、科学を社会に適用しなければならない。かくて……マルクス主義はアフリカの現実に適合しない部分を刈りとられたのである」⁽¹⁹⁾。

　マルクス・レーニン主義の用語を多く用い、会議人民党（CPP）の組織原則として民主集中制を導入し、レーニンの『帝国主義論』を想起させるタイトルの著書『新植民地主義――帝国主義の最終段階』（家正治・松井芳郎訳、理論社、1971年、原題：*Neo-Colonialism: The Last Stage of Imperialism*, 1965）を公刊したンクルマ（エンクルマ）も、トゥーレと同様にマルクス主義への傾斜がみられるが、ここでは触れない。ンクルマの軸足は、むしろアフリカの統一（アフリカ的社会主義諸国によるアフリカの統一）に置かれていたのではないかと思われる⁽²⁰⁾。

（4）ニエレレのアフリカ的社会主義――「ウジャマーこそ社会主義の基礎」

　タンザニアの初代大統領⁽²¹⁾として、独立期から80年代半ばまでその国家建設を指導してきたジュリアス・K・ニエレレもまた、アフリカを代表するアフリカ的社会主義者の一人である。彼の社会主義の概念は、「社会主義は

ヒューマニズムである」とする前述のサンゴールの認識と相通ずるものがあるが、哲学的なサンゴールと違って、その説明の仕方はいたってシンプルである。ニエレレは「ウジャマー：アフリカ的社会主義の基礎」と題する小冊子の冒頭でこう述べている。「社会主義は——民主主義と同様に——精神の在り方（attitude of mind）である。社会主義社会において、人びとが相互の福祉の増進に関心をもつ状態を、確実に実現するのに必要なものは、ある種の標準的な政治的パターンを厳密に守ることではなくて、社会主義的な精神の在り方なのである」[22]。すなわち、ニエレレにとっては、制度ではなく、精神の在り方が、社会主義の本質を規定する決定的な要素なのであり、また社会主義の具体的内容は、社会的な福祉そのものなのである。

　それでは、「社会主義的な精神の在り方」とは何か。ニエレレによれば、それは「伝統的なスワヒリの共同体に流れていた家族的友愛（ウジャマー：ujamaa）」を現代的に復元したマインド（精神の在り方）である。彼によると、「我々の第一歩は、したがって自分自身を再教育すること、……我々が以前持っていたような精神の在り方を回復することでなければならない。我が伝統的なアフリカ社会では、我々は共同体のなかの個人であった。共同体の世話をしたのは我々であったし、我々の世話をしたのは共同体であった。我々は仲間を搾取する必要もなければ、搾取したいとも思わなかった」[23]。

　社会全体を急速な発展のレールに乗せ、富の増大を図ることは、途上国の共通の課題であるが、これについても、ニエレレは「伝統的な生産精神の復活」の論理を持ち出す。彼によると、「伝統的なアフリカ社会においては、誰もが働き手であった」。この場合、「働き手（worker）」というのは「雇用主（employer）」との対比ではなく、「のらくら者（loiterer）」ないし「怠け者（idler）」との対比で用いられている。彼はいう。「『雇用主』と対抗関係にあるという意味での『被雇用者』という用語は、資本主義的な精神の在り方を反映しているものであって、それは植民地主義とともに持ち込まれた、本来アフリカとは全く無縁のものである」[24]。

　「誰もが働き手である」ことの例外にみえる高齢者についても、ニエレレは以下のような周到な説明をくわえている。「いまや共同体の他の成員の労働に依存して安穏に暮らしているかにみえる長老も、実際には若い時代に勤

勉に労働に従事したのだ。彼がいま所有しているかにみえる富は、彼の個人的な富ではない。彼は、かつて富を生産した集団の長老としての彼に過ぎない。彼はその富の管理者なのだ」（下線はニエレレ）[25]。

また、生産とともに経済の両輪をなす分配についても、ニエレレはこう述べている。「社会主義は本質的に分配のためのものである。社会主義の関心事は、種子を播いた者がその果実を正当に取り入れるようになることである」。しかしその一方で、ニエレレは「いずれかの集団が、たまたま他の集団よりも国民所得に多く貢献しているからという理由で、実際に必要な額以上の利益配分を産業から取得すべきだと主張しようとするなら……その集団は仲間の人間を搾取しようとすることになる。それは資本主義的な精神の在り方の発揮である」[26]と釘を刺すのを忘れていない。発展に不可欠な原始的蓄積のための、禁欲的倫理の強調である。

以上にみたように、全体として、ニエレレの説くアフリカ的社会主義（いわゆるウジャマー社会主義）は、理論志向は希薄であり、非体系的であるように思える。しかしながら、平易な言葉を用いたその語り口は、国民から「ムワリム（先生）」という愛称で親しまれた彼の、ウジャマー精神に満ちたたたずまいを浮き彫りにしている。理解しやすい言説で大衆を説得し、そのエネルギーを国家建設へ向けて効果的に動員するタイプの指導者の姿を、そこにみることができる。「オサギエフォ（救世主）」と呼ばれてカリスマ化された独立期ガーナの指導者ンクルマとは対照的ともいえる、指導者の姿である。

4　アフリカ的社会主義の試みと挫折——タンザニアの事例

以上に述べたように、アフリカ的社会主義の諸言説は、いずれも独立期のアフリカ指導者が、一種の「過去との対話」のなかから生み出したものであるが、果たしてそれは実際の政策に具体化されたのであろうか。一般的にいえば、アフリカ的社会主義を標榜する諸国の政策は、企業の国有化、公営化であったり、農業共同化であったり、価格統制であったりで、格別そこに「アフリカの伝統の現代化」といえるほどの特徴がみられたわけではなかった（もっとも、政治的側面で、一党支配体制を正当化する論理を、アフリカの共同体

的伝統から引き出す傾向があった点は、別である）。

　ほとんど唯一の例外といってもよさそうなのは、アルーシャ宣言以後のタンザニアの事例である。以下、ごく簡単にその概要に触れておくことにする。

(1) ウジャマー社会主義の展開
——アルーシャ宣言、自力更生の農業開発、ウジャマー村

　タンザニアでは、必ずしも社会主義的とはいえない第1次経済開発5カ年計画（1964〜68年度）が中途で挫折したのちの1967年2月、タンガニーカ・アフリカ民族同盟（TANU＝後の革命党CCM）の党大会でアルーシャ宣言を採択し、本格的な社会主義路線への転換を行った。詳細は省くが、第1次経済開発5カ年計画は外部援助依存型の、例えば国有化を伴わない社会主義的色彩の希薄なものであったが、アルーシャ宣言では、一転して自力更生路線が明言され、銀行、保険などの金融部門、製粉、セメント製造、ビール醸造などの製造部門を含む主要産業国有化の原則が打ち出された。さらにタンザニアを「労働者と農民の国家」として性格づけ、唯一政党であるTANUを「労働者と農民の党」と規定したのである[27]。ここに詳論する余裕はないが、外部援助依存型開発から自力更生型開発への転換が、ビアフラ戦争（ナイジェリア内戦、1967〜70年）をめぐる旧宗主国イギリスとの関係悪化など、対外関係の変化にも少なからず影響されてのことであったのは、確かである。

(2) ウジャマー村建設計画——集村化と農業共同化の試み

　こうした社会主義路線への大転換のなかで、とくに重視されたのが農業開発であって、ニエレレはアルーシャ宣言から7カ月後の1967年9月に、ウジャマー村（ujamaa vijijini）の建設による全国的な農村の社会主義的再編成を行う方針を明らかにした。「社会主義と農村開発」と題する政策文書のなかに示されたこのウジャマー村とは、一種の社会主義的共同農場を基盤とする共同体であるが、それはまさしくニエレレの説くウジャマー精神をよく体現した、農業国タンザニアにおける社会主義建設の中核として機能すべき、なかば人工的な村落として、構想されていた。

　むろんウジャマー村の建設計画は、短期間のうちに推進できるような簡単

な事業ではなかった。それは三段階に分かれた漸進的な農村改造の形で推進されるべきこととされた。第一段階は散村構造をもつ農村の集村化であった。この段階では農民の住居の移動を必然的に伴うため、それは想像以上に困難な事業であった。当初説得によって推進しようとした集村化は、後に強制的に行われるようになる。この第一段階の目標は集村化であって、農業生産は私的農地で行われることとされた。

　第二段階は農業共同化の実施であり、私的農地での生産活動を中心としつつも、副次的に共同農場の生産活動も行われ、その収益は各個に分配される。第三段階に移行すると、共同農場での生産活動が中心となり、私的農地の規模は縮小され、そこでの生産活動は副次的なものとなる。

(3) アルーシャ宣言 10 年後

　最初は容易に進まなかった集村化は、1969年7月からの第2次経済社会5カ年計画のなかで精力的に推進され、アルーシャ宣言から10年後の1977年2月までに7,686のウジャマー村が建設された。ニエレレが『アルーシャ宣言10年後』というパンフレットのなかで述べたところによれば、この結果、総人口の約87％に当たる約1,306万5,000人の農民が、ウジャマー村に組織されたのであった[28]。これは、とくに1973年代以降に顕著になった強制的な集村化によるところが大きかった。これには、「組織化のための組織化である」とか、官僚主義的だとする批判も浴びせられた。また、農村経済の混乱を引き起こすなどのマイナスの影響を及ぼす面があったともいわれている[29]。

　アルーシャ宣言から10年後の1977年2月、タンザニアにおける社会主義建設の回顧と展望を試みたニエレレは、「自分はつたない預言者である」と自己批判し、10年前にはタンザニアの社会主義化には30年を要すると考えたが、いまではそれよりはるかに長い年月を要すると思わざるをえないと述べた[30]。しかし、彼自身も認めたように1977年の時点で「タンザニアはまだ社会主義の国にも自力更生の国にもなっていない」[31]という状態だったにせよ、ウジャマー社会主義という、牧歌的ともいえるイデオロギーを、単なる言説のレベルに留めることなく、政策として実体化しようとした点は、評

価できるのではなかろうか。

　付けくわえていえば、社会主義や自力更生といった目標へ向かう歩みは遅々たるものだったにせよ、集村化に伴って国民の「生活の質」は向上した。具体的には、死亡率の低下、初等教育の就学率や成人識字率の向上、病院・診療所・保健センターなどの増設、村ごとの協同組合売店の開設、安全な水の供給を受けられる村の増加などなどである[32]。

(4) 挫折の 80 年代

　しかし、タンザニア経済は、記念すべき「アルーシャ宣言 10 周年」の 1977 年以後、急速に下降線をたどる。むろんこれには、さまざまな原因があるが、ニエレレ自身も述べているように、第 1 次オイルショック以後の石油コストの急激な増大、80 年代におけるコーヒー、茶、タバコなどの輸出価格の下落、東アフリカ共同体（EAC）の解体（1977 年）に伴う新たなインフラ整備（新たな航空会社、中央郵便電信機構の設立など）の負担増、対ウガンダ戦争（1978～79 年）の予定外かつ莫大な戦費負担（約 40 億タンザニア・シリング）、旱魃、洪水などの自然災害などがとくに大きかったとされる。前述のような生活水準の向上はプラスの効果であったが、それを維持するための衣、食、教育、保健衛生を含む部門の支出が、人口増とあいまって急増していったことも、タンザニア経済に大きな負担となった。途上国に共通してみられる官僚機構の肥大化と腐敗、過大で非現実的な目標設定などを含む政策上の誤り、産業における規律の弛緩、自力更生精神の弱化、急激な国有化政策による効率の低下なども、タンザニア経済にマイナスの作用をした[33]。

　こうしたことの結果、タンザニアは 80 年代半ばには社会主義の原則を緩めざるをえなくなる。ニエレレ大統領は 1985 年 11 月に辞任し、後継のアリ・ハッサン・ムウィニ政権は 86 年に国際通貨基金（IMF）、世銀の大幅な融資を受け入れ、その勧告もあって一連の経済自由化政策を導入した。サイザル麻農場の民営化、食料品を含む消費物資の輸入自由化その他の一連の政策転換は、その現れである。90 年代以降、IMF、世銀の勧告による構造調整政策（SAP）の推進＝脱社会主義化は、さらに進んでいった。

5 アフリカ性の主張のトーンの低下
――ポスト冷戦時代の社会主義の退潮のなかで

　前節に述べたタンザニアに限らず、アフリカの1980年代は「失われた10年」といわれるほどの経済的停滞の時代であった。急増する対外累積債務や平均年率3％という人口の急増も経済成長の阻害要因となった。旱魃などの大規模自然災害もこれに追い討ちをかけた。環境破壊も進行した。このため、IMF、世銀などの国際金融機関や先進諸国は、経済の安定化と成長のための融資条件、援助条件として、市場原理の導入や緊縮財政などを軸とする構造調整政策の採用を強く求めるようになった。アフリカ諸国の側にはこれに強く反発する傾向もみられたが、結局、1980年代末までにその3分の2が、構造調整政策を受け入れる結果となった[34]。そしてその当然の結果として、アフリカ的社会主義を含む社会主義の退潮傾向が強まり、それに伴ってアフリカ性の主張のトーンも次第に低下していったのである。

　1989年12月の米ソ首脳会談（マルタ会談）による東西冷戦の終結という歴史的大転換は、アフリカに「民主化」の雪崩現象を引き起こした。マルタ会談の時点でアフリカに存在した一党体制30カ国のうちの28カ国が、3年余のうちに複数政党制への転換（および自由選挙）を行い、あるいは転換を公約したのであった。また軍事政権の民政移管も相次いだ。「民主化の質」は別として、1990年7月の第16回主要先進国首脳会議（ヒューストン・サミット）の政治宣言が冒頭で示した「今世紀（20世紀）最後の10年」は「民主主義の10年になるべき時代」であるという認識を、もっともよく具現化したのが、90年代初期のアフリカにおける民主化の雪崩現象であった[35]。

　しかし、構造調整政策導入（市場原理の導入を柱とする）の80年代に続く「民主化」の90年代は、アフリカ的社会主義や一党体制の原理の退潮を決定的なものとし、アフリカ性の主張のトーンを一層低下させる結果をもたらしたのであった。なお、主として1970年代（コンゴ共和国は69年）に登場したアンゴラ、モザンビーク、エチオピア、ブルキナファソ、ベニン（ベナン）などのマルクス主義政権も、90年代における民主化の雪崩現象のなかで、脱マルクス主義への道を歩んだ。

むすびに代えて
——新生南アフリカと「アフリカのルネサンス」の主張

　半世紀前に始まった独立期から、それに続く国家建設期の初期にかけて、アフリカのいたるところに響き渡ったアフリカ性の主張、アフリカのルネサンスの叫びは、冷戦後の民主化、自由化の巨大な潮流のなかで次第に弱まり、やがてはかき消されていく運命をたどることになるのであろうか。構造調整政策（の導入）の80年代から民主化（の雪崩現象）の90年代をへて21世紀の今日にいたる30数年の政治的、経済的な情勢の展開をみれば、答えは「しかり」に傾きそうになるが、そうするのには躊躇を覚える。

　それは、南アフリカ共和国を中心に近年「アフリカ・ルネサンス」の叫びが高まっているからである。周知のとおり、南アフリカでは長期にわたる人種差別（隔離）反対闘争の結果、1990年代初期までに制度としてのアパルトヘイトが全廃され、1994年4月の全人種参加の民主選挙によって初の黒人中心の政権の誕生をみた。その初代大統領ネルソン・マンデラのもとで第1副大統領に任ぜられたターボ・ムベキは、現代アフリカを代表する「アフリカ・ルネサンス」の唱道者として知られる（1999年にはマンデラの後を受けて第2代大統領に就任〜2008年辞任）。

　ムベキは1998年4月に国連大学（東京）で「アフリカ・ルネサンス——南アフリカと世界」と題する講演を行い、アフリカ自身の手による「アフリカの再生」を強く訴えた。その主張の筋道には、とくに新味は感じられないが、過去におけるアフリカ性の主張との違いは、「アフリカ統一機構」（OAU＝2002年にアフリカ連合：AUへと改組）を「アフリカ・ルネサンス」の推進機関とする構想を提示するなど、具体性を盛り込んだ点である[36]。ムベキの「アフリカ・ルネサンス」の主張は、2001年7月にOAU首脳会議が採択した新アフリカ・イニシアティブ（NAI）に結実する。NAIはその後、より精緻化されて「アフリカ開発のための新パートナーシップ」（NEPAD）となった。

　NEPADは、経済のグローバル化が急速に進みつつある状況のなかで、アフリカの周縁化を防ぎ、貧困削減、持続可能な成長と開発、世界経済へのア

フリカの統合を推進するための、主体的かつ総合的なアフリカ復興戦略ともいうべきものである。その行動計画は、平和と安全イニシアティブ、民主主義とガバナンス・イニシアティブを二本の柱とするものであって、G8などをはじめとする国際社会の協力体制もただちに構築された。ムベキは2001年10月に国賓として訪日した際に、国連大学でNAI（NEPAD）に関する講演を行っている[37]。

ムベキはアフリカ・ルネサンス実現の総合的戦略としてのNEPADの推進だけでなく、複数の専門的研究機関を設置して、アフリカ・ルネサンスの知的深化のための環境整備に努めている[38]。彼は、前記の「アフリカ・ルネサンス――南アフリカと世界――」（1998年）のなかで、「"我々は自らの解放者なのだ"という墓碑銘は、アフリカ再生のビジョンを心中に刻み込んだ総てのアフリカ人の墓石に彫られる」とし、続けて「我々の過去が、いまこそアフリカ再生の時だ、と告げているという確信こそ、アフリカ・ルネサンスの概念化の基本条件なのだ」と述べているが[39]、こうした状況をみるにつけ、アフリカ性の主張は、その発現形態こそ変われ、いまもなお、生命力を保ち続けているのかもしれないという思いが、胸をよぎるのである。

近年、アフリカは紛争、難民、政治的不安定、経済的停滞、腐敗汚職、貧困、感染症などの大陸、といったマイナス・イメージで語られる傾向があった。とくに冷戦終結後は、いくら援助を行ってもなかなか発展のレールに乗れないアフリカについて、一種の諦めを伴うアフロ・ペシミズムの声が、世界のそこここで聞かれた。21世紀のアフリカ・ルネサンス論は、そうした近年の諦観を払いのけようとする、アフリカ側の決意とそのための総合的復興戦略の総体である。確かに、近年のアフリカは世界的な資源需要の高まりもあって、その発展の可能性に期待が懸けられるようになった。アフリカ最大の経済大国南アフリカが先頭に立って、アフリカの発展に「オールアフリカ」（パン・アフリカ）で取り組む体制が整備されつつあることに対しては、期待を懸けてよさそうである。これが1994年に誕生した新生南アフリカの「熱狂の時代」が生み出した過渡的現象に終わるとは考えにくいのである。

[注]
(1) アプターはイデオロギーの形成過程について6段階の区分を行い、近代化過程にある社会でイデオロギーが有効性を発揮するのは政治的幻想期（第5段階）においてであって、実践的現実主義の段階に入ると以前のような有効性を発揮できなくなる、と述べているが、確かにそうした傾向はあるかもしれない。D・E・アプター（内山秀夫訳）『近代化の政治学』下巻、未來社、1968年、400-404頁。
(2) セク・トゥーレ（小出峻・野沢協訳）『アフリカの未来像―黒アフリカの個性―』理論社、1961年、152頁。
(3) 同書、147頁。
(4) Kwame Nkrumah, *I Speak of Freedom: A Statement of African Ideology*, London: William Heinemann, 1961, p. 125. この部分については、邦訳書（野間寛二郎訳）『自由のための自由―アフリカは創造する―』（理論社、1962年）の文章がやや正確さを欠くため、原文に合わせて修正、引用した。
(5) Joseph Ki-Zerbo, "African Personality and the New African Society" in American Society of African Culture(ed.), *Pan-Africanism Reconsidered*, Berkeley & Los Angeles: University of California Press, 1962, p. 267.
(6) これらの宣言、決議の全文は、C. Legum(ed.), *Pan-Africanism: A Short Political Guide*, Rev. edition, New York: F.A. Praeger, 1964, pp. 157-166, pp. 180-181に収録されている。なお、この共同体は1960年に開催予定の独立アフリカ諸国・未独立諸地域の会議で、その設立が議題となるはずの、全アフリカ統合組織のモデルとして打ち出されたものであって、その後も実体化されることはなかった。
(7) Leopold S. Senghor, "Negritude and African Socialism," in *African Affairs*, No. 2（St.Antony's Papers No. 15), London: Chatto & Windus, 1963, p. 11.
(8) ワンワル・アブデルマレク（熊田亨訳）『民族と革命』岩波書店、1977年、11頁。
(9) J. Mohan, "Varieties of African Socialism," *The Socialist Register*, 1966, p. 220.
(10) W.H. Freidland, "Four Sociological Trends in African Socialism," *Africa Report*, vol. 8, No. 8, May 1963, pp. 7-10.
(11) L.S. Senghor, *Nation et Voie Africaine du Socialism*, Paris: Présence Africaine, 1961, p. 57. なおサンゴールは「社会主義はヒューマニズムである」というタイトルの論文を『社会主義ヒューマニズム』（上下）（E・フロム編・城塚登監訳、紀伊国屋書店、1967年、上巻収録）に寄稿している。
(12) *Ibid*., p. 71.
(13) *Ibid*., pp. 42, 52, 55.
(14) アンドレインは、アフリカ的社会主義を（1）アフリカ的マルクス主義、（2）社会主義的ヒューマニズム、（3）福祉国家型社会主義に分類し、（2）をサンゴールに代表させている。C・F・アンドレイン（小田英郎訳）「民主主義と社会主義―アフリカ指導者達のイデオロギー―」（D・E・アプター編（慶大地域研究グループ訳）『イデオロギーと現代政治』慶應通信、1968年、193頁）。

(15) セク・トゥーレ（小出峻・野沢協訳）『続・アフリカの未来像―国づくりへの理念―』理論社、1961年、128-129頁。
(16) Ahmed Sékou Touré, *Text des interviews accordées aux représentants de la press*, Conakury, 1959. アンドレイン、前掲論文、189頁より再引用。
(17) トゥーレ『続・アフリカの未来像』40頁。
(18) 前掲、77-78頁、94頁、145頁などを参照。トゥーレはギニア社会における階級の存在は認めないが、植民地支配が続くなかで生じた複数の、利害を異にする社会階層が存在するという認識に立っている。
(19) Touré, *op.cit.*, アンドレイン、前掲論文、186-187頁より再引用。なお、トゥーレとマルクス・レーニン主義の関係について、より詳しくは小田英郎『現代アフリカの政治とイデオロギー』新泉社、1971年、167頁以下を参照されたい。
(20) ンクルマの思想については、以下の拙稿で論じたことがある。小田英郎「政治的宗教としてのエンクルマイズム」『歴史学研究』378号、1971年11月。
(21) ニエレレは、国連の信託統治領（受任国はイギリス）であったタンガニーカの解放運動を、タンガニーカ・アフリカ民族同盟（TANU）を通じて推進し、1961年の独立とともに初代首相に就任した。翌1962年の共和制移行とともに初代大統領に就任し、1964年にザンジバルとの合邦によりタンザニア連合共和国が誕生すると、その初代大統領となった。
(22) J. K. Nyerere, "Ujamaa–The Basis of African Socialism"（Published as a TANU pamphlet in April 1962）, Nyerere, *Ujamaa–Essays on Socialism*, New York: Oxford University Press, 1968, p. 1.
(23) *Ibid.*, pp. 5-6.
(24) *Ibid.*, p. 5.
(25) *Ibid.*, p. 4.
(26) *Ibid.*, p. 9.
(27) アルーシャ宣言は、第1部「TANUの信条」、第2部「社会主義の政策」、第3部「自力更生の政策」、第4部「TANUの党員」、第5部「アルーシャ決議」からなっているが、その全文は *Ibid.*, pp. 13-37 に収録されている。
(28) Nyerere, *The Arusha Declaration Ten Years After*, Dar-es-Salaam: Government Printer, 1977, p. 41.
(29) 例えば A. Mascarenhas, "After Villegization–What?," in B.U. Mwansasu & Pratt, C. (eds.), *Towards Socialism in Tanzania*, Tanzania Publishing House, 1979; I. G. Shivji, *Class Struggle in Tanzania*, Tanzania Publishing House, 1975 などを参照されたい。また小倉充夫によれば「行政上の便宜が優先したため、肥沃地を放棄させられ道路沿いに村がつくられたりした。……農業技術の改良をともなわないでなされたため、集団化が土地の不毛化を進行させるなどということが起こった」。また小倉は、ウジャマー化は後進的貧困地域ではある程度進められたものの、北部、北西部など商品経済が進展していた地域ではウジャマー化の度合いは極めて低かったと指摘して

いる（小倉充夫『現代アフリカの悩み』日本放送出版協会、1986 年、156-157 頁）。
(30) Nyerere, *The Arusha Declaration Ten Years After*, p. 41.
(31) *Ibid.*, p. 1.
(32) 詳しくは、小田英郎『アフリカ現代政治』東京大学出版会、1989 年、57-58 頁を参照されたい。
(33) C. Legum(ed.), *Africa Contemporary Record 1985～86, Annual Survey and Documents*, Africana Publishing, co., 1986, Part Two, Country-by-Country Review のタンザニアの項を参照されたい。
(34) この時期のアフリカの諸国の構造調整政策については、小田英郎編『アフリカ』（国際情勢ベーシックシリーズ④）、自由国民社、1996 年の第Ⅳ章「構造調整の時代」（大月隆成）にその概要が述べられている。
(35) アフリカ諸国における「民主化」の雪崩現象の概要は、前掲書の第Ⅴ章「民主化の 90 年代」（小田英郎）に述べられている。
(36) この講演の全文は、A. Hadland & Rantao, J.(eds.), *The Life and Times of Thabo Mbeki*, Cape Town, Zebra Press, 1999, pp. 170-183 に収録されている。日本での講演のためもあってか、明治維新の歴史的意義についてもたびたび触れているのは興味深い。なおムベキがアフリカ・ルネサンスを主張したのは、このときが最初ではなく、1995 年からだといわれる（川端正久『アフリカ・ルネサンス—21 世紀の針路—』法律文化社、2003 年、17 頁以下）。
(37) NEPAD についての簡略な説明としては、例えば小田英郎、川田順造、伊谷純一郎、田中二郎、米山俊直、共同監修『新版　アフリカを知る事典』平凡社、2010 年収録のコラム「アフリカ開発のための新パートナーシップ」（小田英郎）がある。また 2001 年の国連大学におけるムベキの NEPAD に関する講演の日本語訳（外務省による仮訳）の全文は、http://www.mofa.go.jp/mofaj/kaidan/yojin/arc_01/s_af_koen.html でみることができる。
(38) この点については、前掲の『新版　アフリカを知る事典』収録のコラム「アフリカ・ルネサンス」（北川勝彦）に詳しい解説がある。
(39) Hadland & Rantao(eds.), *op.cit*. p. 175.

［付記］この小論の土台をなす記念講演は、私のこれまでの研究の一部に基づいている関係上、上記の文章中には、拙著『現代アフリカの政治とイデオロギー』（新泉社、1971 年）、拙稿「アフリカにおける国家建設とアフリカ性の問題について」（『国民国家の形成と政治文化』日本政治学会年報・1978、岩波書店、1980 年所収）などの記述と重複する部分があることを、お断りしておく。

第 2 章

中華民国史研究
——現在と過去との対話

山田辰雄
(慶應義塾大学名誉教授)

　本稿は、東アジア研究所・地域研究センター創立 30 周年に際し、「中華民国史研究——現在と過去との対話」と題して、2014 年 1 月 27 日三田で行った講演をまとめたものである。

はじめに——現在と過去との対話：2つの意味

(1) E・H・カー『歴史とは何か』

　中華民国とは、中国で 1912 年に生まれたアジアで最初の共和国である。ここでは「現在と過去との対話」という大きな枠組みのなかで中華民国、そして近代中国政治が直面した問題を論じることにする。

　「現在と過去との対話」については、2つの意味がある。その1つは、E・H・カーが今では古典となった『歴史とは何か』（清水幾太郎訳、岩波新書）のなかで次のように述べていることである。「歴史とは歴史家と事実との間の相互作用の不断の過程であり、現在と過去の間の尽きることを知らぬ対話」である。つまり、歴史家は現在と過去のいろいろな事象の中から、自らの価値に基づいて事実を選択するということである。その意味で、歴史的事実は、固定したものではなく、選択的であると考えられる。

卑近な例をあげる。ここで私が話をし、100余人の聴衆がそれを聴いている。これは1つの客観的な事実である。ここにいる100人ほどの人がそれぞれ家に帰って日記をつけると仮定する。日記のなかで、私の話に興味を示す者もいれば、示さない者もいる。私の意見に賛成する者もいれば、反対する者もいる。そして私自身も、この話を日記につけ、この講演の事実を確認する。後世の歴史家は100人の日記を見、この日記という資料から、自分の価値に則して問題を取り出し、この会合を再現することになる。カーが言うように、「歴史というのは現在の眼を通して、現在の問題に照らして過去を見るところに成り立つ」。過去の歴史的事実は、過去そのものではなく、時には未来に対する展望、例えば未来に対する希望や不安が、過去を見るときに影響を与えるのであり、その意味で、歴史とは現在と過去との対話なのである。

(2) もう1つの意味——課題の選択

私はここで、E・H・カーの『歴史とは何か』を借りて、歴史の在り方に言及したが、「現在と過去との対話」にはもう1つの意味が含まれている。自身の研究に引き寄せると、それは研究課題の選択の問題である。ちなみに、現在の眼をもって過去の事実を見るというのは、そのすべてを見るのではなく、過去の事実を選択することである。現在とは何か。われわれは現在を生きていくなかで、いろいろな衝撃を受ける。例えば、中国との関連でいえば、現在日中関係が非常に悪い状況にある。比較的近い過去においては天安門事件（1989年）があった。しかし、目前の事象にのみ興味をうばわれ、日中関係の悪化や天安門事件という事象に関心を集中していると、事件が終わったときにはその問題はもう残らないことになる。

したがって、現在の眼をもって課題の選択をするときには、起こっている事象のなかで一時的なものではなく、そのなかに学問的、普遍的な問題が含まれているものを見出さなければならない。それが課題の選択であり、現在と過去との対話なのである。研究における課題の選択は、現在起きていることを早く、忠実に報道する使命のあるニュースとは異なる。一般的にいえることは、物事や社会現象に興味を持つことは比較的容易である。しかしより

重要なことは、その問題に対して興味を持ち続ける努力をすることである。

　私は中国近代政治史の研究者として、学界で主として4つの問題を提起してきた。それは問題の選択であり、また現在と過去との対話の一環である。4つの問題とは、①中国国民党左派の研究——中華民国史の提唱、②日中関係の150年、③天安門事件（1989年）と歴史の連続性、④最近の蔣介石研究である。個々の問題について私はこれまでいろいろ語り、書いてきた。それを踏まえながらここでは「現在と過去との対話」の観点から、今まであまり言及しなかったその問題の背後にあった社会的状況に触れるとともに、そのような問題が今日から将来に向けてどのような意味を持っているのかについても論じていくことにする。それぞれの問題を論じながら当時の問題意識と今後の発展の可能性について話をする。

1　中国国民党左派の研究——中華民国史の提唱

(1) 問題の設定——現在と過去との対話

　中国国民党左派の研究は中華民国史の提唱と関係している。なぜこのような課題を選んだのか。私は1960年代から1970年代にかけて、学生として中国研究を始めた。それは、冷戦と文化大革命の時代であり、また国内的にも国外的にも左右の政治的対立が非常に激しい時代であった。このとき問題になったのが、いわゆる革命史観であった。それは中国近代史を、国民党あるいは共産党のどちらかの立場を基礎にして評価する考え方である。それは、自らの政策や価値観に基づいて行った革命を正当化しようとする歴史観であり、1960～1970年代に強い影響力をもっていた。

　このような時代に私は国民党左派の研究を始めた。中国において共産党が勝利を収めた時代であり、そのときの日本では日本社会党が勢力を持っており、社会民主主義の可能性が問われていた時代であった。中国における国共両党と比較をしながら、日本の状況も考えてみようという問題意識が私の心のなかにあった。

　共産党や国民党の立場に基づいた革命史観に対して、われわれはそのよう

な歴史観では近代中国政治史を見ることができないと考えた。つまり、特定の政党の路線に基礎を置いて、中国近代史を説明することは一面的である。われわれがそのような状況のなかで提唱したのが、中華民国史観である。中華民国時期には国民党や共産党だけでなく、いろいろな民主諸党派あるいは第三勢力が存在した。われわれはもちろん国民党や共産党を重視しながら、なおかつ多様な政治勢力の政治路線あるいは相互関係を見るなかで、中国の近代を理解しようとする立場に立っていた。過去もそうであるが、現在においても中国を見る場合、いろいろな勢力の相互関係あるいは相互作用を重視するようにわれわれは心がけている。革命史観に対する中華民国史観の提唱、そしてそのなかの1つとして私の国民党左派の研究があった。

(2) 分析の対象

ここでいう中国国民党左派の研究の分析の対象とは何か。そのなかには廖仲愷、汪精衛、鄧演達、陳公博などの指導者の名前がある。孫文は1925年に亡くなったが、晩年の孫文はそれまでの革命路線を大きく転換し、共産党やコミンテルン・ソ連と協力する方向に進み、それに対して国民党の内外で反対もあった。晩年におけるこの孫文の路線の転換を積極的に支えたのが国民党左派の人々であった。1920年代の国民党左派の政治路線、組織基盤や政治行動様式などを、研究の分析対象とした。

彼らは孫文と同じような政治的特質を持っていた。国民党左派は党組織のなかで一定の影響力を持っていたが、軍隊、労働者や農民の大衆運動を自ら掌握していなかった。軍隊や大衆組織は、蔣介石や中国共産党の支配下にあった。このような組織を外から操作することにより国民党左派は指導権を確保しようとした。孫文の政治指導も類似の性格を持っていたのである。したがって、国民党左派のその後の政治の展開を見ることは、孫文の思想や政治指導の可能性を考える上で、重要な意味をもっていたのである。

私は先ほど日本における社会民主主義の可能性に言及した。当時の日本では社会党が社会民主主義の主要な代表であった。社会党は自衛隊の正当性に懐疑的あるいは否定的態度をとっており、選挙において自らの組織的基盤というより既存の労働組合に依存していた。社会党は議会のなかで重要な勢力であったが、このような組織的基盤の脆弱さは国民党左派や孫文の政治の在り方に類似していた。私は当時から社会党の命運を気にかけており、将来の発展は難しいだろうと思っていた。1960年代孫文の影響をうけたインドネシアのスカルノの政治指導にも、軍と共産党に依存した同様の性格があった。これが国民党左派研究を始めた時代環境であった。

　もう1つ注目しなければならないのは、中華民国時期の政治構造である。単純化すると、軍閥、国民党、共産党のようなこの時期の主要な政治勢力が独自の支配領域と独自の軍隊を持っていたことである。われわれの社会で考えると、日本にも自衛隊があり、日本という領土がある。これは、現在自民党が天下を取っているからといって自民党の軍隊ではないし自民党の領土でもなく、日本国の軍隊と領土である。しかし、中華民国時期はそれとは異なり、それぞれの政治勢力が軍隊と支配領域を持っていた。現在の中国の軍隊は基本的には共産党の軍隊であって、この構造は今でも引き継がれている。したがって、中国において政治勢力が生き延び、運動を展開していくためには、独自の軍事力と支配領域を持っていることが非常に重要となる。国民党左派は、そのような独自の基盤を持っていなかったところに弱点があった。

(3) 問題点――過去・現在・未来の対話

　私は、2013年12月21日、中央大学で開催された「革命史観は克服されたのか」というシンポジウムに参加した。共産党や国民党を中心とした歴史観をわれわれは批判してきたが、それは克服されたのかという刺激的な問題が提起された。結論は必ずしも明確ではなかったが、われわれが考えなければならないのは、従来の革命史観を批判する過程で新しい問題を発見したのか、あるいはそこからどのような新しい問題が生まれてきたのかということである。

　革命史観からすると国民党左派は裏切り者であり、反革命であるというこ

とで、従来否定的な評価が下されてきた。中国革命は蔣介石の国民党と毛沢東の共産党に最終的には分極化した。その前提に立つと、国民党左派や民主諸党派はその中間に位置する勢力である。中間勢力はその両極に対してある種の共通性を持っている。そこでは、政治勢力間の相互作用や相互関連が重要になる。簡単に言うと、国民党左派は蔣介石の国民党や毛沢東の共産党に対して、党の指導性を強調し、大衆を動員するという面で共通の性格を持っていたのである。

　われわれが中間勢力の研究から中国を見る場合、中国において対立する政治勢力間の共通点は何かを見出す努力もしなければならない。そこには、現在の国民党と共産党との関係、その背後にある中国人としてのアイデンティティ、民族主義、歴史的連続性などの問題が含まれており、相互過程あるいは相互作用のなかで中国を見ていくことが必要である。

　われわれは革命史観を批判したが、その結果として何が生まれてきたのか。中国近代史において共産党の研究は重要であるが、最近ではその研究自体が以前にくらべて後退している。それにはいろいろな理由があると思われる。改革開放のなかで、かつて中国共産党がもっていた革命的な情緒が失われ、研究者が共鳴する度合が減退してきたことがその1つの理由である。また逆説的であるが、非常に多くの資料が中国で出版されたため、研究者がそれらすべてを処理できない状況も生まれている。現在、共産党の研究は主として現状分析のなかで行われている。それは、「現在と過去との対話」という大きな枠組みのなかでは後退である。これは革命史観を批判した、1つの負の結果である。

　いま1つ重要なことは、中間派としての国民党左派、民主諸党派のなかにはリベラリズム、民主主義の思想の流れがあることである。革命史観のなかでこのような問題がこれまであまり取り上げられてこなかったので、それを研究することには意味がある。しかし問題は、そのような中間勢力をどのように評価するかである。私は、政治思想は政治過程を離れて評価することはできないと考える。つまり、政治過程は思想を方向づけると同時に、思想はまた政治過程を規定するのである。したがって、中間勢力を単なる思想や路線だけで解明することは不十分である。中国の政治構造のなかで支配領域と

軍隊に支えられていることを考慮すれば、そのような社会的な基盤を抜きに中間勢力の研究をすることは不十分である。問題は、そのような観点から、中華民国時期の政治をどのように考えるかである。そこでは、軍事力の基盤と領域あるいは組織を重視しなければならないのである。いくつかの例をあげよう。

孫文は国民党組織のなかで大きな権威をもっていた。しかし、その権威は軍隊（蔣介石、客軍—革命派に接近してきた地方の中小の軍隊）と中共の組織した大衆運動に依存していた。このような政治基盤は彼の政治思想・路線に影響を与えた。彼は民族主義に基づいた「全民革命」を主張し、あらゆる勢力を革命運動に動員しようとした。それは、基礎となる社会的・組織的基盤（大衆組織と軍）を欠いていることの反映であった。その立場は、階級闘争の否定あるいは回避の思想につながっていた。

国共内戦期（1945～1949年）に民主諸党派は国民党の独裁に反対し、「民主主義」を主張し、中共もそれを支持した。しかし、中華人民共和国において民主諸党派の「民主主義」は実現しなかった。中共の支配のもとで民主諸党派はそれに対抗するための社会的・組織的基盤を欠いていたのである。したがって、中間勢力としての民主諸党派を思想の論理の面からだけ理解することは不十分である。革命史観を批判し、中華民国史を提唱した結果国共両党以外の政治勢力に注意が向けられたが、政治過程と政治思想との関係を軽視することになったのである。

同様の観点から、江沢民が2000年に発表した3つの代表論も注目すべきである。1つ目は「中国の先進的な社会生産力の発展の要求」、2つ目は「中国の先進的文化の前進の方向」、3つ目は「中国の最も広範な人民の根本的利益」である。この3つの利益を中国共産党が代表すると考えられている。第1は新しい企業家達を念頭に置いており、第2には新しい知識人が含まれている。問題は、中国が新しく変わっていく過程で企業家と知識人がどのような役割を果たすかである。これらの第1と第2の新しい社会勢力の将来の可能性も組織と軍事力との関連で考えておく必要がある。彼らは独立した政治勢力になり得るのか、あるいは共産党と癒着して吸収されていくのかということである。

2 日中関係の150年

(1) 問題状況

　次にとりあげるのは日中関係の150年の問題である。近代の日中関係史は、中華民国史研究のなかでも重要な部分を構成する。歴史認識問題をめぐって、今日まで日中両国間で対立がくり返されてきた。中国共産党政権が中国を支配する正当性根拠の最も重要な要素は、抗日戦争に勝利し、中国を統一したことである。そこで中国はそのことを主張するために、日本の侵略を批判して被害者意識を強調することになる。

　日本の問題は何か。なぜ日本は十分に過去を批判できないのか。そこでは、冷戦下のアメリカの対日政策と相まって、日本国民が自主的に戦争における過去の責任を十分問わなかったことが過去の問題に対する反省を不徹底に終わらせたのである。

　このような状況のなかで日中両国間では長期にわたって、歴史認識の問題をめぐって対立が起こってきたし、あるいはこれからも起こるであろう。われわれはこのような対立を客観的に見つめ、近代の日中関係全体を見渡しつつ、相互に理解しあえる枠組みをつくり出さなくてはならない。

　私は、自分をそれほど日中関係史の専門家であるとは思っていないが、橘樸や尾崎秀実の研究を通して近代日中関係史全体を眺めてきた。むしろ私は、学界で相互の理解を促進するための組織的仕事に携わってきた。私は1990年代から2000年代にかけて内外で大規模な日中関係史のシンポジウムに参加した。特に最近10余年は「日中戦争の国際共同研究」を組織してきた。これは日本と中国だけでなく、アメリカ、台湾、最近ではヨーロッパ諸国、韓国の研究者も参加した大規模なシンポジウムで、過去5回開催した。私は4回目までその責任者を務めたが、5回目は退いて若い方に譲っており、第6回は2015年に台北で開かれる予定である。

(2) 「日中関係の150年」——出発点

　私は東アジア研究所の前身である地域研究センターの所長をしていた。1993年に地域研究センターで「日中関係の150年」という日中間のシンポ

ジウムを開き、『日中関係の150年─相互依存・競存・敵対─』（東方書店）という論文集を刊行した。それからすでに20年経っており、今だと「日中関係の170年」ということになる。このとき日中関係史全体をどう見るかが問題となった。私は日中関係史における日本の侵略の事実は認めるが、もう少し多面的に見ることを提案した。

　少し単純化するが、それには3つの側面がある。1番目は相互依存である。私はあえて「友好」という言葉を使わない。そこには好き嫌いという心情的意味が含まれているからである。3番目は敵対で、侵略の事実が含まれている。2番目はその中間にあって「競存」と表現される。英語でいえば"competitive coexistence"である。日中両国はアジアの主要な国であり、常に競争関係にある。競争しながら、なおかつ戦争に至らない競存の状態が日中間にあった。この観点から日中関係をアヘン戦争から現在まで見なければいけない。この3つの側面を図式的にいうと、「相互依存と競存の局面において敵対への萌芽を見出し、いち早く対立の解決を図るとともに、敵対の局面においても相互依存の可能性を探らなければならない」ということになる。

　1990年代に村山内閣が日中の歴史研究に大きな資金を出し、当時私も日本側委員としてこの研究計画に参加した。そのときに「日中関係の150年」と言うと、中国側はむしろ「100年」を主張した。現在では170年となるが、150年というとアヘン戦争までさかのぼる。19世紀の日中関係は対立面を内包しつつ、相互依存関係が非常に重要な時代であった。中国がアヘン戦争に敗れたことは、日本の開国の重要な契機であった。1842年に中国で出版された魏源の『海国図志』は、19世紀後半の日本の知識人に西洋に関する知識や海防の観念をもたらした。19世紀末の中国の「戊戌の変法」は、皇帝の下での政治体制改革であったが、それは明治維新後の日本の思想の影響を受けていた。その意味で、この時代には日中間の相互依存、あるいは相互影響が強くはたらいていた。

　1949年以後の戦後の時代を見ると、冷戦下で日本と中国は対立しつつも、戦争はしていない。また、1972年の国交回復以後の協力関係も見てとれる。それは競存の側面を示している。中国側が100年を主張したとき、その出発点は1894年の日清戦争にあったと考えられる。その線にそって見ると、20

世紀前半の日中関係は日本の中国に対する侵略の歴史であったということになる。侵略の歴史は否定することはできないが、しかしそれだけでは未来志向の全面的な日中関係史にはならない。そこで私は3つの側面から日中関係史を見ることを提案したのである。

　最近中国でもそのような傾向が出てきているようである。2012年には天津の南開大学から『近代以来日本的中国観』全6巻が出版された。アヘン戦争から現代までの日中関係を扱っている。私はこの150年をもって過去20年間、中国と台湾の学者と日中関係史をめぐる対話を行ってきた。これが私の日中関係の過去に対する見方である。

(3) 現状をどう見るか

　現在の悪化した日中関係をどう考えるのか。私は現在でも、両国関係は依然として競存の時代にあると考えている。最近は東アジア共同体という幻想が横行している。つまり、経済や文化の協力が深まれば、東アジア、そしてその一部としての日中関係にも政治的安定が生まれるという考え方である。東アジア共同体の構想は望ましいかもしれないが、その前にわれわれには解決すべき問題がある。

　それは何かというと、安全保障と歴史認識の問題である。現在われわれはまさにこの問題に直面している。日中間には尖閣諸島をめぐる対立があり、それは歴史認識問題に直結している。両国はまだ競存の時代にあると考えられるが、競存が敵対に転じないために、創造的な和解の道を探らなければならない。この問題をめぐり日中両政府は対立している。しかし、それは国民の立場なのか。多くの日中の国民のなかには現状を憂い、戦争に至る危機がそこにはらまれていると感じている人々もいる。われわれは政府とは違った立場から競存の道を求めなければならない。

　メディアにも問題がある。世論調査と称して、「相手国が好きか、嫌いか」を問う。現状では「嫌い」という回答が80％以上に達する。私はそれほど嫌いだと思っていないが、しかし今の日本では、「好きだ」と言うと「何で好きなのか」といわれるような雰囲気がある。外交問題の処理において「好き、嫌い」という感情的な問いかけは不適当である。事情が変われば、好き・

嫌いの割合はすぐ変わる。われわれは研究者として、あるいは民間人として、創造的な和解の道を見つけなければならない。経済、文化とともに、軍事、歴史認識を含む多面的競存の可能性を追求する必要がある。結論的には、両国は対立の存在を認め、兵力引き離しをすることが当面の方策である。尖閣諸島周辺から一定の距離のなかに両国の公船を入れないということである。

　私は、現状では両国政府が主権を放棄することを宣言するのは不可能であると思う。ただ主権をめぐり日本と中国が対立していることは事実である。それを認めていないのはわが日本政府だけで、アメリカを含めて周りの国はその存在を認めている。対立を認めることによって日本がずるずると譲歩していくのではないかという見方もあるが、それでは世界の中で日本が孤立してしまうことになる。

3　天安門事件（1989年）と歴史の連続性

（1）問題の提起——現在と過去との対話

　第3は、「天安門事件（1989年）と歴史の連続性」の問題である。天安門事件では1989年に胡耀邦の死を契機として、学生・知識人が民主化を要求し、同年6月4日に政府と党が軍隊を投入してこの運動を弾圧した。問題はどこにあるのか。なぜ民主化運動は弾圧されたのか、なぜ党と政府は軍隊を投入したのか。それは単にこのときに限定された問題ではなく、背後にはさらに広い歴史的な構造の問題が横たわっている。

　この事件の過程で鄧小平が次のように述べている。「総じて中国には安定が必要である」。「いま外国には新権威主義という新しいスローガンがある。それは途上国で経済発展を行うには、一人の意志の強い人間が指導しなければならないということである。私はまさにそれを言っているのである」。つまり、中国の経済発展、そして民主化を含め安定的な政治発展が、上からの党・政府あるいは優れた指導者の指導に基づかなければならないということである。そこでは党や政府の指導権を確保することが決定的に重要であり、党と政府の指導権に挑戦し政治を改革しようとする、下からの市民的な参加は許されないのである。

次の問題は、なぜ党や政府が武力、軍隊を投入したのかということである。中華民国時期においては主要な政治勢力が独自の軍隊と支配領域を持っていた。この状況のなかで共産党の指導者は革命運動を行ってきた。そこでは議会のような異なった政治的利害対立を調整・解決するための、共通の制度的装置が欠けていた。対立する勢力と妥協することは、自らの存立基盤を喪失することになる。したがって、政治的な対立は容易に軍事的対立に転化する。鄧小平と中共の指導者たちは、学生や知識人の民主化要求の運動を対立する敵対勢力とみなし軍隊を投入したが、彼らは軍隊に代わる鎮圧の手段を持っていなかったのである。

　このような政治指導を、私は「代行主義」と呼んでいる。それは天安門事件だけでなく、近代中国の政治に一貫して存在する連続性である。代行主義とは何か。それは、「エリート集団が人民に代って改革の目標を設定し、人民に政治意識を扶植し、目標実現のために人民を動員するが、人民が自発的に政治に参加する制度的保障を欠く政治体制と政治指導様式である」と定義される。この連続性は袁世凱、孫文や蒋介石、国民党にも、そして共産党にも適用可能である。このようにして現在は過去と結びつくのである。

(2) 適用

　袁世凱は辛亥革命を通して権力を掌握し、1915年には帝制をしいて自ら皇帝になろうとした。彼は一面では革命派を弾圧しつつも、他面では皇帝の上からの強い権力によって強い中国を創出しようとした。そこでは、人民は支配の客体であった。

　孫文は、革命が軍政・訓政・憲政の3段階を経て進展することを想定した。訓政時期においては、党・政府が人民を政治的に訓練し、地方自治のもとで経済・社会建設を指導することになっていた。そこでは、人民の自発的政治参加より党・政府による上からの指導が強調された。蒋介石は孫文の訓政論を継承し、1975年の死に至るまで国民党の独裁を継続した。1980年代になると社会的成熟の結果台湾では訓政から憲政への移行が実現されたが、その過程における蒋経国による上からの政治的決断も重要であった。その意味で、代行主義は民主主義とも結びつく可能性をもっていたのである。

今日の中国において共産党は依然として政府・軍・人民に対する指導権を基本的には保持している。党は、上からの指導による安定・団結のもとで中国の発展を目指す。そこでは、党の指導権が制度的に保障された人民の自発的政治参加の権利に優先しているのである。

(3) 不変の要素としての代行主義＝連続性

問題は代行主義を連続性として捉えた場合、中国の将来の変容をどう考えるのかということである。単純な論法であるが、変わるということは、今まで変わらなかった不変の要素が変わるということである。中国の将来の変化を考える場合には、変化する前の不変の要素としての連続性を認識していなければならない。

その意味で、中国の代行主義の政治指導が、将来どう変わっていくのかを見なければならない。先に述べたように、依然として中国では、基本的には共産党の支配が続いている。但し、現在中共が制御できない領域が生まれてきているのも事実である。インターネット、市場経済、ナショナリズムがそれである。これらの領域が今後拡大していき、党の内外の圧力によって現在の中国共産党の支配層は、代行主義的な政治指導を再考しなければならない時期がいずれ来るであろう。

その変化の時期はいつ来るのか、断言することはなかなか難しい。私はかねてより2020年頃代行主義的な政治指導の変化を中国が考えざるを得なくなるであろう、と考えてきた。そこですぐ自由民主主義が生まれるとは思われない。しかし、現在の習近平の指導部は、明らかに変化の可能性を心のどこかに抱えながら、なおかつ現在の支配を維持しようと考えている。

4　蔣介石研究

(1) 新しい状況

最後の4番目は蔣介石研究の問題である。蔣介石は1887年に生まれ、1975年に亡くなった。蔣介石研究は中国近代史研究のなかで最も遅れている課題である。その重要な原因の1つは、政治的な束縛があったからである。蔣介

石は一面では英雄であったが、他面では反革命であった。しかし、状況が近年に至り変わってきた。その１つは中台関係が緩和してきたことである。それ以外にも蔣介石の日記を中心とした多くの資料が公開されたこと、世界の学界で中華民国史の研究が盛んになってきたこと、第一次国共合作や抗日戦争時代の蔣介石の役割が再評価されるようになってきたこと、などの要因がある。

　このような状況のなかで、蔣介石研究に対する国際的な協力が進んできた。中国、台湾はいうまでもなく、日本、アメリカ、イギリス、イタリア、韓国の研究者がこの研究に参加した。最近では2013年10月にヴェニスで蔣介石のワークショップがあり、私も参加した。何年か前にはオックスフォード大学でも会議が開かれた。日本でも蔣介石研究会が組織されたが、最近蔣介石に関する3冊の本が出版され、近い将来あと2冊が出る予定である。

（2）蔣介石研究の普遍性

　蔣介石は重要人物であるが、彼個人の研究に限定する必要はない。中国近代史あるいは中華民国史のなかで彼をどう位置づけるのか、蔣介石の研究のどこに普遍性があるのかを考えなければならない。その観点から見ると、蔣介石の政治指導のなかには代行主義の要素が生涯にわたり存在していた。詳細は省略するが、代行主義とは上からの指導による改革であり、その延長線上に台湾の民主化があったことは、すでに述べた通りである。

　蔣介石を研究する上で次に重要なことは、政治家における権力と道徳あるいは倫理の問題である。彼の日記のなかには道徳的なことや感情的なことが多く書かれている。しかし彼は政治の世界では共産党の弾圧を含む厳しい権力闘争を行う。要するに、政治家にとってその権力の行使と、政治家個人としての道徳・倫理との関係が問題となる。蔣介石の著作や演説のなかに多くの禁欲的表現が出てくる。例えば、1927年3月の日記のなかに次のような標語がある。「志を立て、修業を積み、賢人を求め、有能な人材を任用し、機を見極め、変化を見つめ、言論を慎み、行いに気をつけ、怒りをこらえ、欲望を抑え、実務に励み、真実を求める」。このような修業・自強の精神主義的要素の由来としては、広い意味での儒教、後年のキリスト教の信仰、軍

人としての訓練などが考えられる。この精神主義と政治権力の行使との関係の解明が1つの重要な課題となる。

いま1つ、蔣介石は日本との関係が深かった人物である。彼は日本留学を通して近代世界に接し、軍人としての訓練を受けた。また、彼にとって日本人の生活・習慣のなかにも学ぶべきものがあった。彼は日本の侵略とも戦った。抗日戦争を戦う過程で蔣介石は世界の政治舞台に登場し、1945年には勝利を得た。しかしその勝利と同時に、国共内戦のなかで権力を失った。したがって、蔣介石のなかには日本に対する愛憎両面の感情が存在している。これは、蔣介石個人の問題であると同時に、近代中国の指導者が直面した共通の問題でもあった。

おわりに

私はここまで現在と過去との対話の観点から、近代中国に普遍的な4つの問題について論じてきた。最後に、総合的観点からこれまで十分に論じてこなかった2つの問題に言及したいと思う。

第1は、中華民国史は1912年に始まるが、いつ終わるのかという問題である。中国では王朝の興亡を区切りとして時代を考える習慣がある。その意味では、中華民国史とは1912年から1949年までを指す。しかし、現在でも台湾に中華民国があり、2014年は中華民国103年である。そこには政治の領域の問題がある。日本は中国と国交回復したとき、中国人は中国は1つであると考えており、その主張を日本が理解するという形でこの問題に決着をつけた。私はこれ以上この政治的問題に介入するつもりはない。しかし、これまでの私の論調からすると、政治を離れて中華民国史は1912年から1949年までの歴史ではなくて、むしろ20世紀から21世紀にかけての中国政治全体をどう見るかという問題を内包していることがわかる。ここに、過去・現在・未来の対話がある。

いま1つの問題は、中国が実験国家であるということである。そもそも今日の社会科学のなかに13億の民を統治する理論はない。せいぜい2〜3億の民を統治するための理論である。例えば、社会や経済が発展するとその後に

自由化や民主化がもたらされるという前提がある。そこではまた持続可能な発展が求められる。

しかし、中国の 13 億の民が社会経済的に成熟して、例えば 1 人当たり GDP が日本の水準まで達することがあり得るのか。そのために必要なエネルギーを中国は確保できるのか、はなはだ疑問である。また、先進国の発展途上国からの搾取なしに、持続可能な発展は不可能である。そのような前提に立ってあたかも中国がその方向に向かうかのごとく考えるのには疑問をともなう。

私が中国は実験国家であるというのは次の意味である。実験国家としての中国は、人類社会の発展に有利な成果をもたらすかもしれないし、あるいは不利な成果をもたらすかもしれない。つまり、限られた資源のなかで他の諸国をしのぐ効率的社会メカニズムを創造する可能性がある。しかし、中国が他の先進国を追いかける限りでは、資源を求めての海外膨張、それを支える軍事力の強化、環境の悪化をもたらす可能性もある。したがって、中国のすべてを、発展途上国の先進国に対する追いつきの過程として見る必要はない。そこでは、文革とは異なるが、新たな実験が進展しているのかもしれない。生産力の絶対的な大きさ、それが世界経済に与える影響、周辺地域に対する影響力、膨大な人口とその世界への流出など、いろいろな要素を中国は抱えている。これらの問題をどう解決するかを、われわれは見ていかなくてはならない。その意味で、人口 2～3 億人の社会発展の経験だけで中国を理解しないほうがよい。私は、将来の中国がより良くなるかもしれないし、悪くなるかもしれないと考えている。少なくとも従来のわれわれの社会科学の経験だけで見るのではなく、もう少し新しい視角を見出さなければならないと思う。

第3章

香港を考える

可児弘明
（慶應義塾大学名誉教授）

はじめに——暮らした香港、やぶ睨みの香港

香港の位置する嶺南（五嶺山脈の南の意）は、昔から諸物一夜にしてカビを生ずるとされた高温多湿の地であり、マラリア・天然痘・コレラ・赤痢・チフスなどが猖獗を極める南方瘴癘の地であった。1919、1920年頃香港島のウェリントン街に北島という日本人医師がいて、患者がやってくると何も聞かず、まずひまし油を飲ませるところから「ひまし油先生」と呼ばれたという(1)。現代でも香港に長期滞在する外国人のなかによくお腹をこわす人があり、Hong Kong tummy という言葉さえあることを思うと、かつての風土の名残りであり、北島医師が下剤を用いた理由でもあったにちがいない、と勝手に想像している。

嶺南の西寄りでは、西江・北江・東江など水はみな珠江デルタに集まる。デルタ北部に位置する広州が広東省の省都であり、華南最大の消費都市であった。しかし、その位置を中国大陸全体から見ると西南のはずれにあたり、清代であれば北京にいる皇帝の諭旨が広州の地方長官に届くのに早馬で20日以上もかかったくらいである。その広州から今日の広九鉄道でさらに178.6 km 乗って九龍半島の先端に到達するのであるから、今日の香港・九

龍あたりは文字どおり政治の中心地から見ると僻遠の地であった。しかし、インド洋を越えてやってくる西欧人にとってみると、珠江デルタは真っ先にたどり着く中国の大地であった。その地政学的関係でアヘン戦争によって一躍香港が世界史の表舞台に躍り出ることになったわけであるが、西欧人にとっても当時の香港は地の果てであった。このことはGo to Hong Kong！（地獄へ落ちやがれ）という英語があったり、アヘン戦争当時ロンドンでYou may go to Hong Kong for me（私のためなら香港までも）という流行歌の文句があった(2)ということによく表れている。

　イギリスは香港島と付属島嶼（1842年）、界限街以南の九龍半島（1860年）を割譲地とし、さらに1898年深圳河以南を99年間租借して新界としたのであるが、租借期限の切れる1997年をもって一括返還となり、同年7月1日香港特別行政区の成立となったことは周知のとおりである。なお香港という時は特別行政区となっている全域を指すのが普通であるが、場合によっては香港島（港島）のみを指すことがある。前後の文脈によってどちらか区別することになる。

　私が香港と縁を持つようになったのは1965年のことである。その当時九龍土瓜湾農圃道8号にあった香港中文大学新亞書院に1942年文学部卒の塾員陳荊和氏が高級講師として東南アジア史を担当されていた。史学科東洋史専攻で松本信廣門下、つまり私にとって同門の先輩にあたる。この先輩が毎年1名、1年間新亞研究所東南亞研究室の助理研究員として東洋史専攻博士課程の院生を招聘されていたのである。初代は後の横浜商科大学学長大澤一雄氏であり、私は3代目であった。私の新亞における研究課題は日本から中国をへて東南アジアにかけて広く見られる居住様式の1つ、代々船を唯一の住まいとし、船で生まれ船で死んでいく「船住まい」する人たちであった。その当時香港は船を家とする水上生活者の最大集結地であり、1966年10万人以上が船に住み漁業、艀業、その他の手段によって水上生活を立てており、日本ではほとんど見られなくなった船住まいを実地に観察するのに最適なフィールドであった。アジアの鵜飼を修士論文の課題にした私にとって引き続き「水上からアジアを見る」研究計画を継続できるよい機会ではあったが、何分にも突然降って湧いた話であったので言葉の不安を抱えながら出立した

のを覚えている。

　私が水界を研究テーマに選んだのは当時丸木船の研究に熱心であった松本信広教授の影響による以外に、日本漁業経済史研究の父と謳われ、学士院賞、朝日文化賞の受賞者である羽原又吉教授（経済学部）の薫陶を受けたことがある。地球表面の 71％ は水界であり、人文・社会科学のどの研究分野も水の世界を視点に取り入れてしかるべきという羽原教授の持論を私は心に深く刻んでいる。新亞研究所に滞在したのは 1965 年 10 月から翌 66 年 10 月までである(3)。

　次いで新亞書院留学が縁となり、日本政府が香港中文大学に寄贈した日本研究講座の初代日本語講師として 67 年 1 月から 69 年 3 月まで新界沙田の崇基学院に勤務した。帰国後塾文学部教員となったが、71 年 2 月から 73 年 3 月まで再度上記研究講座に出向したというのが私の香港履歴である。断続的であるが香港中文大学に客員として勤務した延 5 カ年間香港に住んだことになる。この時期はちょうど中国大陸における文化大革命（66 年 5 月 16 日〜77 年 8 月）の期間に重なっている。文化大革命の直接的影響を免れた香港は、この時期ひたすら工業化による経済成長を急ぎ、近代的国際都市への仲間入りを目指していた。

　一方、1970、72、74 年度文部省科学研究費による海外学術調査「道教儀礼の調査」（研究代表者大渕忍爾）、77 年度同上「東南アジア華人社会の宗教文化に関する調査」（研究代表者窪徳忠）、1980 年度同「東南アジア華人伝統芸能の研究」（代表者尾上兼英）に参加することなどがあり、研究対象が台湾、シンガポールに拡大した分だけ香港研究に割く時間が縮小した。その間香港を訪れることがなかったわけではないが、いずれも短期に終わっている。以上述べた関係で、1978 年末以降、中国の対外開放、経済改革政策により沿海地方が目覚しい経済発展をとげたことや、そのエンジン役を担った香港については「やぶ睨み」程度でしかない。さらに 82 年 9 月のサッチャー訪中によって表面化した香港返還の中英外交交渉下の香港や、成立した香港特別行政区に至っては「遠目の香港」以外の何物でもない。したがって必要が生じたつど、沿海の経済発展であれば身近な唐木圀和教授、中英交渉であれば中園和仁教授の著述を繙くというように、問題によって中嶋嶺雄・田仲一

成・濱下武志・瀬川昌久・志賀市子・谷垣真理子・山口文憲・大橋健一その他の香港研究者の業績を参考にしている次第である。

1　"residual China" としての香港

　私が香港で暮らし始めた60年代当時、日本では一般に香港は政治、経済、金融の研究には適しているが、中国史や中国文化の研究には向かないと認識されていた。香港は英領であって中国ではない、100年以上もイギリスの統治下にあるというのがその理由であった。ところが実際に香港で暮らしてみると、高層化した市街地に住む中国人であっても新暦と旧暦を併用した生活をしており、旧暦によってめぐってくる年中行事や神誕祭に当然のように従っているし、中国建築の寺廟や線香・呪符を売る店があちこちにあるなど、中国風の生活伝統を手放さずにいる人たちに直接対面できることがわかった。さらに岩山が広がる中に農村と墟市が点在する新界に行くと、中国建築の民家だけでなく、集落間の械闘や海賊の来襲から村を守るため高く頑丈なレンガ壁をめぐらした歴史的な囲郭村落も目に入ってくる。端午節の季節になると龍船競渡が各地で開催され、明・楊嗣昌著『武陵競渡略』が伝える熱狂そのものの沿岸風景が目前で展開するのである。しかし囲郭村落のレンガ壁が一部崩壊していることに象徴されるように、中国の古い事物や民俗がそのまま維持されていく保障はなく、早晩姿を消してもおかしくない状況にあることも確かであった。

　しかしながら水上生活者のことだけで手一杯の私には調査対象を拡大する余力はなく、いたずらに手をこまねくだけであった。このディレンマにたいする松本教授の助言は、香港にはこういう文化財的建造物が残存しているとか、中国の伝統文化研究上調査の価値ある習俗、慣行が姿を消しつつあるなど問題の所在を示すとか、あるいは問題提起をすればよい。後日関心を寄せる研究者が必ず現れ、深みの研究をしてくれるので結果的に学界の進歩につながる。パイオニアの役割とはそういうものだという趣旨であった。この助言に従って、以後水上生活者以外についても写真撮影の対象を拡大し、また見聞したいくつかについて報告することにしたのである。

第 3 章　香港を考える（可児）

　しかし香港在住の西欧人は、中国の伝統社会、文化を研究する場として香港を早くから認識しており、王立アジア学会香港支部（The Hong Kong Branch of the Royal Asiatic Society）を組織し、各人の研究成果を同学会支部機関誌その他に発表していた。メンバーのうち、新界の墟市西貢の対岸、滘西の水上生活者の社会人類学的研究で知られたバーバラ・ウォード（Barbara Ward）、1956 年 cadet officer として着任して以来新界理民府勤務のかたわら新界農村の歴史的研究を重ねていたジェイムズ・ヘイズ（James Hayes）、シンガポールにおける阿媽の研究から、その移民ルートを逆にたどって阿媽の故郷広東省順徳県さらに香港に研究対象を移したマジョリー・トプレイ（Marjorie Topley）などの研究者が私の研究分野に最も近い存在であった。

　こうした王立アジア学会香港支部面々による中国ないし香港研究は香港において自律的に展開したものではなく、太平洋戦争後英国を中心に展開した中国の社会人類学的研究の延長線上にあるものであった。戦後中華人民共和国が成立し、東西冷戦下「竹のカーテン」の内側において実地に調査研究することが西側の中国研究者に困難となった。この事態にめげることなく、レイモンド・ファース（Raymond W. Firth）の下でロンドン大学経済学院に学んだ門下生たちは、シンガポールなどの東南アジア華僑社会、台湾、香港を中国大陸の代替地として中国の伝統社会、文化の研究が可能であることを示し始めたのである。なかでもモーリス・フリードマン（Maurice Freedman）の著作が与えた影響が大であったことについては、ウィリアム・スキナー（G. William Skinner）が 1960 年代に戦前中国自体でなされた人類学的研究を類量においても研究範囲においても上まわる研究がなされたが、そのほとんどがフリードマンの著作によって鼓舞されたものと評価しているとおりである[4]。また斯波義信博士（現公益財団法人東洋文庫長）もフリードマンの研究業績について戦後における中国社会人類学、中国社会史研究の進展を促したランドマーク[5]であると記している。

　中国大陸に代わる研究代替地を residual China と呼んだのもフリードマンのようである。スキナーの記述から推察すると、フリードマンは台湾と香港を指して residual China と称したのかもしれない。しかし田汝康『サラワクの華人』（1953 年）やアラン・エリオット（Alan J. A. Elliott）『シンガポール

における華人の霊媒信仰』（1955年）などの著作を考えると、中国への窓であった東南アジア華僑社会を含めるほうが現実に即するように考える。residual は remain と同じようにある状態が変わらずに一部に居据っているとか、消失しきれずに残照を放っている状態をいうのであるから、王朝時代ないし前近代の中国がそのまま残っているという意味ではなく、古い中国の社会、文化の研究が不可能ではない程度に残存しているという意味である。

　香港新界上水の村落調査を実施したヒュー・ベイカー（Hugh Baker）、屏山鄧氏研究のジャック・ポッター（Jack M. Potter）、新田文氏研究のジェイムズ・ワトソン（James L. Watson）ら英米社会人類学者による一村落、一宗族の丹念な参与観察、上述した王立アジア学会香港支部の研究活動など、いずれも residual China 研究の流れとして位置づけられるものである。ベイカーはフリードマン門下、トプレイはファース門下と聞いている。こうした研究活動を可能にした一因として、東西冷戦下中国研究を奨励する豊富な資金が投下された西側の体制があったことや、イギリスの植民地支配という政治事情を否定することはできないが、戦後の研究空白を見事に避けた努力は敬服に値するものがある。

　こうした欧米社会人類学の流れとは別の回路によって筆者は香港と邂逅したわけであるが、船住まいは別にして、香港という residual China で暮らしたことは後々私の中国史、中国文化の理解を助けてくれることになった。中国史の基本史料は漢籍であり、その書き手は読書人であるから、非読書人である一般庶民の生活など社会の瑣末なことにすぎず、関心が薄いのが普通である。時に庶民の暮らしを筆にする読書人があったとしても、理解が正しくなかったり、見方に片寄りがあったりしても不思議ではない。また、漢籍に特有の記述が簡潔すぎるという外国人研究者にとっての悩みもある。光緒10（1884）年序、江蘇省江都人張心泰の見聞記『粵遊小志』巻三に次のような記述が見られる。

　　嘉俗有高舂矮舂之別、矮舂則一人坐臺上、高舂則用兩人、一人立臺上、牢繫直木、入其衣中、與肩齊、橫繫一木於梢、隱藏其袖中、平伸手、以撫橫木、木上立一人、牢縛雙足於上、兩人皆裝故事。（嘉應州の風俗には高

第 3 章 香港を考える（可児）

図1　長洲の飄色　V. R. Burkhardt, *Chinese Creeds and Customs*, Vol. 3, 3rd ed., Hong Kong 1960 より

春と矮春とがある。矮春は一人が臺閣の上に座るものであるが、高春には二人を用いる。一人が臺閣上に立ち直立する木にしっかり（身体を）縛りつけ、その衣裳の中に身を入れる。（直立する木に）肩の高さで横木の端を縛り、その袖中に（横木を）隠す。手を水平に伸して横木にそえる。横木の上に別の一人が立ち、両足をしっかり横木に縛る。両人とも故事にならって扮装する。）

広東省嘉應州の立春行事「春色」を紹介した記述なのであるが、香港の歴史的な漁業根拠地である長洲で毎年 5 月に執行される太平清醮の呼びもの「飄(ひょう)色」を見聞しているおかげでどうやら文意がとれる。長洲の飄色とは、台閣上に立てた木枠または鉄パイプの上に男女児 2 名を座らせ、衣裳と偽の手と足をトリックに使って、時代物の衣装をまとった 2 児があたかも宙に浮いたまま故事を演ずるような形をつくる（図1）。その台閣を担って会景巡遊に随行するのである。近時はモダンな仮装もまじるが、これを見聞していなければ読解は難しいであろう[6]。

　同書巻三からもう一例拾ってみる。消滅してしまった習俗について、漢籍の記事を聞き書きの結果とつき合わせることによって全体像を鮮明化できる事例である。香港政府は 1967 年暴動を機に爆竹を禁止とした。以後中国人の生活一切から爆竹が姿を消すことになった。爆竹禁止以前、寺廟が毎年神誕祭に発給する「花炮」（花神輿）を向こう 1 年間保有する権利者を決定す

第Ⅰ部　《連続講演》アジア・アフリカ研究——現在と過去との対話

図2　上段（左）新調した花炮に供物を添えて守護神の廟に「還炮」する。（中）花炮の紙紮。（右）搶炮に用いる爆竹、元朗天后廟例、張正平氏図。下段（左）訪港中の日本家船研究で著名な河岡武春氏（右から二人目）、青山湾にて1968年8月。（右）B. ウォード（中央）、王崧興（左側）両博士、1980年蠔涌にて。

る方法は爆竹によるものであった。寺廟がその年に発給する花炮（図2）は寺廟ごとに定数があるので、爆竹を利用して権利者を決定していたのである。香港ではこれを「燒炮」とか「搶炮」と称したが、その方法について『粤遊小志』巻三は広州土地公の「炮頭」について次のように述べている。

　　廣州毎當二月土地誕日、各街放花炮。置草圈其上、炮震圈飛、接獲者主招財喜。則有紙紮炮頭、綴人物花卉、高數尺。鼓吹送至家中、供奉家神前、謂之接炮頭、來年照樣製新還神、工費一切、竟有用至數百金者。（廣州の

町々では二月土地公の神誕日に花炮を打ち上げる。草で作った輪を花炮の上に置く。花炮がはじけて輪が飛ぶ。この輪を（争い、最後に）奪い取った人が財喜を主持することになる。すなわち紙張子の炮頭があって、表面に（紙細工の）人物や草花がつづり合わされており、その高さは数尺になる。炮頭を鳴物入りで家に持ち帰り家神に供えるのであって、これを接炮頭と称する。次年に雛形どおりに炮頭を新調して土地公に返還するのであるが、製作費が合計数百金に達するものがある。）

花炮（図2上段左、中）が文中では炮頭となり、花炮は爆竹の意味で使われている。これを民俗例と比較すると、元朗の村落連合、十八郷の挙社炮会で使用された爆竹は高さ7インチ、直径4インチの大型爆竹であり、鉄環が高く舞い上がる仕掛けになっていたという（図2上段右）。草圏ではなく鉄環となっているが、この図が頭に入っていると上の文を読み下すのが楽になる。60年代の日本で香港は中国史、中国文化の研究に向かないといったのはそう思い込んでいただけのことであり、事実は清代の古俗が香港のあちこちに転がっていたのである。このことは変わりにくい文化要素である年中行事や祭礼だけに限ったことではない。residual China の香港では清代の残照、換言すれば民俗的過去をいくつもすくい上げることができたのである。以下に具体例を若干記すことにするが、これによって香港において中国の伝統的な暮らしが現代と同居していた1960年代、70年代の様相が理解できることであろう。

(1) 后海湾の「水上単車」

長江河口から海南島にかけての中国沿岸には泥土または泥砂質の干潟が延々と続いているが、この海岸地形は新界西北の后海湾沿岸においてもよく認められる。干潟の上を歩行するのは困難であるので、人びとはカキ養殖場との往来や貝の採取、ハゼ漁を行うのに潟板ないし潟滑りを使用する。后海湾では長さ2.33 m、巾23～27 cm、厚さ3 cmの杉板に高さ85 cmのハンドルをつけたものを使い、片足を板に乗せ、別の足で泥土を蹴って滑らせている（図3左上、右上）。1968年にこの潟滑りを使って大陸側から香港へ不法

第Ⅰ部　《連続講演》アジア・アフリカ研究——現在と過去との対話

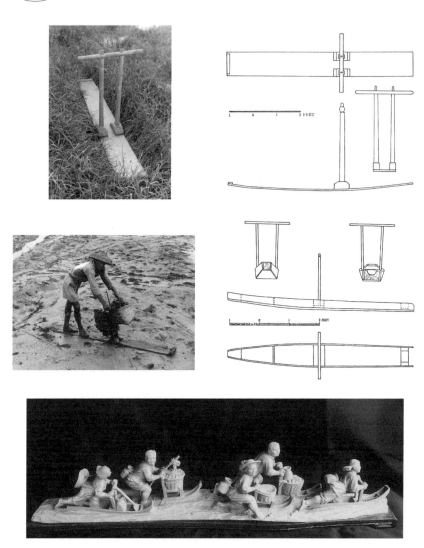

図3　中国各地の泥橇。(左上) 香港新界流浮山の水上単車。(左中) マカオの泥板、ハンドルの前に籠、後に花魚籠(ハゼ獲りの筌)を下げる。(右上) 水上単車実測図。(右中) 上海の泥摸船 (G. R. G. Worcester, *The Junks and Sampans of the Yangtze*, vol. 2, Shanghai, 1948 より)。(下) 木彫の脚踏船、山東・浙江沿岸に分布する型の泥橇。黄楊木製、長さ約54cm、高さ台共10.5cm、九龍商業大廈内中芸 (香港) 有限公司にて購入、上海製作品。

入境する事件が発覚したが、新聞はこれを滑板とか「採蠔木板」(カキを採取する木板)と書いていた。1968年8月訪港中の故河岡武春氏の同行をえて流浮山に赴いたが、地元での呼称は「水上単車」すなわち水上自転車である[7]。同種の交通具は上海方面で「泥摸船」(図3右中)、マカオで「泥板」(図3左中)という。また『史記』夏本紀第二のいう「泥行乗橇」の橇をこの種の交通具と見る説がある[8]。中国大陸では沿海部だけでなく、内陸の湖沼沿岸にも分布する。朝鮮半島、日本の有明海、マラッカ海峡[9]でも同種の交通具を用いるが、いずれもハンドルをつけていない。

(2) 元朗平野の養魚と養鶩(ようぼく)

后海湾に臨む元朗では「漁農」と呼ばれる人たちによって淡水魚・汽水魚の養殖が行われており、1966年に合計1700エーカーの魚塘(養魚場)で1430トンの生産をあげている[10]。単位面積当たりでいうと稲二期作の二倍の収益になるといわれる。魚塘の一部は東西冷戦時代に中国との境界を見渡す観光名所勒馬洲の丘から望見することができた。

魚塘では表層にプランクトン食のハクレンとコクレン、中層に草食性のソウギョ、下層に池底の有機物を餌とするボラと土鯪魚、中層と下層にわたりコイの稚魚を各々入れて混養する特徴がある。また近接してアヒル(祖先鳥はカモ)を飼育する養鶩池をつくり、アヒルの排出物を含む養鶩池の水を魚塘に適宜導入し、水中植物の成長を助ける考案をめぐらしている。しかしこれだけでは大量の魚を養殖することができないので、野草、糠(ぬか)や麩(ふすま)の団子、大豆や落花生の碾(ひき)割りなどの人工飼料、有機ならびに化学肥料を投入するという[11]。化学肥料を使うなど明らかに現代的経営手法を一部に導入していることは否定できないのであるが、魚塘の存在で脳裏をよぎったのは香港に近い珠江デルタが中国有数の養魚地帯であり、同地の魚塘が清代に当時の村落生活としては希有にして反社会的な「結婚しない女性」を出現させたことである[12]。

珠江デルタの魚塘は明末には出現していたと見られる。康熙39(1700)年刻本、屈大均著『廣東新語』巻二、「養魚種」の項は、「肥田を捨てて基(堤防)を築いて果樹を植えるが、茘(れい)枝が最も多く、茶・桑がこれに次ぎ、柑・

橙と続く。龍眼の木は家屋近くに植えるものであるが、基にも植えている。また基の下に池を造成して魚を養殖するのであるが、年末に魚塘の水を干上げ、春がくるとそこに稲苗を植える。大型の魚塘は数十畝にわたり、海を囲って造成した魚塘の場合、その広さは頃（100畝）単位となる」と、耕地から魚塘への土地改造が進んでいることを伝えている。稚魚はすぐに大きく育たないことを考えると、年末に魚塘の水を落して春に稲苗を植えるという箇所は若干説明不足の感を免れない。

　魚塘のうち最も成功したのは「桑基魚塘」である。基に桑を植えて養蚕を行い、とれた繭から生糸を生産するだけでなく、蚕の糞尿・蛹・野菜くずによって魚を養殖する。さらに魚塘の泥土を浚って桑樹を育てる肥料とするなど、食物連鎖を生かした循環システムの導入によって生産性を向上させたのである。こうした養蚕農家のうち、順徳県を中心に女性の間に、形式上は結婚するが村の女屋（娘宿）の仲間全員が結婚するまで夫の家に入らない、夫と一つ寝もしない「不落家」の風潮を生んだことはよく知られている。さらに機械製糸の世になると、養蚕農家は糸繰りを止めて繭を売るだけになる。余剰労働力化した養蚕農家の女性が製糸工場で賃銀を手にし、自立する力をつけるようになる。この段階で生涯結婚しない誓いを立てて自立する「自梳女」、順徳方言でいう「媽姐」（Ma che）が出現するなど特異な村落生活を出現させたのである[13]。この背後には、蚕を育てるのは未婚者の仕事とする「血穢」の迷信や、木魚を叩きながら、結婚しないのは罪業ではなくむしろ来世でよい果報を受けると説く観音信仰など、「宝巻」の教えを説唱して歩く宗教結社の存在があったことなど、経済的条件以外にもさまざまな社会的要因のあることが指摘されている[14]。

　以上のことがあって、わが香港の魚塘やいかに、と研究心をときめかせたわけであるが、香港では自梳女を生み出すことはなかったようである。新界では魚塘の底を浚って果樹栽培者に泥土を売る程度のことは行われたようであるが、桑や甘蔗などの栽培と組み合わせた魚塘経営が出現しなかったからである。その原因は、新界の大地主が稲作を掛替えのない唯一の農業と考え、稲作以外の農事を瑣末なものとして蔑視したところにあると考えている。

　しかし香港は別の形で順徳県など珠江デルタの自梳女とかかわりをもつこ

表1 香港を出発した中国人女子移民（16歳以上）の渡航目的ないし職業。香港は1935年6月まで（外国人は32年6月まで）、シンガポールは1930年まで公娼制をとっていた。

渡航目的	1906年	1907年	1920年
夫・親類と同行	2,468	1,698	2,839
夫・親類のもとへ	3,588	2,539	4,286
女優	8	5	4
結髪師	14	19	54
尼	14	…	5
占者	1	…	…
鉱山および農業労働者	25	11	366
娼妓	822	577	1,198
教師	1	…	1
学生	1	…	…
メイド	3,533	2,619	2,833
裁縫師	616	626	732
料理人	…	…	633
その他	…	…	1
合計	11,091	8,094	12,952

資料：HKAP

とになった。少なからぬ自梳女が外国人家庭や富裕な中国人家庭で働くメイドとして香港へ進出してきたからである。前者を「紅毛工」、後者を「住家工」と区別するが、一般にはインド英語のアマ（阿媽、amah）で総称された。一人で仕事のすべてをこなす「一脚踢」（Yat keok tek）のほか、料理専門のアマ「煮飯」（chi fun）、掃除・洗濯専門のアマ「洗燙打雑」（sai tong ta chup）、子守りアマ「湊仔」（chow tsai）など専門化が進んでいた[15]。料理アマは広東料理を代表する鳳城風味（順徳料理）を100万戸に広げたといわれる。

アマは香港だけでなく旧海峡植民地にも職域を広げており、シンガポールなどには相互扶助組織であるアマ公司を設けるほどであった。香港の移民統計にアマの渡航数の一端を示す数字が残っている（表1）。こうした展開を遂げることができたのは生涯独身であることが住込みの労働条件に合致したからである。独身であるアマが現役を引退した後は斎教系の宗教結社が在

俗教徒のために設けた「斎堂」で自梳女仲間と余生を送ったので、死後仲間に供養してもらえる安心感があった。

(3) 村の女屋と哭歌子

珠江デルタで自梳女を生む要因の一つとなった女屋（姉妹屋）は新界にも存在した。未婚女性のために村で建てた公産の一つであったが、男子禁制であった関係であろうか、集会場、レジャー施設であったという以外に女屋での暮らしについては詳細が意外と知られていない。ただ元朗方面の女屋で歌謡の学習をしたという女性が1960年代には存命しており、その学習内容が伝えられている。筆者の勤務していた崇基学院中文系に在籍した張正平という男子学生が在学中に上記存命者から哭歌子のうち婚喪29類61首を採詞、録音し、1969年に『哭歌子詞』（佑華出版社、新界大埔）と題す一書を刊行しているからである。筆者の日本語クラスの受講生であった関係で録音を聞く機会があった。張正平氏は生まれは別であるが、元朗港頭村で育ち隣家に哭歌子を歌うことのできる婦人がおり、その婦人とその伝によって他村婦人からの聞き書きに成功したという。同氏は人の和と地の利に助けられて採集できたと述懐していた。

『哭歌子詞』中の一部を邦訳したことがあるが、難解な東莞方言が多く、往生することがしばしばであった。嫁ぎゆく女性は結婚前3日間介添の女性と生家の中二階に忌みごもって光をさえぎり、出嫁当日そこを出て婚家の成員として再生していく儀礼を行う。最後に家を離れる際家族らに別れの悲しさを歌うのであるが、その中から「哭辞祖母歌」の一首を下にあげる[16]。

　　村のお歴々の皆様に、英雄豪傑はおられぬか、采配振って戦場を駆ける
　　強者はおられぬか、身にかかる難儀をば、どうしてこんなに知らんふり、
　　恨みのつもる苦しみに、琵琶など弾いておられよか。

嫁入りするのは本意ではなく、肉親と離れるのがいかに辛いかを一人一人にたいし吐露するのであるが、水上生活者の同種の歌謡が嫁入り話を持ってきた仲人を口汚く罵るのに較べると歌詞は穏やかである。

(4) 船住まいする人びと（水上人・水上居民・水上人家）

　1966年香港の水域に10万2,520人が存在し、漁業・艀業・渡船業、その他の各種水上労働に従事していた。歴史的に「蜑民（たんみん）」と呼ばれ、社会慣習として厳しい身分的差別を受け、陸上に居住することはもとより陸上での就業や教育、陸上人との通婚を拒否された人びとである。そのため陸上に土地・建物を所有せず、船を唯一の家とし、親子代々船で生まれ、船で死んでいくのが本来の生活であった。漁業本来が持つ移動性と水上人同士で通婚しあう集団であったことが結びついて、広範囲にわたり海上を移動するのが特徴であった。

　「蜑民」の語は歴史用語としては代々船住まいする人々を指す蔑称であったが、香港で「蜑民」といったのは水上人訛のある広東語を常用する船住まいの人々のことであり、潮州語を常用する水上人は「福佬」（鶴佬）として区別された。

　戦前、省都広州が水上人の最大集結地であったが、戦後大陸では共産政権が水上人の陸上への住みかえ政策を積極的に進めた。このため広州に代わって水上人最大の集結地となったのが香港である。ただし日本の占領下で漁業活動を支配していた魚問屋・干魚問屋の勢力が一掃されたため、水上人の社会は太平洋戦争の時点ですでに本来の生産と流通の構造を一変させていた。追って戦後の香港では食料難から政府の漁業への関与が強化されたことや、漁家経済の向上もあって、水上人への差別が後退したことも注意される。裕福な水上人も少なからず存在し、一部には水上出身といわれる富豪や日本の水産大学に留学した後、香港で会社組織の水産業を立ち上げた人物も出現している。

　しかし香港の水上人口は1941年の15万400人がピークであり、1961年には13万6,802人、さらに1966年には前述したように10万余人に急落している。工業を軸とする都市産業の発展によって水上人にも陸上における雇用が開かれたことや、漁船の動力化が普及するにつれて船に住み続ける意味が薄れ、陸上へ住み替える「陸上り」が増加したことによる。

　それにもかかわらず、広東各地の伝統的木造船を見ることができたのが60年代香港であった。堅牢に建造された大型漁船（船長約28m）は30～40年、

第Ⅰ部 《連続講演》アジア・アフリカ研究——現在と過去との対話

図4　1968年香港で見ることができた木造漁船。左列1、サンパンを可動式の苫4枚でおおった東莞艇（沙田）、刺網・釣漁など。2、罟仔艇（西貢）、サンパンを搭載し双手巻き網・延縄漁など。3、潮州系エビ底曳き網漁船、通称「大眼鶏」、船首に目を画く（沙田）。4、船廠の船台で修繕を待つ罟仔艇（西貢）。5、魚籠艇（西貢）、竹製もしくは金網製の籠を敷設して小魚や蟹などを陥穽させて漁獲する。6、沿岸で操業するビーム・トロール船「蝦拖」の1つ。7・8、沖合いを漁場とする大型帆走ジャンク（7・8青山）。

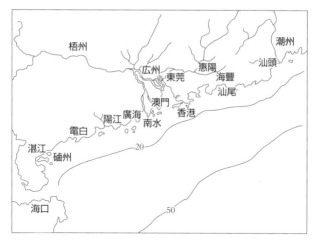

図5　広東（現在の広東、海南両省）沿海略図。水深の単位は尋。

中型（船長約18m）のエビ底曳き網漁船は20～30年の耐用年数があるので、とりあえず船体をそのままにして動力を装置した関係で、在来型の船体がしばらくの間残存したのである。中国海岸線総延長の23％を占める広東省各地の在来木造漁船が一堂に会する香港は中国ジャンクとサンパンの生きた博物館であったといえる[17]。

　また漁船ごとに専門とする漁業があった。漁船の型が違えば従事する漁業の種類も違ったという意味で、香港海域は広東在来漁業の見本市でもあった。1統（1生産単位）40～60隻で操業する「罟棚漁」は戦後姿を消したが元来は陽江漁民の漁業であったし、双手の深海底曳き網漁は電白、沿海底曳き網漁は澳門・南水・廣海・陽江など各々の地方性を持った。双手の巻き網漁は硇洲、手繰り網とタコ壺漁は汕頭から持ち込まれた[18]。在来漁業といってもどれも技術的に低劣なものではなく、専門化が進んでいたのである。

　同種漁業者間では漁業技術や常用方言、風習が重なり合うだけでなく、生活のサイクル、1艘の居住家族、富裕度、生産と消費のしくみなどほぼ同様の生活基盤に立っているため、好ましい結婚の組合せとなった。結婚生活に入ってから互いにまごつくことが少ないと期待できたからである。富裕度が似ているといったのは、機械化以前の漁業においては、特別の技術や訓練を

ことさら必要とする仕事がなく、経営規模を左右したのが男子の頭数であったからである。頭数が経営規模を左右するということは、たとえ零細な漁業者であっても息子を沢山持つことによって将来船を大きくしてより規模の大きい漁業へと浮び上ることができる。また逆方向の解体転落も生ずることになる。女子が出生すると親は次の子は男子であってほしいという願いを込めて「帯娣」とか「根娣」と命名する風習があったのはこのためである[19]。女子も有能な労働力であったが、婚出という問題があったのである。

　こうした次第で、水上居民の社会では、夫婦2人と未婚の子からなる核家族が1艘の船に住み、釣り・刺網・手繰り網・籠や壺を使う誘導陥穽(かんせい)漁など比較的零細な漁業を営み、単一の生産、消費単位を形成するのが基本的な形となる。しかし二つ以上の基本家族、すなわち両親と未婚の子が住む船と結婚した息子とその家族が住む船、この2艘が1統となり双手の巻き網漁や双手の沿海底曳き漁を営む者が最多を占めたことは、この形が理想とされていたためであろう。この場合1生産単位、2消費単位となることもありうる。

　他方深海で操業する帆走の二艘曳きトロール船のばあい居住家族は1統40〜50人となるが、3、4世代の父系血縁で結ばれた大家族だけで不足する時は同じ宗族から雇人を加えて構成することになる。また戦前には、船長約20m、船幅約4m、サンパン4〜6艘を搭載した親船となる帆走大型漁船に船主とその家族のほか、釣漁夫20〜30人が1年中乗り組み、水深30〜60尋の漁場に出て、船主の指揮下親船からひとつながりに結んだサンパンに分乗して手釣り漁に従うものがあった。サンパンをつなぐロープは700尋にも達し、これに100ないし180尋間隔でサンパンをつないだ。漁夫は各人2組の手釣具を同時に操り、小魚を餌にして泥斑(ハタ)・紅杉(イトヨリダイ)・波鯏(キダイ)・紅魚(フエダイ)などの底層魚を漁獲した。漁夫は毎月一定の乗船費を支払うほか、各自漁獲高の20％を部屋代として船主に支払った。乗船費には米・塩・水・燃料代が含まれたが、肉・野菜・ソースは漁夫の負担であった。釣具と魚を塩蔵する塩も漁夫の負担となった。香港で経費は最もかかるが重要な漁業の一つであったが、延縄漁の普及によって1938年頃までに急減した[20]。

　以上のように戦前すでに漁業の種別構成に変動があり、戦後は動力化を契

機に船体の改良、漁業技術の近代化がもたらされただけでなく、経済的には年間稼働日数の向上、漁場の拡大につながった[21]。さらに漂泊的な海上移動と季節的な年間2地方居住(母村と枝村)[22]の意味を薄れさせ、船住まいする居住様式を解体に導いたのである。

　船住まいが全面解体してしまう寸前に私はかろうじて駆け込めた形であるが、香港で見聞した広東の水上社会は、日本の「家船」から受ける水上社会の一般的印象、すなわち小船に核家族が住んで軽便な漁業に従うという零細漁民のイメージを覆す異次元の存在であり、その一端を実地に見聞することができたことは幸いであった。

(5) 洗骨(両墓制)

　広東の農山村に住む漢族の間で「洗骨葬」が行われていたことは『粤遊小志』巻三に下の記述があることで明らかである。

　　迺有既葬後或十年、或十餘年、復出諸土、破棺檢骨洗、謂之洗金、貯骨瓷罌、名曰金罐、骨黄者瘞原穴、黒者別覓佳城、置山谷間、暴露累葉、甚至□破骨残、抛棄榛莽、此風惠嘉一帯爲最。(すなわち埋葬してから十年あるいは十年以上経つと、封土を除いて棺を開き、遺骨を点検して清める。このことを洗金という。骨を貯える磁製の甕を金罐と呼ぶ。骨が黄色であれば元の穴に埋め直し、黒色であると別に墓地を探して山谷の間に置く。露にさらされ落葉が積もる。甚しいばあいは甕が破損して骨が残され、雑木林に抛棄されるようになる。洗金の風は惠州府・潮州府・嘉應州一帯で最も著しい。)

　この種の埋葬は埋葬墓(第一次墓、図6の2)と祭祀墓(第二次墓)とからなるところから「両墓制」と呼ばれる。香港地域を含む東莞地方もまたこの圏内にあり、新界に行くと丘陵に一族の金塔をいくつかまとめて並べ祀る光景が目に入った(図6の3)。戦後も一部に洗骨の風習に従う人々が存在したのである。周囲に墓域を守護する土地神の祠を立て、馬蹄形ないしオメガ型をしたコンクリート墓(図6の4)とは全く異なるものである。ただし香港

第Ⅰ部 《連続講演》アジア・アフリカ研究——現在と過去との対話

図6 広東の葬制。左列上から、1、九龍から新界を縦貫して広州に達する広九鉄道。ディーゼル機関車時代の沙田車站。2、埋葬墓（一次墓）。3、金塔（陽葬）。4、山墳（二次墓）。右列上から5、車華義荘の寄棺。6、仵作工による晒骨。

で火葬が一般的になる以前の時期であっても、ノン・クリスチャンの遺族が例外なしに洗骨を行っていたわけではなく、一部の人限りの慣行であった。また公共墓地の場合埋葬区画での5年間の期限が来ると通知があり、6カ月以内に洗骨を執行したうえ、遺骨を金塔区域に移し、埋葬場所を返還することが命じられる。期限が過ぎると当局が洗骨を強制執行するところを見ると、中国の旧慣を尊重した公共墓地経営ではなく、墓地用地の不足に対処する行政という印象が強い。

　九龍で葬送業務を請負う棺桶店(寿板店・長生店)の斡旋で新界の和合石において、取り上げた遺骨を清め、陽光にあてて干した(晒骨)後、蹲居位の形で遺骨を金塔内に組みあげていく経過を見学することができた。具体的な作業は「仵作工」と呼ばれる職業人が行うのであって、家族が直接関与する作業はない(図6の6)。また金塔は高さ約56㎝、口径25㎝、蓋つき、褐色もしくは緑褐色をしており、名称のように金色のものはない。すべて大陸からの移入品である。金塔を満載して九龍湾へ入ってくるジャンクを見たことがある。洗骨は本来清明節前後に行う行事であるが、日取りをはじめ洗骨に伴う祭祀、禁忌など風習のかなりが旧慣を失ないつつあった。

　広東の旧慣では死穢を怖れる風が強かったが、香港もまた同じであった。これは死者の発する霊気すなわち「死人風」に当たると死者の不幸がとりつく、と信じられたからである。そのため死者が出ると遺体をすぐさま屋外に搬出し、たとえ夜中であっても遺体を通夜屋内に保持することはなかった。遺体を搬出するのに布の担架とか竹籠を用いたのは、集合住宅の狭い階段を通って堅牢な棺を階下に運び出すと壁に当たって音を立てることが避けがたい。その音を死神が戸口をノックするといって隣人が嫌がったからだという[23]。市街地に住む人々もまた農村部と同様に死穢を怖れたのである。ウイルソン(B. D. Wilson)は、香港最大の島である大嶼山の大澳で、水上人が臨終の床にある者を船から下し、墓地近くにそのために設けられた小屋に移してそこで息を引き取ってもらうと記している[24]。死小屋の習俗といってよいが、水上人特有のものではない。旧時広東で「方便医院」といったのは、今生の別れを告げる寸前の人をそこに移し、そこで死を現実のものとする建物であった。死穢を忌むことが甚だしかったことを如実に物語っている。し

かし死穢の観念が洗骨の風習と関係があるか否かは不明である。

　屍体を洗骨することは文献的には中国大陸で漢族以外の民族が行う風習として知られるのであるが、広東・福建・台湾、それに江蘇の一部に住む漢族の間においても見られることが何を意味するのかについては不明である。漢族が長江を越えて南方へ拡大する過程で土着文化の一部を吸収したことは疑いないにしても、洗骨を即土着文化に結びつけて考えることはできないのである。香港に峯（che）のつく地名がある。沙田方面でいうと禾峯・大峯である。これを先住非漢民族である峯猺の旧生活痕跡[25]と考える説がある。これと同様に、今後時間をかけて解明すべき問題である。

　さらに一点追加すると、旧時異郷で客死すると、同郷人の眠る共同墓地に埋葬してもらう以外に、頑丈な木棺に遺体を石灰詰めにして故郷へ運んでもらう「運棺」を望む人もあった。あの世で故郷の宗族と一緒に眠るという深い思い入れがあったのである。このことから国際航路のターミナル香港には世界各地から華僑の棺や遺骨が送られてきた。積み替えが終了するまでの間棺を一時保管するため造られた施設が東華義荘（香港大口環）である。旧時中国内の運棺は清明節の頃に「快艇」と呼ぶジャンクによって水路行うのが建前であったという。ところが1952年から大陸に棺を運ぶことが全面停止となり、東華義荘には1,000体を超える遺体や遺骨が安置されるようになった（図6の5）。香港の「死者ホテル」というのがこれである。

　以上、香港のもう1つの顔であり、1960、1970年代に確認することができた「残された中国」を若干例示した。この種の作業を通じて最も悩ましかったことは、近代化に乗り遅れたネガティブな生活をあれこれさらけ出し、香港の後進性をあげつらう非友好的な行為と見られることであった。しかし外国人がただの好奇心からではなく、中国人、中国文化に関心を持ち、見識と理解をもって調査、研究することは誉めるべきよいことであるとして、調査に好意的であった人にも出会っている。

　香港で実地に観察できる「残された中国」を一種の文化遺産として記録して後世に残す意義や、漢籍の記述と重ね合わせることによって前近代の生活像を鮮明かつ正確に読み解く一助とする趣旨についてはすでに述べたとおりである。さらにもう一点挙げれば、香港に「残された中国」を残したのが何

であったのかを論議することによって、香港とは一体どのような存在であったのか、その歴史的意味を問うことに結びつくのである。

2　何が"residual China"を残したのか

　では一体何が香港に residual China を残す要因となったのかというと、まずあげられるのは広東省を主体にして中国から絶えず中国人が流入してきたことである。19世紀の概況から見ると、図7は1868年から92年にいたる間（1885年を除く）香港を出入した船客数を上船地、下船地別に見たものである。統計の目的が欧米の温帯、熱帯植民地経営に役立てるためであった関係で項目分類に戸惑いを感ずるのであるが、「中国と日本以外の諸港」という区分を現代風にいえば「日本を除く外国の諸港」となる。ただしその割合は9.6％（到着）、7.8％（出発）にすぎない。つまり香港出入の大部分を香港相互、香港マカオ間、香港と「中国と日本の諸港」間の出入が占めたことがわかる。このうち香港と日本との間の往来はそう大きな数でなかったことを考えると、船で香港を出入した人の大部分がマカオを含む中国大陸との往来であったと考えてよい。ちなみに旧時香港と中国大陸間の往来は陸路によるのではなく、船舶を主体とするものであった。

　具体的に見ると、上記期間中、船によって年平均59万3,482人が香港に到着する一方で、これに拮抗するかのように年平均57万4,157人が香港を出発している。中国から一方的に香港へ流入するだけでなく、香港を離れて中国大陸へ回帰する逆流もまた大きかったのである。

　清朝の駐英公使で華僑事情に詳しかった薛福成は、1893年、雇工の多い広東人は南洋と中国の間を往来して現地に定着しようとせず、潮州人は定着する者と帰国する者とが相半ばしている。また富裕な福建人には南洋に定着する者が多い（庸庵全集十種第七帙、出使奏疏巻下所収「請豁旧例招徠華民疏」）といい、広東移民の僑居的特性を指摘し、雇い労働者の多いことに原因を結びつけている。出稼ぎ先を新しい家郷として定着する指向が薄く、帰国したのである。植民地香港へ流入した中国人についても、同じことがいえるようである。中国へ戻る人があれば、代わって新しい人が香港へやってくるとい

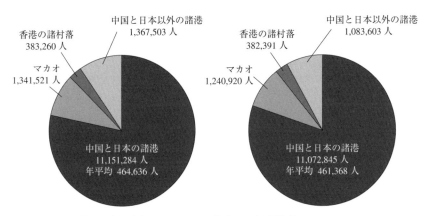

図7　香港を発着した全船客数、1868～1892年（1885年を除く）
資料 HKGG、HKAR、HKSP

う新陳代謝を19世紀を通して繰り返したのである。

その後1898年になって新界の租借が実現すると、これを引き金に九龍が本格的に発展を始める。しかし新界成立以後も中国人の香港自由往来が認められたので引続き香港への人口流出入が続いた。20世紀に入ってからのセンサス結果を見ると、世紀転換期の1901年28万3,205人であった香港人口は1911年45万6,739人、1921年62万5,166人、1931年84万472人と右肩上りの急増を続けていき、間もなく香港は100万都市に仲間入りを果たす。それ以後も急上昇は止まらず、太平洋戦争前夜の1941年センサスでは163万9,337人に達したのである。辛亥革命前後の混乱に始まり、日中戦争の拡大にいたるまで中国の混乱と不安定が香港への大量人口移動を促した結果である。

香港人口は日本占領中（1941年12月～45年8月）強制疎開によって60万人に抑制されたというが、戦後驚異的な人口復帰が始まり、47年末までに戦前を凌ぐ180万人に膨張した上、続く国共内戦によって雪崩のような流入を生じた。49年中華人民共和国成立後のセンサスは226万5,000人（1951年）、312万9,648人（1961年）、394万8,179人（1971年）、520万7,000人（1981年）というただならぬ増加を示すことになる。この間1950年香港は長年続

いた中国人の自由往来を廃止し、中国人についても外国人と同様に入境査照を必要とするように改めている。しかし不法入境が跡を絶たなかった。

以上のとおり香港史の全時期を通して中国大陸から間断なく中国人が流入してきたのであるが、このことは伝統的中国の生活スタイルが絶えず香港へ補充されたことを意味する。香港に中国の文化伝統を残す第1の要因がここにある。

第2にあげられるのはイギリスの植民地政策である。中国人は香港史を通じ常に全人口の94〜98％を占める絶対的多数の存在であった。これにたいし政府は中国人の一人一人を直接的に支配しようとせず、中国人を政治的、社会的に隔離して、欧人と混じり合わないようにしておき、間接的に統治していく政策をとったのである。具体的には選挙という形の政治参加を閉ざし、政治の内容を知らさぬようにし、かつ居住地や職業、施設利用において制限を設け、社会的に分断したのである。その上で中国人社会の伝統的秩序をできるだけ破壊しないようにして、伝統的体系の中でおのずから形成されてくる民族エリートを通して間接的に統治することにしたのである。イギリス人は植民地経営の豊富な体験によって、中国人が統治しにくい民族であり、官憲の力が矯めうるのは表面だけであることをよく知っていたのである。

この分離政策の下で、中国人相互の関係については中国の法と慣習に従って律するとされた。香港の経済政策は「レッセ・フェール、レッセ・パセ」、経済的自由放任主義、積極的不介入などとして知られるが、文化的、社会的にも同様であったのである。このため反植民地的言動を示さない限り、政府の直接的干渉を受けず、自己完結的な生活を維持することができたのである。その一面、伝統秩序を破壊しないという了解が、結婚を登記制にして一夫多妻を制度として否定することが1971年10月になってようやく実現をみたように[26]、清朝時代の古い慣習、封建的な原理を香港に後々まで残すことにもなったのである。

香港の中国人が分割統治、自由放任政策と同居できたのは、中国人の官憲忌避の風潮、西洋嫌いないし排外的風潮と合致するところがあったからである。清朝の地方行政の末端は州県であり、その役所である州県の衙門に、本籍回避の原則によって他省人の長官（知州・知県）が家子郎党（長隨）と行

政専門家（幕友）を連れて赴任してくる。その配下に土地っ子である書吏・衙役がいて住民への窓口となる仕組みであった。ところが住民は衙門とかかわりをもつことを極力避けた。衙門に接触するとろくなことがなかったからである。賄賂が物をいったり、恣意的な額の手数料を押しつけられたのである。そこで官憲をできるだけ避け、自己の問題は自己の属する仲間集団の相互扶助によって解決する気風と集団利己的な自治能力を培ったのである。

さらに香港では自己の中華文化にたいする矜恃、自負心は別にして、欧人にたいする排外感情が存在した。アヘン戦争当時、広東では欧人を「蕃鬼」と呼んだように、保守派の読書人を中心にして中国で最も強い排外感情をあらわにした省の1つであった。香港の一般大衆もまた西欧文化の受容に目を輝かせた人ばかりでなく、西欧的なものを心のうちで嫌忌したり、偏見を抱く人の方が多く、きっかけがあれば表に噴出した。その端的な表れが西医西薬にたいする不信感と抵抗である。香港では1891年になっても死者の63％までが死因不明であった。政府系病院の西洋医薬が敬遠された結果、当局が死因を把握することができなかったからである。早くから開設されていた政府系病院は政府下級職員・警察官・囚人を前提にしたものであった。

また1894年香港のペスト大流行といえば、北里柴三郎・イェルサンによるペスト菌の発見、あるいはその死を悼み新界西北の屯門方面を青山と命名したと聞く日本政府派遣医師青山胤通の感染死などが日本でも知られている。この時、香港政府が感染地区の遮断と清掃、戸別訪問による患者の発見と隔離、遺体の搬出、感染家屋の閉鎖、強制立退きなどの対策に着手すると、住民は瓦礫を投じて抵抗した。また中国医薬による伝統的医療を望み、あるいは全患者を広州へ送還することを求め、広州の慈善団体も遺体と患者引取りのためジャンクを香港へ向かわせる騒ぎとなったのである。さらに商人から車夫まで多くの中国人従業員が中国へと避難し、商取引や為替売買が大混乱となったのである。政府は武装警官と兵士を投入したり、砲艦を回航させて騒乱に備えたほどである。ちなみに、設備の整った政府系大病院が開設され、中国人が広く足を運び、西洋医薬による医療を受容するようになるのは第一次世界大戦（1914〜18）後のことである。

しかし中国人が香港で当面する問題は病気、怪我にとどまらなかった。前

近代的な雇用制度の下で発生する失業者、身体検査で不合格になったが故郷の村に帰る資力のない移民志願者、事業に失敗して生活に困窮する人、客死者などで、身近な宗族や宗親会の相互扶助に頼れない人が多く発生した。キリスト教の慈善団体は別にして、困難を抱える人たちに開かれた「方便の門」が中国の歴史用語でいう「善堂」、すなわち慈善団体である。香港におけるその代表的存在は1870年に開設され、中国医薬による施療を事業の中軸にして広範な福祉活動を行った東華医院である。1894年ペスト大流行を機会に政府に押し切られ、西洋医学を学んだ中国人医師の医療参加が実現するようになっていた。1931年になって九龍の広華医院（1911年創立）、香港島の東華東院（1929年創立）と合体し、以来東華三院と称し今日に及んでいる。東華、広華はどちらも「広東華人」の意味であり、広東人の仲間的結合ないし相互扶助によって恃む人が身近にいない同郷人に手を差し伸べる決意を表明している。

　さらに1887年に東華医院から分離独立して「保赤安良」すなわち人身保護、特に婦女子の保護を専門とする香港保良局、あるいは武器携帯を特別に許されて1888年発足した自警組織である団防局があった。どちらも局を称したが、政府部局ではなく民間団体である。東華医院、保良局、団防局の広範囲にわたる事業は植民地にあって中国人自らの私的安全装置として機能したのであるが、その経営には厖大な経費がかかった。その経費は基本的に外国商会の中国人買弁、何某行、何某庄を名乗るギルド的な中国人行業商人からの義捐金によって賄われた。保良局のばあいでいうと、そのほかに、香港の指導的商人が理事となって管理していた文武廟からの寄附金や、無縁仏を祀る盆行事（盂蘭勝会）、芝居興行からの寄付金などがあった。芝居興行からの寄付とは、芝居興行を行う人はまず保良局にたいし寄付を行い、その領収書を政府の華民政務司署に提示した上で興行許可を求めるものであった。また華民政務司は保良局への寄付を滞納するギルドがあればその責任者を召喚して自己の影響力によって半強制的に寄付を勧諭することも行った。政府が保良局を植民地支配の補完装置として重視していたことがよくわかる。それにもかかわらず、1931年まで保良局は財政上恒常的な政府補助金と無関係に運営されていたのである。東華医院と団防局についても同じようなこと

がいえる。

　こうした慈善、自警活動にたいし多年にわたり義捐活働を続け、理事として経営の実務に貢献している人、またはその履歴を有する人が香港で名流とか紳商と仰がれたのである。さらにその中から太平紳士（Justice of the Peace）として治安維持の一端を担ったり、市政局民間議員に任命されたりした。またごく少数者に限られたが、政治に参加する道が開かれた。1880年以降実現を見る立法評議会の中国人民間議員、1926年以降の行政評議会の中国人民間議員がそれである。両評議会とも香港総督の最高諮問機関であった。

　以上のように政府には慈善団体と市街地街坊の自警組織が植民地支配の補完装置として役割を果たすという期待があり、中国人側には政府との葛藤を自己の側に有利に展開させたり、自己の政治的要求に役立つ装置という期待があったのである。しかも慈善事業を通して香港社会に充満した困窮者・失業者に救済を与え、その不満を緩和することは、捐置者である中国人富裕者層自身にとっても、自らのよって立つ商業資本の経済基盤の安定、伝統的ヒエラルキーの維持を含む旧習維持に役立ったことを見落すことはできない。

　慈善事業が救済の機能を果たした事実を見落すのは誤りであるが、つまるところ古い形の慈善活動が近代を構想できなかった例を保良事業で示してみると、婦女子保護の実態は古い徳目である「女徳」、「婦道」の実践を求めるものであり、近代理念にもとづく女性解放にはほど遠いものであった。また古い社会には主人の側に一方的に有利であった身分的な奉公制度「妹仔」（売買養女）が存在したのであるが、保良局は「溺女」（嬰児殺し）防止を名目にして妹仔廃止に執拗に抵抗している。香港で売買養女が廃止されるのは1929年初頭になってからである。

　香港の英文学校で学び政府機関、外国商会あるいは外国人相手の職場で働く人や、欧米に留学して近代的理念を身につけた上医師、弁護士資格を取得して帰り、香港に近代西欧の風を吹き込んだ人の存在を否定するつもりはないが、数の上からいえば一握りの人々にとどまったのである。

3 "residual China" その後

　香港は太平洋戦争前夜の戦時統制、日本占領時代の諸変革によって旧秩序が揺り動かされる。旧魚問屋勢力（海鮮欄・鹹魚欄）が消滅して中央卸売市場へ変わったのはその一例である。戦後は一段と香港社会が変貌を遂げ、植民政策もこれに柔軟に対応して修正を進めることになる。

　香港は1961年300万都市に膨張する。中国人男子1,000人に対する女子数が387人（1901年）、433人（1911年）に過ぎなかった男女人口比の不均衡が改善されて正常に近づくのは60年代になってからである。また香港出生の中国人が総人口の33％（1931年）を占めるに過ぎなかった状態が過半数を占めるようになるのも60年代であり、54％（1965年）、57％（82年）と増大するのである。出稼ぎ地に特有な人口地理学的特性を払拭しつつあるといってよい。仮の宿から香港を否応なく家郷として模索する時代へ移行していったのである。これに応じ住民の政治要求も増大するが、政府もまた植民地的性格の強い施政では中国人をつなぎとめえないことを認識するのである。レッセ・フェールを修正するのは1953年新九龍石硤尾の大火で焼けだされた罹災者を収容するため、低家賃の公営アパート団地「徙置大廈」の建設に着手してからのことである。

　こうして香港の中国人が香港を終の住処とする新しい動きを見せながらなお「残された中国」の側面をとどめたのが60、70年代の香港なのである。1971年に中国人男性の66％、女性の80％が英語を話せないというセンサス結果は、外国人がこの時期イメージしがちであった香港像すなわち「中国のなかの西欧」が必ずしも当たっていないことを示す。香港人の多くが互いに英語名で呼び合うが、必ずしも洗礼名であるとは限らず、字感覚の別名であることがかなり含まれる。人口の圧倒的多数を占めるという数字上だけでなく、香港は中国人の街であり続けてきたのである。小泉允雄氏は1971年の編著で、イギリスの130年にわたる香港統治は、中国人の言語、宗教、風習のすべてを残す形でなされたと言及している[27]。私と同じ視点をもつ研究者の存在は心強いものがある。

　この時期、肌で直接触れた生活風景から発信されてくるメッセージは、中

図8　看板のある風景。上段（左）大看板は香港島の目抜き通りだけでなく、どこへ行っても見られる（九龍旺角）。（中）ショップ・ハウス（唐楼）の走廊すなわち騎楼下の軒先道路も広告の場。（右）蛇皮で埋めつくされた蛇料理店の入口。繁昌している人気店であるという自慢である。下段（左）1967年香港騒動時の反警察大字報。（中）保衛釣魚台のポスター（1971年）。（右）爆竹の危険を訴える大字報。爆竹は1967年に禁止となった。

国人が心のうちに内包する感情や概念を日常的に伝えるものであった。それこそ常に変わり続ける香港で中国人が変わらずもち続けている中国人らしさではないか、と私は個人的に受け止めていたのであるが、試みに若干例をあげてみると、次のようなものである。

　その第一は香港が看板の町であり、これでもかといわんばかりの巨大なネオンサイン、字看板の類があふれることである。二階建ての市街電車が車道に突き出す大型看板すれすれに走る香港セントラルの風景はよく知られている。上空がすさまじい看板のジャングルで埋めつくされ、街の風景に余白がないといったのは山口文憲氏である[28]。しかし香港が世界的な人口超過密都市であり、土地を高密度で利用せざるをえない以上看板もまた超過密になって当然としてすませるわけにはいかない。かつての香港には二、三階建てのショップハウス（唐楼）が多く存在したが、その壁面だけでなく張り出したベランダ（騎楼）、ベランダを支える支柱にまで、でかでかと商号、営

業品目、各種広告が書かれていた（図8上段中）ところを見ると、目抜き、場末にかかわらず店舗は小さいが看板・広告は大きく派手にというのが香港商法なのである。そればかりでなく、樹木も含めて、街の至るところに手書きの貸部屋、求人求職、催事などの貼紙、ポスターが張られている。それもビジネス一辺倒でなく、時の問題を非難したり、世相を批判する大字報もあるし、日本人であれば外聞をはばかるであろう類の民事を白日の下にさらして相手を攻撃してやまない小字報も混じる。屋内外であたりはばからず互いに自己の正当性をまくし立て周囲を味方につける口喧嘩と考えあわせると、土台は中国人の強い自己主張にあるのではないだろうか。

音も負けていない。爆竹やドラの音は尋常ではないのだが、中国人にとってみれば大きいほど、またかまびすしいほど邪気が遠くに去って大地は浄められるのである。大きい音になれ親しんだ耳というのがあるのか、場末の音響機器店ではボリュームをいっぱいに上げて「いい機器」だよといわんばかりに売り込むのである。文字と音は大きいほどよいのであって、本性の自己主張にかなうのであろう。

自己主張の基盤は中国的個人主義にある。個人主義といえば西欧近代の響きの漂う言葉であり、residual China とは協和しないように聞こえるかもしれない。しかし家（宗族）を直系血縁の男子によって代々継承するとしてきた広東では、兄弟など同世代の父系男子は同じ血筋を継承するという点で平等であるとされ、長幼・嫡庶の別を問わず家産を均等に相続し（均分相続）、また同じ血筋を共有するがゆえに互いに助けあって暮らすもの（相互扶助）とされた。家は個人の集合体であったのである。

香港の中国人が見せる能力主義や強い企業心も個人主義と表裏するものである。1967年の香港騒動は、プラスチック・フラワー工場で出来高払制で働く労働者が受け持ち機械が故障した時の賃金保障を求めたことが発端の一つであったという[29]。時給制よりは能力主義の出来高払の方が優るとする労働者が多い社会であったのである。小泉允雄氏は、出来高払を好む労働者について、会社とは機械を貸し、原料を供給してくれる場所であり、自分は製品を作り、それを売るだけで「私自身が会社である」という意識が強いと看破している[30]。

また医家で旧時「議価」といったのは、まず医師が病人を診断して治癒を請けあう額を提示し、合意があれば治療を開始する一種の請負制のことであり、これも一種の能力主義といってよい。私自身お金を取らない「赤ひげ」先生の存在を知っているが、一方で同じ内容の医療で広東人の何倍も医療費を取られた日本人がいるのは議価とどこかでつながっているのであろうか。また一つの店舗を2人の事業主が交替で使い店賃を節約するとか、1人が二つの異なる職場で昼夜働く moonlighter のことも耳にしたり見たりした。香港名物 Job-hop は西欧合理主義思想の影響でもないし香港的金銭至上主義の実践でもなく、転職するのは能力を評価された証拠であり、個人にとって良いことだと考えるからである。Job-hop を日本的な「企業一家」という物差しではかること自体がおかしいのである。

　私は本塾大学に在職中、研究者として心から尊敬すべき先輩、同僚、後輩に多数めぐりあうことができたが、言語文化研究所に在職された鈴木孝夫名誉教授はそのうちのお一人である。鈴木教授は「転石苔を生ぜず（A rolling stone gathers no moss）」という諺を題材にして、イギリス人が「年中場所や職をかえる人は、金持ちになれない」と解釈して否定的価値をあたえるのにたいし、アメリカ人は「いつでも動き、活動していれば、決して錆つくことがない」と肯定的価値をもたせて解釈することを指摘している（『ことばと文化』岩波新書858、1973年）。かつて筆者はその羈縻に付して、この諺に相当する中国の「流水不腐、門枢不蠹（流れる水とよく開閉する戸ほそは腐蝕しない）」をあげて、中国人の考え方がアメリカ人に近いことを述べた（『シンガポール　海峡都市の風景』岩波書店、1985年、203-204頁）。よく働く人間は錆つかないということは、出来高払的な能力主義あるいは請負主義の観念からいえば個人の好ましい発展を表すのである。

　中国の古い合股制度による企業が毎月の給与を低く抑えておき、利潤に応じたボーナスに主眼をおいたことも思い出す。これも能力主義による賃銀の算定が好まれたからであろう。

　香港の人は拝金主義者、金銭至上主義者だという。香港にやってきた目的が非儒教的な富の蓄積のためであるから、物質主義に徹底している面は否定できない。しかし香港で暮らしてみると、実利主義というのが、貨幣経済に

習熟した社会に生まれ、子供の時から金銭感覚を身につけていく環境や仕組みの中で育ち、自然に身につけた「生活の知恵」ではないかと感ずるものが多い。これについては別の機会にゆずることにする。

　次に時をはかる物差しについて述べたい。香港の広東語で「日本郵船」というスラングがある。日本の海運大手日本郵船のことではなく、遅かれ早かれ沈没するという裏の意味があって、麻雀で「你的銭是日本郵船！」などと使うのである。日本船の船名が〇〇丸というように「丸」が末尾につく。丸は「完」と同音、同一声調であり、尽きる、なくなるの意味がある。日本は景気が目下好調であっても遅かれ早かれ終わるという意味であるが、ではいつ好景気が終わるのかと尋ねても具体的な解答はない。香港の中国人が時計の時間とは別に、悠久という流れで物を考えるからである。このスラングを聞いたのは 1973 年のことである。それから 40 有余年、日本郵船の語は現下香港で 50 歳以上の間で通用するだけだと岩間一弘氏から教えていただいた。香港では日本を沈没したと見ているのであろうか。

　また 1965 年、下宿先で九龍の中文系中学に通う子が読んでいた歴史教科書を覗くと、神武東征の神話が戦後否定されたことや、前 219 年秦始皇帝に不老長生の薬を東海の蓬莱に求めることを願い出たが、出航後消息を絶った方士徐福のことが出ていた。今思うと正確に書誌データを記録しておくべきであったと後悔しているが、蓬莱が日本のことであり、徐福が率いて行った技術者や童男童女数千人が日本に定住したと唱える俗説がある。また、新宮など徐福上陸の地と称する所が日本に数ヵ所ある。仮に日本が沈没したと思われているのであればありがたくない話であるし、もし徐福の集団が日本人の先祖だと信じられているようならこれも迷惑な話である。しかし私たちが逆に香港という小窓から中国人的特性の一端を抽出しようとすれば似たような見当違いをおかすかもしれない。誰もが自己の文化的根拠を明白なものとしがちであるからである。自己文化のコンテクストで異文化を解釈しないためには、異文化をよく知り、よく理解し、また相手にも自己文化をよく知ってもらう相互交流以外に妙手はない。

おわりに

　日本は戦後、敗戦ショックや日中戦争にたいする後ろめたさもあって、residual China にたいする関心や理解、交流に遅れをとった。その結果、香港を中国研究の代替地として認識することができず、香港に住む人びとの暮らしや背負っている伝統文化を理解することなく、結果的に香港を政治・経済など利用価値の「場」としてしか見ない香港観の形成につながった。難を避けて香港に集まってきた「難民」を好奇心をそそる存在、あるいは憐憫の対象としか見ることができなかった「過去」があるのもそのためである。

　今日、日中間のぎくしゃくした関係によって国民の嫌中感が拡大し、学生の中国関心も希薄化していると聞く。この風潮をかつての香港研究に引き合わせてみると、中国に住む人々の暮らしや文化的背景に無知で中国を「場」としか見ない日本人の増大につながりかねないことが気にかかる。両国関係が困難な時であればこそ中国にたいする国民的関心、学術研究を高め、空白を作ってはならないのである。そのことを省みて、各人のかかわる分野で日中間に空白を作らない地道な努力を重ねることが要請される「現在」である。

　私は本研究所の前身である地域研究センターの設立準備委員会（1983 年 7 月開設）発足時から本研究所にかかわった。その当時センター設立について私の所属する文学部の関心は必ずしも高いものではなかった。文学部は 5 学科 17 専攻に 2 部門が加わり、さらに複数の研究所とも協力関係ができており、すでにして学際的であるというのがその理由であったろうと個人的に想像している。そこに自分が送り出されたのがなぜであったのかは知らない。しかし予め方法論は考えず、共通課題の下で各自の個別分野ないし領域から問題に取り組み、その成果を相互に修正し合って全体像に迫るというセンターの設立趣旨は私の意に十分叶うものがあった。結果として 2007 年 9 月客員所員の任期満了まで、長期にわたり切れ目なく何らかの形でかかわらせていただいた。その間研究所の活動に十分貢献することができたわけではなかったが、私自身にとっては居心地よい研究生活の歳月であったと深く感謝している。今回の記念講演会にあたり、感謝の一端までにと年齢を顧みず

しゃしゃり出たが、多少なりともお役に立てれば幸いである。

付記　最後に図版を作成して下さった櫛田久代教授（敬愛大学）、原稿を入力して下さった伊藤聖來氏（お茶の水女子大学院々生）に御礼申し上げる。

［注］
(1) 香港日本人倶楽部『倶楽部便り』15号、1965年12月。
(2) 小椋廣勝『香港』岩波新書赤版88、1942年、43-44頁。
(3) 新亞研究所に提出した調査報告が、バイリンガルの Hiroaki Kani, *A General Survey of the Boat People in Hong Kong,* Monograph Series no.5, Southeast Asia Studies Section, New Asia Research Institute, the Chinese University of Hong Kong, Hong Kong 1967（中文書名『香港艇家的研究』）である。
(4) G.W. Skinner ed., *The Study of Chinese Society: Essays by Maurice Freedman,* Stanford University Press, 1979, p. xiv.
(5) M. フリードマン著、末成道男ほか訳『東南中国の宗族組織』弘文堂、1991年、229-230頁。
(6) 日本における長洲の太平清醮や醮色の研究については、拙稿「香港中国人の宗教思想の一端について」『史学』40巻2・3合併号、1967年の予報があるが、研究が本格化するのは大淵忍爾「香港の道教儀礼」『池田末利博士古稀記念東洋学論集』1980年所収や田仲一成氏が反復された現地調査の結晶である二つの大著、『中国祭祀演劇研究』東京大学東洋文化研究所、1981年、『中国の宗教と演劇』同、1985年が刊行を見てからのことである。また社会人類学的研究については瀬川昌久編『香港社会の人類学』風響社、1997年所収、中生勝美「香港の離島コミュニティーに見られる都市性—長洲島・太平清醮の祭祀集団—」に詳しい。私自身は「太平清醮小考」と題する一文を『稲・舟・祭　松本信廣先生追悼論文集』六興出版社、1982年に発表している。
(7) 拙稿「南中国の泥板または泥摸船について」『海事史研究』13号、1969年。
(8) G. R. G. Worcester, *The Junk and Sampans of the Yangtze*, vol.2, Shanghai 1948, pp. 241-243 & plate 83.
(9) 藪内芳彦『東南アジアの漂海民』古今書院、1969年、107頁。
(10) *Land Utilization in Hong Kong as at 31st March 1966*, p. 16.
(11) S. Y. Lin, "Fish Culture in Ponds in the New Territories of Hong Kong," *Journal of the Hong Kong Fisheries Research Station*, vol.1, no.2, 1940. T. R. Tregear, *A Survey of Land Use in Hong Kong and the New Territories*, Hong Kong University Press, 1958. T. Chow, "The Bionomics of Pondfish Culture in the New Territories, Hong Kong," *Hong Kong University Fisheries Journal*, no.2, 1958 などを参考にした。

(12) わが国には村松梢風『中国風物記』京都、1941年やアーサー・スミス（Arthur H. Smith）、アグネス・スメドレー（Agnes Smedley）などの訳書によって早くから紹介されている。私自身も『近代中国の苦力と豬花』岩波書店、1979年、206-210頁において言及している。

(13) 柴三九男「清末広東三角洲の養蚕経営と農村近代化」『史観』57・58合併号、1960年。胡樸安『中華全国風俗志』再版、台北、1968年、30、34頁。鈴木智夫「清末、民初における民族資本の展開過程」『中国近代化の社会構造』（東京教育大学アジア史研究会、東洋史学論集、第六）、1973年、46-48頁。

(14) Marjorie Topley, "Marriage Resistance in Rural Kwangtung," in *Women in Chinese Society*, edited by Margery Wolf and R. Witke, Stanford 1975, passim.

(15) Kenneth Gaw, *Superior Servants: the Legendary Cantonese Amahs of the Far East*, Oxford University Press, Singapore, 1988, p. 91.

(16) 可児弘明・西村万里・游仁正「香港農村の民間歌謡—"哭歌子"の様式と伝承の構造—」『文学』38巻6号、1970年。

(17) Stanley S.S. Yuan, Fishing Junks, in "*Proceedings of the Engineering Society of Hong Kong, session 1955-1956,* vol. Ⅸ," pp. 41-78. 本論文は船舶工学の専門家による香港漁船の紹介であるが、漁法にも記述が及ぶ。本論文に対するコレスポンデンス中に東京大学高木淳教授のそれが見られる（p. 78-i）。別に同教授の抄訳、袁随善『戎克型漁船』もある。北緯20～21.3度、東経111～115度の水域で約6,160隻の漁船、5万余人の漁民が働いていた1950年代中頃の帆走ジャンクが記述の対象である。華中、華北のジャンク漁船より設計上で進んでおり、上記水域で大波を甲板にかぶったりしぶきを受けたりせず、また向波にうまく乗ることができるとされている。

(18) 戦前の在来漁業に関する最良の研究業績はS. Y. Lin, "The Fishing Industries of Hong Kong, Parts Ⅰ to Ⅴ". *Journal of the Hong Kong Fisheries Research Station*, vol.1, no.1, 1940. ならびに続編であるParts Ⅴ to Ⅸ. 同誌vol.1, no.2, 1940である。別にAu Lai Shing, MS., *Fishing Gear Survey,* Government Fisheries Dept. of Hong Kong, 1954, 141頁にわたる稿本が香港大学図書館にある。私の水上人研究もこれらに負うところが大きい。

(19) 私自身の沙田海における現地調査の結果は、"The Boat People in Shatin, N.T., Hong Kong: The Settlement Patterns in 1967 and 1968," *Chung Chi Journal*, vol.11, no.2, 1972. ならびにその仏訳、"Les types d'installation des habitants de bateaux a Shatin, N.T., Hong Kong," *La Revue Ethnographie*, 66（année 1972）、1973であるが、概要は『香港の水上居民』岩波新書青版772、1970年に取り入れている。蜑娣・艮姉を含めた風俗面についても同じである。私の研究目的は香港水上居民本来の全体像を民族誌として総括することにあるが、「失われた水上世界—回想の60年代香港—」『国府台』8、和洋女子大学文化資料館、1998年にとどまり、目的を十分達成していない。

(20) S. Y. Lin, *op.cit*., Pt. Ⅴ, pp. 90-94.

(21) 拙稿「香港漁業の回顧と展望」『アジア経済』10-4、1969年。なお太平洋戦争直後

の香港漁業については、W. J. Blackie, "Hong Kong Fisheries," in *Hong Kong Business Symposium*, edited by J. M. Braga, Hong Kong, 1957 がよい。

(22) C. L. So, "The Fishing Industry of Cheung Chau," in *A Symposium on Land Use Problems in Hong Kong*, edited by S. G. Davis, Hong Kong University Press, 1964.

(23) B. D. Wilson, "Chinese Burial Customs in Hong Kong," *Journal of the Hong Kong Branch of the Royal Asiatic Society*, vol.1, 1961.

(24) (23) に同じ。

(25) K. M. A. Barnett, "The People of the New Territories", in *Hong Kong Business Symposium*, compiled by J. M. Braga, Hong Kong (SCMP), 1957, p. 261.

(26) 拙稿「婚姻法改正とその問題点」『アジア経済』13-1、1972 年。

(27) 小泉允雄『香港　中国の軒下で栄える資本主義』日経新書 154、1971 年、179 頁。

(28) 山口文憲『香港　旅の雑学ノート』ダイヤモンド社、1979 年、3 頁。

(29) 小泉允雄、前掲書、163-164 頁。

(30) 同前、195-196 頁。

第 4 章

38 度線の設定
——ポストリビジョニズムの視点

小此木政夫
（慶應義塾大学名誉教授）

はじめに——ポーランド問題と原爆実験の成功

　ポツダム会談を前にして、米国政府要人たちはようやく朝鮮の将来に関連する政治軍事問題に真剣な注意を払い始めた。たとえば、首脳会談の開幕を翌日に控えた 1945 年 7 月 16 日、スティムソン（Henry L. Stimson）陸軍長官がバーンズ（James F. Byrnes）国務長官を通じてトルーマン（Harry S. Truman）大統領に伝達した覚書は、「ソ連がすでに 1 ないし 2 個の朝鮮人師団を訓練し、それを朝鮮で使用しようとしている」との情報に注意を喚起して、ソ連に対して朝鮮の信託統治化を強く迫るように進言するものであった。スティムソンは「もし朝鮮に国際的信託統治が設定されなければ、またおそらく設定されても、これらの朝鮮人師団が支配権を獲得し、独立政府よりも、ソ連支配の現地政府の樹立に影響力を持つだろう。これは極東に移植されたポーランド問題である」（傍点引用者）と指摘し、「信託統治の期間中に、少なくとも象徴的な陸軍部隊ないし海兵隊が朝鮮に駐留すべきである」と主張した。ドイツ敗戦後のヨーロッパで勃興した米ソ対立がわずか 2、3 カ月の「時差」で東アジアに波及し、朝鮮問題がポーランド問題からの類推によって理解され始めたという意味で、さらにスティムソンがグルー（Joseph C. Grew）国務

長官代理やハリマン（W. Averell Harriman）駐ソ大使の強硬な主張に同調したという意味で、これは画期的な変化であった(1)。

　それに加えて、同じ7月16日の早朝、ニューメキシコ州のアラモゴルドで原爆実験が成功したことも、対日戦争の終結期に登場した新しい衝撃的な要素であった。夕食が始まる頃にワシントンのハリソン（George Harrison）補佐官からスティムソンに第1報（「結果は満足で、すでに期待を超える」）が届けられ、スティムソンはそれを持参して、午後8時過ぎにトルーマンとバーンズを訪問した。さらに、グローヴス（Leslie R. Groves）准将が起草した詳細な報告、すなわち「計り知れないほど強力な文書」が、21日正午近くにクーリエによって届けられた。スティムソン、バーンズとともにそれを検討して、トルーマンは「非常に喜び」「明らかに大いに勇気づけられた」のである。さらに、23日までに、原子爆弾が「おそらく8月4日から5日に、ほぼ確実に8月10日までに」使用可能になることも伝えられた。これらの情報を確保して、さらにチャーチル首相とも慎重に協議した後、24日午後、全体会議終了後の立ち話の形で、トルーマン大統領は米国が「並外れた破壊力のある新兵器を持った」ことを「さり気なく」スターリン（Josef Stalin）首相に伝えたのである。軍事情勢が劇的に変化して、いまや、ソ連の対日参戦は必要とされなくなったし、ポーランドでのソ連の行動に憤慨していたトルーマンとその助言者たちは、この新兵器がソ連からより妥協的な態度を引き出すことを期待したのである(2)。

　スターリンはトルーマンからの情報に素直に反応し、それを「日本に対して上手に使う」ように希望した。2人の表情を注意深く観察していたチャーチル（Winston Churchill）によれば、そのとき、スターリンは単純に「喜んでいる」ように見えた。彼も「さり気なく」反応して、何も質問しなかったのである。ソ連の反応について探索されることを拒絶したのだろう。実際には、米国内のソ連の諜報網が原爆実験の実施日まで予告していたのである。しかし、それにもかかわらず、スターリンにとって、それが大きな衝撃であったことは間違いない。原子爆弾が早期に投下され、ソ連軍が満洲に侵攻する以前に対日戦争が終結すれば、ヤルタ協定の前提が崩壊し、それが履行されなくなるかもしれなかったからである。事実、フォレスタル（James V. Forrestal）

海軍長官の回想によれば、バーンズ国務長官は「ロシア人が大連や旅順に入る前に」対日戦争を終えることを熱望していた。そうだとすれば、朝鮮半島についても、「ロシア人がソウルに入る前に」戦争が終結することを強く願っていたに違いない。ただし、タイミング的にみて、そのための時間はほとんど残されていなかった。
日本の降伏を目前にして、米国の軍事技術革命

の成果、すなわち原子爆弾の投下とソ満国境に集結するソ連軍の進撃の間で、「地政学的な戦略競争」が開始されていたのである。最初の原子爆弾が8月6日に広島に投下されると、宋子文外相が中ソ友好同盟条約や旅順・大連に関する協定に署名するのを待つことなしに、8月7日、スターリンとアントノフ（A. I. Antonov）はソ連軍の満州侵攻作戦を8月9日に開始するように命令した。宋子文による署名がなされたのは、日本がポツダム宣言を正式に受諾した8月14日のことである[3]。

今回の講演では、ポーランド問題と原爆実験を直接的な背景として、ポツダム会談から戦争終結までの約1カ月間を対象にして、38度線設定の政策決定過程を分析する。38度線設定の決定をグローバルな冷戦史の文脈で再検討することによって、ポストリビジョニズムの視点から、伝統主義と修正主義による解釈論争に一石を投じることができれば幸いである。ただし、時間の関係から、第二次世界大戦中の米ソの軍事戦略、カイロ宣言以来の戦後朝鮮構想などとの関係については論及することができなかった[4]。

1　ポツダムでの軍事協議

(1) 米英ソ参謀総長会議

トルーマンがスターリンに原爆実験について説明したのと同じ7月24日に、最初で最後の米英ソ3国参謀総長会議が開催され、対日軍事作戦に関する情報が交換された。この会議が始まる時点で原爆実験の成功とその早期投下の可能性に関する正確な情報に接していたのは、米側のマーシャ

（George C. Marshall）陸軍参謀総長と、その補佐官であり陸軍作戦部長を務めるハル（John E. Hull）中将だけであった。会議の冒頭で、ソ連側の首席代表であるアントノフ元帥は、ソ連軍が極東に集結中であり、8月後半に対日作戦開始の準備が整うことを明らかにし、さらに「ソ連の極東での目的は満洲にある日本軍の撃滅と遼東半島の占領である」と明言した。アントノフはまた、対日戦争勝利の後に満洲からソ連軍を撤収するとの方針を表明し、ソ連の作戦を成功させるために、日本軍が中国や日本本土から兵力を増強して、満洲戦線を強化することを阻止しなければならないと主張した。米国側の参謀長は、これに対して、日本軍はむしろ本土に向けて移動しており、3個師団が満洲から九州に移動し、2個師団が朝鮮から本土に移動したこと、潜水艦の行動と機雷の敷設によって日本本土と大陸の間の連絡網が大きく妨害され、下関・釜山航路と黄海の航行が終焉したこと、中国から満洲への鉄道による大規模な移動が不可能であることなどを指摘した[5]。

　とりわけ重要であったのが、それに続く千島、朝鮮およびサハリン作戦に関する会話である。アントノフは米国がシベリアへの連絡線を開設するために千島列島に対して軍事行動をとるかどうかを質問し、カムチャツカにある兵力によって支援する用意があるが、海上ルートの開設が最も重要であると指摘した。また、「半島に対して攻勢をとっているソ連軍と調整して、米軍が朝鮮の海岸に対して軍事行動をとる」ことが可能であるかどうかを質問した。これに対して、キング（Earnest J. King）提督は千島作戦の可能性を否定し、現状でも海上ルートの利用に困難はないと指摘した。朝鮮作戦については、マーシャルが「そのような上陸作戦は企画されていないし、とくに近い将来にはない」と否定的に回答した。さらに、南部朝鮮にある日本の航空力を破壊し、日本本土の一部を完全に支配するまで、朝鮮上陸作戦の実施は米軍の艦艇を空と海からの日本の自殺攻撃（特攻）にさらすこと、三方面からの九州上陸作戦のために多数の上陸用舟艇が必要とされ、朝鮮上陸のために使用する舟艇が不足することなどについて説明し、少数の部隊が上海南方の中国沿岸に上陸できれば、ウェデマイヤー（Albert C. Wedemeyer）中国戦域司令官に対する大きな支援になるだろうと示唆した。そのうえで、マーシャルは「ソ連の作戦にとっての朝鮮の重要性は理解するが、朝鮮攻撃の可能性

は九州上陸後に決定されなければならない」(傍点引用者)と主張したのである。また、キングがソ連の企図するサハリン南端の奪取による宗谷海峡支配について質問すると、アントノフは「ソ連が直面する第一の任務は満洲にある日本軍の撃滅である……南サハリンに対する攻撃は第二の攻勢として着手されるだろう」と答えた[6]。

(2) ソ連軍の朝鮮作戦計画

　このような参謀長たちの会話は、対日参戦に伴うソ連の軍事作戦について、いくつかの重要な確認や推測を可能にした。たとえば、ソ連軍の攻勢は第1段階では満洲にある日本軍の撃滅に集中しており、それと関連するソ連領に近い北部朝鮮諸港の奪取を除けば、サハリン、千島列島そして朝鮮半島での作戦は、遼東半島への進撃と並行して進展する第2段階の攻勢の一部として計画されていた。アントノフの質問は、ソ連側がその間の米軍の行動、とくに千島および朝鮮作戦に着手する可能性に重大な関心を寄せていることを示していた。米国の作戦への支援表明であれ、ソ連の作戦への協力要請であれ、それについての質問は米国の軍事行動についての探索を目的にしていたのだろう。さらに、キングやマーシャルの回答から、11月初めに米軍が九州に上陸する以前に、ソ連軍がこれらの作戦に単独で着手できることが明白になった。7月25日までに完成するメレツコフ(Kirill A. Meretskov)第1極東方面軍司令官の作戦計画によれば、北部朝鮮の解放を担当する第25軍は、満洲侵攻作戦開始後も1週間は国境防衛の任務に就き、東寧に対する攻撃に参加した後、戦争開始後25日目に朝鮮と隣接する汪清・図們・琿春の三角形を奪取する予定であった。言い換えれば、8月中旬に満洲侵攻を開始すれば、ソ連軍は9月中旬までに朝鮮侵攻作戦を開始することができたのである。それは米軍による九州上陸作戦の開始よりも約2カ月先行していた[7]。

　したがって、朝鮮半島に関して、米国が直面した事態は容易ではなかった。タイミング的にみて、ポツダム会談を前に想定したような「米ソ共同の水陸作戦」が実行不可能であるばかりか、米軍が九州上陸作戦を準備する間に、ソ連軍はソウルに向けて進撃し、さらに南下して半島全域を席巻するかもしれなかったのである。しかし、原爆実験の成功は特別の意味を持っていた。

なぜならば、ワシントンからの情報が示唆するように、8月初旬に日本本土に原子爆弾が投下されれば、そのような状況が一変するからであった。事実、それによって日本の「突然の崩壊ないし降伏」が現実のものになれば、米軍による九州上陸作戦は必要とされなくなり、それに代わって、日本各地の重要拠点を占領するための緊急進駐作戦が発動されるはずであった。また、それらのなかには、ソウルや釜山のような朝鮮の主要拠点が含まれるかもしれなかった。さらに、朝鮮への展開は侵攻作戦のような大規模な兵力を必要とせず、比較的小規模な兵力によって、機動的に実行することが可能になった。要するに、いまや、米軍の朝鮮での目標は、そこにある日本の軍事力をいかに打倒するかではなく、そこにいかに迅速に進駐するかに変化しつつあったのである。他方、ソ連軍は朝鮮に進駐する前に満洲にある日本の軍事力を打倒しなければならなかった。原爆実験の成功によって、突然、朝鮮における米ソの軍事的な立場がほぼ対等になったのである[8]。

2　バーンズの小さな原爆外交

(1) 米ソ海空作戦の境界線

　そのような流動的な状況のなかで、英軍参謀総長たちを除いて、米ソの参謀総長は7月26日にも会談した。このときまでに、ソ連軍の参謀総長たちはスターリンから米国が原子爆弾の実験に成功したことを知らされていたはずである。しかし、米ソ会議はそれを無視するかのように進行した。前々日の会合でマーシャルからアントノフに手交されていた5項目の質問に対して、アントノフがソ連側の回答を逐一読み上げたのである。それらは気象データを送るためにペトロパヴロフスクとハバロフスクに無線基地を設置する問題から始まり、船舶と航空機の修理や医療支援のために港湾と飛行場を選定する問題に及んだが、最も重要だったのは、第2項目の米ソの海空作戦を地域的に分離するための境界線を日本海に設定する問題であり、第3項目の米ソの航空作戦区域を分離する境界線を朝鮮と満洲に設定する問題であった。すでに米軍による朝鮮上陸の可能性が否定されていたので、陸上作戦のための境界線が協議されることはなかった[9]。

第 4 章　38 度線の設定（小此木）

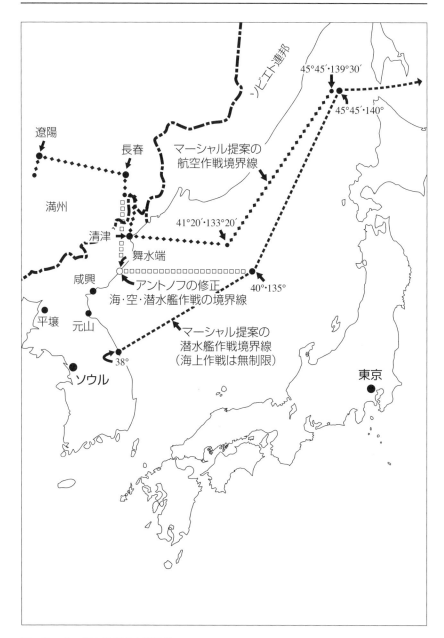

米ソ海・空・潜水艦作戦の境界線
出所：*FRUS, Berlin, 1945*, II, p. 411, 1327 から作成。Michael C. Sandusky, *America's Parallel*,（[注4]), p. 87 参照。

マーシャルは米海軍に日本海とオホーツク海全域での海上作戦を無制限に許容し、潜水艦作戦については北緯38度線上の朝鮮東海岸（襄陽の南）を基点として、北緯40度東経135度、北緯45度45分東経140度を経て、その後北緯45度45分線に沿って東に伸びる連結線を米軍の作戦行動の北限とするように主張した。これに対して、アントノフは米海軍の作戦区域からオホーツク海を除外し、さらに朝鮮東海岸の舞水端を基点として、北緯40度東経135度、北緯45度45分東経140度を経て、その後北緯45度45分線に沿って東に延びて、サハリン南端の近藤岬と北海道の宗谷岬を結ぶ線に到達する連結線を日本海における米ソの海上・航空および潜水艦作戦の境界線とすることを提案して、マーシャルの同意を獲得した。また、朝鮮と満洲における航空作戦の境界線に関しても、アントノフは舞水端、長春、遼陽、開魯、赤峰、北京、大同を結び、内蒙古の南側境界に沿った境界線を提案して、米国側の同意を得ることができた。アントノフによる修正の要点は、米海軍による潜水艦作戦の北限について譲歩することによって、朝鮮北東部の咸鏡北道沖およびソ連領沿海州沖の海域から米国の海空作戦を、また咸鏡北道の大部分と東満州一帯から米国の航空作戦を排除することにあった。これによって、ウラジオストックからのソ連太平洋艦隊による北部朝鮮諸港、とりわけ清津への上陸作戦が担保され、千島列島への上陸作戦も可能になったのである[10]。

　潜水艦作戦のための境界線とはいえ、なぜマーシャルが最初に北緯38度線上の朝鮮東海岸を基点として提案したのかについては、いかなる記録も存在しない。しかし、それは後の38度線の設定と無関係だったのだろうか。ハルに対するアップルマン（Roy E. Appleman）のインタビューによれば、ポツダム会談中のある日、マーシャルからの指示を受けて、ハル中将は何人かの作戦参謀とともに朝鮮の地図を取り囲んだ。当然のことながら、そこにはリンカーン（George A. Lincoln）准将も含まれていたはずである。そこで、どこに米ソの陸上作戦の境界線を引くべきかを検討し、「少なくとも二つの主要な港が米国の担当区域内に含まれるべきである」との考慮から、仁川と釜山を含むソウル北方に線を引いた。それが「38度線上ではなかったが、その近くにあり、全般的にそれに沿っていた」というのだから、この境界線は

半島中部の行政区画を考慮した京畿道および江原道の北側境界線であった可能性が高い。また、この件については、ウォード（Orlando Ward）陸軍省戦史室長がほぼ同じ内容の覚書を残しており、マーシャルの指示がバーンズ国務長官からの要請に基づくものであったことを明らかにした。事実、ウォードはそこに38度線設定の起源を求めたのである。それらの証言を裏づけるかのように、アントノフとの会話からソ連軍による朝鮮作戦について知らされたマーシャルは、7月25日、トルーマン大統領に戦争終結後すぐに釜山に1個師団を上陸させるように進言し、その他の戦略拠点としてソウルと清津を挙げた(11)。

　さらに、電話による別のインタビューに対して、ハルが「38度線はポツダムで設定された」と率直に語ったとする重要な記録も発掘されている。その他にも、ハルはバーンズ国務長官が「（ソ連軍だけでなく）米軍部隊が朝鮮にいるべきだ」（括弧内引用者）と主張したこと、ソウル北方に設定した境界線は米ソ軍隊の衝突を避けるための「調整線」（a coordinating line）であり、純粋に軍事的な観点を反映するものであって、政治的なものでも、永続的なものでもなかったこと、それはマーシャル陸軍参謀総長と統合参謀本部の了解を得て、バーンズ国務長官に提示されたことなどについても証言した。しかし、その後の経緯について、ハルは「ロシア人と話すときに、それについて、バーンズが何といったかはよく知らない」と付言しただけで、それ以上の説明を回避した。その境界線がソ連側との討議のためのものであることを明確に認識し、それがバーンズやマーシャルから提案されるものと考えていたのだろう(12)。

(2) 陸上境界線の設定回避

　それでは、そのような内部的検討の存在にもかかわらず、アントノフから米軍による朝鮮上陸作戦の可能性について質問されたときに、なぜマーシャル陸軍参謀総長は陸上境界線の設定を提案しなかったのだろうか。米軍による作戦計画を曖昧にしたまま、日本降伏時の陸上境界線を提案することは不可能ではなかったはずである。興味深いことに、マーシャルの発言について、ソ連の公式戦史は「アメリカ軍司令部は、軍事行動中のソビエト国軍と共同

行動を取るために、38度線以南で上陸作戦をおこなうことを、拒否した」と記述している。アントノフはマーシャルの消極的な態度に疑問を抱いたのである。しかし、バーンズが期待したように、もし原子爆弾の投下によってソ連軍の参戦前に日本が降伏するようなことがあれば、陸上境界線についての合意の存在はソ連軍による朝鮮占領に不必要な根拠を与えることになるかもしれなかった。明らかに政治的な観点から、バーンズはマーシャルにソ連側との陸上境界線についての討議を回避するように要請したのである。言い換えれば、そこに、日本本土への原爆投下の効果が判明するまで、ソ連との合意を回避するという「小さな原爆外交」が存在したのである。しかし、それにもかかわらず、日本が降伏する前にソ連軍が参戦すれば、その作戦範囲を北部朝鮮に制限するために、ただちに陸上境界線が設定されなければならなかった。これが後に現実になった事態である。バーンズ、そしておそらくトルーマンも、ある種の「機会主義」によって朝鮮半島情勢に対応したのである[13]。

　他方、このような複雑な経過をどこまで知ってか、ワシントンの統合戦争計画委員会は、原子爆弾の投下による戦争の早期終結を前提にして、7月30日に「初期の日本占領のための計画」(J.W.P.C. 390/1) と題する報告書を三省調整委員会に提出した。約1カ月前の報告書 (J.W.P.C. 375/2) の内容を再確認したうえで、新しい報告書はさらに太平洋陸軍総司令官を含む各戦域司令官に、中国沿岸の一港の確保、中部太平洋の日本保有諸島の占領、中国軍の台湾移送だけでなく、「占領を目的とする最小限の米軍部隊による南部朝鮮への侵入」（傍点引用者）を命令するように要請していたのである。他方、興味深いことに、同文書はソ連がサハリン、千島および北部朝鮮の初期占領を担当することに関して、トルーマン大統領からスターリン首相に提案するように促していた。要するに、7月末の段階で、具体的な陸上境界線こそ指摘されなかったものの、ワシントンの統合参謀たちは南部朝鮮と北部朝鮮の初期占領を地域的に区別し、米ソ両軍がそれぞれを担当することを提案し、それが最高指導者のレベルで合意されるべきであると主張していたのである[14]。

3 「ブラックリスト」作戦計画

(1)「ブラックリスト」vs.「キャンパス」

　ポツダム宣言は7月26日に発表された。鈴木貫太郎首相はそれを「黙殺」したが、その頃までに、本土決戦を唱える陸軍の一部を除けば、米軍による封鎖と爆撃によって、日本の交戦意欲は限界に達していた。広島・長崎への原爆投下やソ連軍の参戦を待つまでもなく、ソ連に仲介を依頼する日本政府の和平工作が表面化していたのである。広田弘毅元首相・外相とマリク（Yakov Malik）駐日大使の箱根会談が6月初めに開始され、ポツダム会談を目前に控える7月13日には、佐藤尚武・駐ソ大使を通じて、戦争終結の意思とそれが天皇自身から発せられた事実がソ連側に伝えられた。その結果、スターリンは、7月28日のポツダム会談全体会合の席上で、皇族のモスクワ派遣を含む日本からの要請について紹介することができたのである。しかし、暗号電報の解読によって、その動きはすぐに米国の知るところとなり、すでに7月21日に、統合参謀本部はマッカーサーに「近い将来、ソ連の参戦以前にも、日本の降伏を土台にして行動することが必要になるかもしれない」（傍点引用者）と伝えたし、ワシントンの陸軍省作戦部内でも、日本が「予想外に、次の2、3週間以内に降伏する」（傍点引用者）可能性が議論されていた[15]。

　日本の突然の崩壊ないし降伏という「理論的可能性」が「現実的可能性」に変化することに最も敏感に反応したのは、リンカーン准将とグッドパスター（A. J. Goodpaster, Jr.）中佐であった。おそらく統合戦争計画委員会の報告書を持参して、グッドパスターは6月末から約2週間マニラに滞在して、マッカーサー司令部の作戦参謀たちに日本進駐作戦計画（「ブラックリスト」）の作成を急がせた。さらに、7月11日に、「ブラックリスト」作戦の未完成草案を携えてワシントンに戻り、その内容をポツダムに赴くリンカーンに打電したのである。しかし、この未完成草案は第1段階で関東平野その他の本州の拠点地域、第2段階で九州、北海道および四国の拠点地域に、そして第3段階でその他の多くの地域に進駐する段階的な日本本土占領計画であったが、その「日本本土」に朝鮮半島は含まれていなかった。後に南朝鮮を割り

当てられた第 10 軍は北関東への進駐を予定していたのである。その後、「朝鮮の 3 から 6 地域」（地名は特定せず）を含む「ブラックリスト」作戦計画の第 1 版がポツダム会談前夜の 7 月 16 日に、そして第 2 版が 7 月 25 日に、最終版になる第 3 版が 8 月 8 日に完成した[16]。

また、7 月 20 日には、陸軍の作戦計画である「ブラックリスト」と海軍の「キャンパス」を草案段階で調整するための会合がグアムで開催された。しかし、そこで、ニミッツ（Chester W. Nimitz）は陸軍の占領計画を議論することを拒絶し、東京湾の緊急海上占領から始まって、日本の主要な港湾に対する海軍の展開、そして、それに続く陸軍による日本占領に至る 3 段階の占領計画を主張した。双方の意見が衝突するなかで、7 月 26 日、統合参謀本部はマッカーサー（Douglas MacArthur）とニミッツに「日本政府が降伏する場合にとられるべき手続きのための計画調整がいまや緊急の課題になっている」と強調したうえで、「日本の重要拠点に対する海軍による緊急占領が望ましいだろう」との意見を表明したのである。また、統合参謀本部は「アジア大陸でも、同様の手続きが執られることが極めて望ましいだろう」と主張し、優先順位に従って上海、釜山、芝罘そして渤海湾の秦皇島を列挙して、「海兵隊による予備的な上陸が最善だろう」と示唆した。台湾北端部の占領も、日本と中国の間での作戦と連絡のために役立つことが指摘された。ポツダムでの 7 月 24 日の米英ソ参謀総長会議の結果が敏感に反映されたのである[17]。

（2）マッカーサーの南部朝鮮占領計画

しかし、マッカーサーは統合参謀本部の提案が「キャンパス」に傾斜していることに強く反発して、7 月 27 日に「依然として強大な陸軍が存在する敵国を占領するのに海軍を使用しようとするのは戦略的に誤りである」「あらゆる上陸は反対に直面し、打ち勝つために準備されるべきである」「占領をむやみに急ぐ理由を見出すことができない」など、大々的に反論を展開した。統合参謀本部にはグアムでの会合の内容が正しく伝えられていないと指摘し、「ブラックリスト」こそ「標準的な共同手続きに沿った占領計画」であると主張したのである。しかし、同日の別の電報で、マッカーサーは、突

然、日本本土、朝鮮、中国沿岸諸港および台湾の占領のために「単一の調整当局者」を任命することが不可欠であると強調し、日本本土の14の拠点に加えて、3～6の朝鮮の拠点を3段階で占領する方針を伝えた。朝鮮での優先順位の第1位には釜山に代わって京城（ソウル）が挙げられ、第2位に釜山、第3位に群山・全州が続いた。ただし、注目すべきことに、ソ連参戦以前にも日本が降伏する可能性が指摘され、ポツダムで米ソ作戦の陸上境界線が設定されなかったにもかかわらず、米軍の北部朝鮮への進出は計画されていなかった。それどころか、そこには、「連合国軍による北部朝鮮における追加的な拠点の占領が想定される」（傍点引用者）ことが付記されていた。おそらくワシントンでの統合参謀たちの議論を反映して、「ブラックリスト」は当初から北部朝鮮の初期占領をソ連軍に委ねていたのである[18]。

8月8日に完成した「ブラックリスト」の第3版（最終版）は、次のような順序で、日本本土の14地域（サハリンを含む）と朝鮮の3地域を占領し、日本軍の武装を解除して、通信統制を確立することを初期の任務としていた。米軍による日本本土と南部朝鮮への進駐は基本的にこの作戦計画に基づいて実施されたのである。ただし、ここでもまた、「連合国軍が参加する朝鮮占領計画の準備」が主要な課題の一つとして命じられていた[19]。

  第1段階—関東平野、佐世保・長崎、神戸・大阪・京都、京城（朝鮮）、青森・大湊
  第2段階—日本：下関・福岡、名古屋、札幌（北海道）
      朝鮮：釜山
  第3段階—日本：広島・呉、高知（四国）、岡山、敦賀、大泊、仙台、新潟
      朝鮮：群山・全州

また、統合戦争計画委員会は「ブラックリスト」と「キャンパス」を検討し、それらを調整する報告書（J.W.P.C. 264/8）を8月10日に完成した。きわめて重要なタイミングで提出された同報告書は、「米軍の朝鮮への早期導入がカイロ宣言で表明された関与の実行を容易にする」との観点から、朝鮮に

日本本土に次ぐ優先順位を付与し、京城（ソウル）を朝鮮内の最優先の目標とする「ブラックリスト」の占領方針を支持した。また、第8軍による関東平野占領の目標日を発令（日本降伏）後15日目、第10軍による京城占領を17日目に予定した。しかし、「ブラックリスト」で主張されたサハリンの占領は望ましくも実行可能でもないとしたし、シアトルと上海を結ぶ航空ルートに沿っているという理由で、千島列島のマツワ（松輪）島ないしパラムシル（幌筵）島・シムシル（新知）島の占領を主張した。さらに、中国大陸沿岸では秦皇島の占領が最も重視され、青島、上海がそれに続いた。また、この報告書に添付された「ブラックリスト」作戦計画には、第1段階の占領目標のなかで、関東平野と京城が「最初の占領地域」として特記されていた。ただし、ポツダムでの参謀総長会議以後も、米ソが陸上作戦の境界線を持たないという状況に変化はなかった。言い換えれば、やがて米ソ首脳によって38度線が陸上境界線として合意されるまで、米軍による京城占領に関する米ソ合意は存在しなかったのである[20]。

　8月6日に最初の原子爆弾が広島に投下されると、ソ連軍は予定を繰り上げて8月9日零時（ザバイカル時間）に満洲侵攻作戦を開始した。しかし、参戦したソ連軍には「ブラックリスト」に対応する戦闘終結後の進駐計画は存在しなかった。満洲への戦略的侵攻作戦はもちろん、南サハリン、千島列島、朝鮮半島への侵攻作戦も、対独戦争と同じく、それがそのまま日本領土への進駐作戦だったのである。6月28日に提示された基本作戦計画に基づいて、ソ連の各方面軍はすでにそれぞれ詳細な作戦計画を作成していた。しかし、ヴァン・リー（Erik Van Ree）が指摘するように、スターリンとアントノフが8月7日に実際に発令したソ連の基本作戦計画には微妙な修正が施されていた。朝鮮半島をソウルに向けて進撃することを要求していた大きな矢印が、奇妙なことに、ソウルの手前、すなわち38度線付近で停止していたのである。日本の早期降伏を想定し、南朝鮮に緊急に展開する米軍部隊が早期にソウルに進駐する可能性に配慮したのだろう。言い換えれば、マッカーサーの「ブラックリスト」が北部朝鮮の占領をソ連軍に委ねたのと同じように、ソ連の侵攻作戦もソウルを含む南部朝鮮の占領を米軍に委ねたのである。あたかも、後に設定される38度線がすでに存在するかのような展開であっ

た[21]。

4　38度線の設定

(1) 太平洋戦域への朝鮮編入

　ソ連軍が参戦し、同じ日に長崎にも原子爆弾が投下されたために、8月10日、「天皇の国家統治の大権」が侵されないという条件を付して、日本政府はスイスとスウェーデン政府を通じてポツダム宣言を受諾する意思を表明した。すでに成果を挙げていた日本本土の徹底的な封鎖と爆撃、2発の原子爆弾の投下、そしてソ連軍の参戦という「三者の組み合わせ」が日本を降伏に導いたのである。ソ連参戦以前に日本が降伏するというトルーマンとバーンズの期待はかなえられなかった。ワシントンでは、その日の午前中に大統領と政府要人がホワイトハウスで協議し、日本政府が提示した条件を拒絶することを決定した。バーンズ国務長官の回答は「降伏の瞬間から、天皇と日本政府の国家統治の権威は連合国軍最高司令官に従属する」とするものであり、英中ソの承認を得て、11日午前中にスイス政府を通じて日本政府に伝えられた。その過程で、ソ連は1人の連合国軍最高司令官（SCAP）が任命されることに異議を唱えたが、米国の強い態度に直面して、それを受け入れざるをえなかった。このような手続きを経て、8月11日、統合参謀本部はマッカーサーに、日本の降伏を執行するために連合国軍最高司令官が指名されること、国家統治のための天皇の権威は連合国軍最高司令官に従属すること、太平洋陸軍の戦闘作戦が一時的に延期されることなどを通知したのである。また、同日の最も重要な占領命令（WARX47945）は「戦略的重要地域への兵力の早期導入」を要求し、優先順位の第1位に日本本土、第2位に京城、第3位に中国と台湾を挙げ、さらに朝鮮を太平洋戦域に編入して、そこでの作戦を太平洋陸軍総司令官に委ねた[22]。

　しかし、それらの命令に続いて、統合参謀本部は、同日中に、「もしそのときにこれらの港がソ連に接収されていなければ」という条件付ではあったが、マッカーサーに「大統領が日本降伏に続いてただちに大連と朝鮮の一港を占領することを可能にするような事前の準備がなされることを欲してい

る」（WARX48004、傍点引用者）ことを通知した。いうまでもなく、これは「ブラックリスト」作戦の第1段階に先行する緊急占領の準備を命令するものであった。タイミング的にみれば、このような大統領の判断に影響を与えたのは、モスクワからの二つの緊急電報であった。ドイツの賠償問題についてソ連と交渉していた大統領特使ポーレー（Edwin Pauley）は、10日の深夜に、それらの議論を通じて到達した結論として、極東問題について「我が軍は南端から始めて北方に進撃し、できるだけ多くの朝鮮と満洲の工業地域を迅速に占領すべきである。私は……関係諸国が賠償や領土権、あるいはその他の利権に関して満足できる合意に到達するまで、その占領を継続すべきであると思っている」と主張した。また、ハリマン大使は、ポツダムでそれが議論されたことを想起しながら、「スターリンが宋（子文外相）に対する要求を強めているやり方を考えれば、私は、少なくとも遼東半島と朝鮮で日本軍の降伏を受理するために、これらの（朝鮮と大連への）上陸がなされるべきであると進言する。我々にソ連の軍事作戦地域を尊重すべき責務があるとは思わない」（括弧内引用者）と主張したのである[23]。

(2) リンカーン・グループの作業

　いうまでもなく、日本政府がポツダム宣言を無条件で受諾し、スイス政府を通じて、そのことをワシントンに伝えたのは8月14日のことである。天皇はそのことを翌日のラジオ放送を通じて自ら国民に伝えた。しかし、日本による最初の降伏意思の表明直後から、米国政府は降伏受理に向けて急速に動き始めていた。事実、ワシントンでは陸軍省作戦部戦略・政策課の責任者であるリンカーン准将が、すでに8月10日夜に、ペンタゴンの執務室でマッカーサーから発せられる一般命令第1号の起草作業に着手していた。同課の主要な任務は軍事政策と対外政策を調整することであり、前年11月末に発足した「スーパー・コミティ」、すなわち国務・陸軍・海軍三省調整委員会（SWNCC）と緊密な関係を維持することであった。そのために、リンカーンはその陸軍省委員や統合計画参謀を兼務していたのである。また、その右腕として政策部門を率いていたのが、当時まだ36歳のボンスティール（Charles H. Bonesteel）大佐であった。その日の午後、リンカーンは三省調整委員会議

長であり、国務省代表であるダン（James Clement Dunn）国務次官補から連絡を受けたのである。したがって、その文書は、陸軍省草案として、統合戦争計画委員会の検討を経て三省調整委員会に提出される性質のものであった。マックロイ陸軍次官（三省調整委員会陸軍省代表）の執務室では、そのほかにもマッカーサーへの指令や降伏受理に関連する文書が起草されていた[24]。

　リンカーンに連絡したとき、ダンは朝鮮に派遣される米軍のために一定の占領地域を確保しなければならないと考えた。ソ連が対日参戦したのだから、いまや、できるだけ迅速に陸上境界線を設定しなければならなかったのである。したがって、サンダスキー（Michael C. Sandusky）が指摘するように、それを依頼されたリンカーンこそ、この問題を担当する実務上の責任者であった。さらに、李完範が発掘した記録が示すように、このときリンカーンの脳裏に浮んだのは、一般命令第1号の草案が統合計画参謀、三省調整委員会、統合参謀本部、三省長官そして大統領の承認を得て、さらにアトリー首相、蔣介石総統そしてスターリンによって承認ないし修正されなければならないということであった。リンカーンは、もしそれが受け入れられなければ、「我々は極東で完全な混沌（カオス）に向かうかもしれない」と考えたのである。ボンスティールを補佐して、38度線の設定に参与したラスク（Dean Rusk）大佐の証言によれば、国務省は「米軍が実行可能な限り北方で降伏を受理すべきである」と主張していた。しかし、もし降伏受諾のための提案が「考えられる米軍の能力を大幅に超えれば、ソ連はそれを受諾しそうにない」と思われた。そこで、リンカーンはボンスティール、ラスクそしてマコーマック（James McCormack）大佐に「米軍にできるだけ北方で降伏を受理させるという政治的欲求と、米軍がその地域に到達できる能力の明白な限界を調和させる提案」を検討するように命じたのである。後の事態からみれば明らかに過大評価であったが、ボンスティールは、ソ連軍は米軍が朝鮮に到着する前に半島の南端まで到達できるし、朝鮮にまさに侵入しようとしているか、すでに進入していると判断した。それに対して、最も近い米軍部隊は沖縄にあり、朝鮮半島まで約600マイル離れていたのである[25]。

　統合戦争計画委員会の作戦参謀たちが待機するなかで、ボンスティールは一般命令第1号の第1節を30分間の口述筆記によって起草したとされる。

朝鮮半島については、38度線を境界線として、それ以北にある日本軍部隊はソ連極東軍総司令官に、それ以南にある部隊は米太平洋陸軍総司令官に降伏することを命じたのである。当初、ボンスティールは地方の行政区画を反映する境界線を考えたが、そのとき手元にあったのは、ナショナル・ジオグラフィック社製の壁にかけられた小型の極東地図だけであった。38度線は朝鮮半島のほぼ中央を横切っていたし、ソウルを米国の占領区域内に含んでいた。また、その近郊には捕虜収容所が存在した。後日、ラスクは「もしソ連が受諾しない場合、それは米軍が到達できるよりもずっと北方であったが、米軍の担当地域内に朝鮮の首都を含めることが重要である」と考えたし、「ソ連が38度線を受け入れたとき、幾分驚いたことを覚えている」と証言した。ボンスティールの提案はただちにリンカーンから統合戦争計画委員会の作戦参謀に手交された。リンカーンも個人的には38度線を選択していた。ただし、それに十分な確信を持てなかったために、ボンスティールとラスクの検討を待ったのである。すでに指摘したように、それはハル中将がポツダムで到達した結論とほとんど同じであった。しかし、ポツダム会談当時とは異なって、バーンズ国務長官の発議は、ダン国務次官補を通じて、国務・陸軍・海軍三省調整委員会の最も重要な議題の一部を構成していたのである[26]。

(3) 海軍の39度線主張

　ボンスティールの起草した一般命令第1号の草案は、8月11日の明け方近くまで統合戦争計画委員会で検討された。このときに、エンタープライズ艦長としてギルバート諸島やマーシャル諸島の攻略に従事して、米太平洋艦隊の高速展開能力を熟知するガードナー（Matthias B. Gardner）提督が、境界線をさらに北方の39度線まで押し上げて、米国の占領地域に旅順と大連を含ませることを提案した。ポツダムでの米ソ参謀総長会議に参加して、マーシャルとアントノフの議論を傍聴していたので、ガードナーはソ連の作戦意図を熟知していたのである。また、これはフォレスタル海軍長官やニミッツ司令官を含む海軍首脳の意思、さらにポーレーとハリマンの進言を反映するものであった。しかし、リンカーンは米軍部隊がソ連軍の目前で満州の港湾

に到達することに大きな困難を感じていた。さらに、39度線を提案すれば、スターリンによる一般命令第1号全体の受け入れが危険にさらされるかもしれないと考えた。そのために、その場からダン国務次官補に電話して、国務省が自分と同じ意見であることを確認したのである。ダンは大連よりも朝鮮が政治的に重要であり、それはバーンズ長官の意見でもあるだろうと示唆した。その結果、統合戦争計画委員会から三省調整委員会に手交される草案には38度線がそのまま残されたのである。しかし、8月11日午後に国務省で、続いて12日午前にペンタゴンで開催された三省調整委員会の討議でも、境界線の問題は解決されなかった。12日の会合でガードナーが再びこの問題を提起すると、ダンは統合参謀本部によって「再検討され、必要と思われる修正がなされるまで」一般命令第1号の検討を延期するように提案したのである(27)。

　最終的な判断を求められた統合参謀本部は、8月13日に一般命令第1号草案の検討を終えた。三省調整委員会に宛てた同日付の覚書は、いくつかの技術的な修正のほかに、大連と朝鮮の一港の占領のために命じられた事前準備、および華北沿岸の拠点を奪取する問題が日本軍の降伏受理に関する作戦上の問題を提起することに注意を喚起し、さらに黄海周辺地域と千島列島に関してソ連の誤解を回避しなければならないと指摘していた。また、これらの問題のうち、千島列島に関しては、ポツダムでの米ソ参謀総長会議で宗谷海峡を通る海空作戦地域の境界線に合意したことを想起して、この境界線の南側で降伏を受理することをニミッツ提督に命令するように提案していた。その北側に位置するマツワ島およびパラムシル島・シュムシュ（占守）島の占領はソ連軍の手に委ねられたのである。しかし、朝鮮の38度線が変更されることはなかった。なぜならば、それによって、京城地域の港湾と交通網が米軍の占領地域に含まれたし、何らかの形で朝鮮の4カ国管理が実現する場合に、中国と英国に割り当てるのに十分な地域が確保されたからである。陸軍省が作成した一般命令第1号草案は、海軍側からの強い修正要求に直面したにもかかわらず、統合参謀本部による再検討という異例の過程を経て、8月14日に三省調整委員会の合意を獲得し、翌日、ついに大統領に承認されたのである(28)。

5 緊急占領の挫折

(1) 緊急占領をめぐる確執

　38度線の設定に関する意見調整にもかかわらず、大連と朝鮮の一港、さらに中国沿岸のいくつかの港を緊急に占領する問題が残されていた。それと関連して、8月13日、ニミッツは大連か京城のいずれかに第5 (V) 揚陸軍団 (第2、第3、第5海兵師団) を使用し、第3 (Ⅲ) 揚陸軍団の1個連隊戦闘団を上海に派遣する計画を提案したし、8月14日、ホワイトハウスの意向として、統合参謀本部はマッカーサーに「いまや、日本降伏後できる限り早期に……中国大陸のいくつかの港を占領することが政治的な観点から賢明であると考えられる。統合参謀本部は、日本本土の確保という第一義的な使命を執行し、WARX48004で示されたように大連と朝鮮の一港を奪取し、さらに明確にソ連の作戦地域の外側で中国の一ないしそれ以上の港を奪取する貴官の能力について評価することができない。この問題に関する貴官の分析が要請される」(傍点引用者) と打電した。統合参謀本部はこれらの地域の緊急占領を遠慮がちに督促したのである(29)。

　しかし、マッカーサーは日本本土占領に関する既存の計画を優先することに固執し、ニミッツや統合参謀本部の要求に必ずしも積極的に反応しなかった。8月14日、第5揚陸軍団の朝鮮での使用は日本本土占領の遅延と混乱をもたらすと主張し、第10軍から第24 (XXIV) 軍団を切り離し、それに朝鮮占領の任務を委ねる方針を確認した。また、翌日、「Bデー」(B-day) を8月15日とする「ブラックリスト」の執行準備命令を発し、さらに朝鮮占領を京城に限定して、初期の占領部隊を1個師団に縮小することによって、1個師団の大連への輸送が可能になると主張し、上海占領は2個師団の輸送が可能になったときに実行すると報告した。マッカーサーはついに関東平野進駐以前に、あるいはそれと同時に京城や大連を占領する計画をワシントンに提示しなかったのである。これに対して、8月15日、統合参謀本部は「WARX47945と48004で示された地域的優先順位は現時点では変更されない」と穏やかに抗議するだけであった。第24軍団のホッジ (John R. Hodge) 中将が在朝鮮米陸軍司令官に任命されたのは8月19日のことである(30)。

他方、このような錯綜や混乱のなかで、統合戦争計画委員会は、8月14日に「ブラックリスト」と最高レベルでの緊急命令を調和させる占領計画を提出した。それによれば、以下のように、東京占領は8月21日から29日に設定され、それに続く大連と京城地域の初期占領を8月31日までに実施して、その後の30日以内に追加兵力を導入することが計画されたのである。しかし、ここでも、大連や京城の占領が東京占領に先行することはなかった[31]。

東京―初期占領	8月21日	海兵隊1個連隊戦闘団
	8月24-29日	陸軍2個師団（空挺）
後続	9月23日	陸軍2個師団
大連―初期占領	8月30日	海兵隊2個師団
後続	9月5日	海兵隊1個師団
京城―初期占領	8月31日	陸軍1個師団
後続ないしその他の朝鮮	9月28日	陸軍1個師団
天津・北京―初期占領	9月8日	海兵隊2個師団
青島―初期占領	9月12日	海兵隊1個師団（1個連隊戦闘団減）
後続	9月26日	海兵隊1個連隊戦闘団

（2）米ソ首脳合意と39度線仮説

いずれにせよ、これらの問題が最終的に決着をみるのは、8月15日に、トルーマン大統領が一般命令第1号の最終草案を英ソ中に提示して、とくにスターリン首相の了解を獲得する過程でのことであった。ソ連軍による降伏受理に関しては、「満洲、北緯38度線以北の朝鮮およびサハリンにある日本軍の先任指揮官ならびにいっさいの陸上、海上、航空および補助部隊はソ連極東軍総司令官に降伏すべし」と規定されていた。これに対して、翌日、スターリンは遼東半島が「満洲の一部」であることを確認したうえで、ソ連軍への降伏地域に「千島列島の全体」および「北海道の北半分」（釧路、留萌両市およびそれを結ぶ境界線の北側）を含めることを要求した。しかし、朝鮮半

島の 38 度線には異議を唱えることはなかった。このとき、ソ連軍は依然としてハルビンや瀋陽に到達していなかったのである。また、もしスターリンが 38 度線の設定に応じなければ、ニミッツもマッカーサーも、日本占領計画を修正して、京城や平壌を占領できる緊急展開能力を有していた。他方、ソ連太平洋艦隊は 8 月 13 日から清津上陸作戦を開始し、そこを比較的小規模の兵力で 16 日までに占領した。その主たる目的は日本海とタタール海峡における海上交通を確保して、日本軍によるソ連沿岸への揚陸を阻止することにあったのである。スターリンの要求に対して、8 月 18 日、トルーマンはソ連軍による降伏受理地域に千島列島全体を含めることに同意したが、北海道北半分については断固として拒絶した。しかし、それにもかかわらず、このような議論のなかで、遼東半島と千島列島の占領に関するソ連の強い意思が確認されたことは否定できない。バーンズ国務長官は、同日午前中にスターリンへの返信について大統領と協議したが、千島列島全体の降伏受理をソ連軍に委ねるだけでなく、遼東半島の大連占領も断念せざるをえなかったのである。残されたのは、朝鮮半島の 38 度線だけであった[32]。

　ところで、朝鮮半島に限定して、ガードナーが強く主張した 39 度線が提案されていれば、ソ連はどのように反応しただろうか。その境界線は平壌・元山連結線とほぼ同義であり、スターリンがヤルタ会議以前から強く要求していた咸鏡道の清津、咸興、元山などの日本海側諸港だけでなく、平安道の平壌とその隣接港である黄海側の南浦を含んでおり、それと遼東半島の旅順や大連との連結を可能にするものであった。スターリンが宗谷海峡の航行を確保するために北海道北半分の占領を要求したことからわかるように、この時期のソ連の対日要求は不凍港の確保やソ連船舶の海峡通過などの要求と密接に関係していたのである。したがって、満洲での権益に加えて、北部朝鮮でソ連の海洋的な権益が尊重されれば、ソ連はあえて 39 度線の設定に反対しなかったかもしれない。事実、日露戦争前史が示すように、それはかつて帝政ロシアが日本に提案した境界線でもあった。また、そこを実際に占領するまで、ソ連軍司令部は北部朝鮮の中心都市を平壌ではなく、元山北方の咸興であると誤解していたのである。しかし、ソ連の権益とは別の観点、すなわち戦後の国家建設という観点からみれば、そのような仮説は重大な意味を

持っている。なぜならば平壌・元山連結線以北に建設される北朝鮮国家は黄海道の穀倉地帯を欠き、平安道と咸鏡道によってのみ構成されるからである。それは古い朝鮮を構成する8道のうちの2道にすぎない。その場合、西と東の二つのドイツの場合と同じく、南と北の二つの朝鮮の人口比はおよそ3対1に拡大するのである。したがって、もし米国が39度線の設定という賭けに成功すれば、金日成がその北側に「民主基地」を建設することは不可能になり、スターリンが「祖国解放戦争」を許容することもなかっただろう[33]。

おわりに

　第二次世界大戦の米軍事戦略や作戦計画において、アジア大陸部が重要な役割を占めることはなかった。1943年から1944年にかけて米国で進展した二つの軍事技術革命、すなわちB-29長距離爆撃機とエセックス級高速空母の出現のために、マリアナ諸島を中心にする中部太平洋諸島の占領とそこからの日本本土爆撃が戦争全体の帰趨を決することになったからである。日本軍は陸上兵力の大部分を中国大陸に維持したが、そのことが持つ意味が日中戦争の範囲を超えることはなかった。しかし、いま一つの巨大な軍事技術革命、すなわち原子爆弾の実験に成功するまで、封鎖と爆撃に加えて、日本本土の強襲、すなわち侵攻作戦が対日戦争勝利のために不可欠であると考えられていた。したがって、もしマッカーサーがフィリピンの早期解放に固執せずに、1944年末までに、統合参謀本部や海軍が主張した台湾・厦門作戦が実施されていれば、あるいはキング提督やニミッツ提督が主張したように、翌年4月に開始された沖縄作戦と並行して舟山・寧波作戦が実施されていれば、最終段階の対日軍事作戦は山東半島や朝鮮西海岸ないし済州島を巻き込む形で展開したかもしれない。しかし、ルソン島の解放に続いて沖縄作戦が準備され、やがて日本本土侵攻という空前の大作戦が計画されたために、対日参戦の代価として、ローズヴェルト（Farklin D. Roosevelt）はヤルタ会談で帝政ロシアが所有した満洲権益や千島列島のソ連への引き渡しについて譲歩せざるをえなかったし、統合参謀本部やマッカーサーもソ連軍の満洲、華北そして朝鮮半島への進撃を容認せざるをえなかった。そのような微妙な時期

に、トルーマンが米大統領に就任したのである。対日戦争の最終段階において、もし米ソの作戦範囲が軍事的な便宜によって決定されるのであれば、あるいは原子爆弾の開発が数カ月遅れていれば、その当時の情勢を反映して、38度線が必要とされることはなかっただろう。

　しかし、それにもかかわらず、ドイツ降伏後、スターリンが第二次世界大戦の大義に反してポーランドで民族自決主義を蹂躙する姿を見て、米国政府の要人たちはそれが極東で再現されることを懸念せざるをえなかった。そのために、国務・陸軍・海軍三省間の協議が緊密化し、軍事作戦や占領計画の立案に政治的な視点が導入されたのである。事実、ポツダム会談を前に、統合計画参謀たちは朝鮮半島で米ソ共同作戦を実施する可能性を検討した。また、ポツダムで開催された米ソ参謀総長会議では、日本海、朝鮮半島そして満洲における米ソ作戦のための海空境界線が合意された。陸上境界線については、原爆実験成功の知らせを受けて、トルーマンとバーンズがソ連側との議論を回避したのだろう。それは「小さな原爆外交」であった。他方、当初、スターリンは侵攻作戦の第一段階で北部朝鮮の日本海側諸港を確保し、第二段階でソウルに向けて進撃することを計画していたが、米国が原爆実験に成功したために、それを修正して作戦を北部朝鮮に制限せざるをえなかった。また、広島に原子爆弾を投下された後、それに追われるかのように強引に対日参戦したが、さらに数日後に日本がポツダム宣言を受諾すると、トルーマンが提案する陸上境界線を受け入れざるをえなかった。要するに、ポーランド問題の深刻化や原子爆弾の投下なしに、またソ連の強引な対日参戦なしに、トルーマンが38度線の設定を決断したり、スターリンがそれを受諾したりすることはなかったのである。したがって、38度線の設定は米国による原子爆弾の開発と投下の重要な副産物であったといえなくもない。しかし、それにもかかわらず、最高指導者レベルはもちろん、リンカーン准将をはじめとする実務担当者レベルでも、陸上境界線について、スターリンの同意を取り付ける必要性が明確に認識されていた。その意味で、38度線の設定は米国による「戦後最初の封じ込め行為」であるというよりも、第二次世界大戦の結果をめぐる米ソの「妥協の産物」であった。それは単純な米ソ対立の産物でも、また米ソ協調の産物でもなかった。しかし、それはやがて国際的な

現状維持の対象になり、朝鮮民族に「独立と統一の相克」という新しい難問を課すことになったのである(34)。

[注]
(1) Stimson to Truman, 16 July 1945, *FRUS, Berlin*, 1945, II, p. 631. ここで指摘された「1ないし2個師団の朝鮮人師団」とは、ハバロフスク郊外で訓練されていた国際混成の第88特別旅団のことと推定される。その規模は相当に誇張されていたが、指導者の1人であった金日成が戦後の北朝鮮で政権を掌握したことは周知のとおりである。
(2) *FRUS, Berlin, II, 1945*, pp. 1361-1370; Truman, *Year of Decisions*, Garden City, N.Y.: Doubleday, 1955, p. 416; Barton J. Bernstein, "Roosevelt, Truman, and Atomic Bomb, 1941-1945: A Reinterpretation," *Political Science Quarterly*, Spring 1975, pp. 23-62; J. Samuel Walker, *Prompt & Utter Destruction: Truman and the Use of Atomic Bombs against Japan*, Chapel Hill: University of North Carolina Press, 1997, pp. 15-18, 62-67; John Lewis Gaddis, *The Cold War: A New History*, New York: The Penguin Press, 2005, pp. 25-27. 長谷川毅『暗闘―スターリン、トルーマンと日本の降伏―』中央公論新社、2006年、126-128頁。中沢志保『ヘンリー・スティムソンと「アメリカの世紀」』国書刊行会、2014年、176-181頁。
(3) Truman, *Year of Decisions*, p. 416; Churchill, *Triumph and Tragedy: The Second World War*, Vol. VI, London: Penguin, 1985 (First Published by Cassell 1954), pp. 551-554, 579-580; Ernest J. King, *Fleet Admiral King: A Naval Record*, New York: Norton, 1952, p. 611; Walter Millis, ed., *The Forrestal Diaries*, New York: Viking, 1951, p. 78; David Holloway, *Stalin and the Bomb: The Soviet Union and Atomic Energy 1939-1956*, New Haven: Yale University Press, 1994, pp. 131-133; Walker, *Prompt & Utter Destruction*, pp. 67-68; Geoffrey Roberts, *Stalin's Wars: From World War to Cold War, 1939-1953*, New Haven: Yale University Press, 2006, pp. 291-293; Michael Dobbs, *Six Months in 1945: FDR, Stalin, Churchill, and Truman-From World War to Cold War*, London: Arrow Books, 2013, pp. 329-333.
(4) この問題に関する既存の研究については、金学俊(「三八線画定に関する論争の分析」『韓国政治学会報』第10輯、ソウル、1976年)、および李完範(「米国の三八線画定過程とその政治的意図―1945年8月10日〜15日―」『韓国政治学会報』第29輯第1号、ソウル、1995年)、の解説を参照されたい。また、本講演のために、次に挙げる優れた論考を参照した。李用熙「三八線画定新攷―ソ連対日参戦史に沿って―」(『亜細亜学報』第1輯、ソウル、1965年)、Soon Sung Cho, *Korea in World Politics, 1940-1950*, Berkeley: University of California Press, 1967; Michael C. Sandusky, *America's Parallel*, Virginia: Old Dominion Press, 1983; Erik van Ree, *Socialism in One Zone: Stalin's Policy in Korea, 1945-1947*, New York: Berg, 1989; 金基兆

《連続講演》アジア・アフリカ研究——現在と過去との対話

『三八線分割の歴史―米・ソ日間の戦略対決と戦時外交秘史―』東山出版社、ソウル、1994 年、李完範『三八線画定の真実―1944～1945―』ソウル、知識産業社、2001 年、Seung-young Kim, *American Diplomacy and Strategy toward Korea and Northeast Asia, 1882-1950 and After: Perception of Polarity and US Commitment to a Periphery*, New York: Palgrave MacMillan, 2009.

(5) *FRUS, Berlin, 1945*, II, pp. 344-350.
(6) *FRUS, Berlin, 1945*, II, pp. 351-352.
(7) Ree, *Socialism in One Zone*, pp. 55-57.
(8) Sandusky, *America's Parallel*, pp. 186-189.
(9) *FRUS, Berlin, 1945*, II, pp. 408-441, 1326-1332.
(10) *FRUS, Berlin, 1945*, p. 411, 1327; Hayes, *The History of Joint Chiefs of Staff in World War II: The War Against Japan*, Annapolis: Naval Institute Press, 1982, pp. 720-721; Sandusky, *America's Parallel*, pp. 191-194.
(11) Roy E. Appleman, *South to the Naktong, North to the Yalu* (Office of the chief of Military History, Department of the Army, U.S. Government Printing Office), 1961, pp. 2-3; Orlando Ward, "Establishment of the 38th Parallel in Korea," Memorandum for General Maxwell D. Taylor, 019 Korea (10 October 1952), Case 43, Army Chief of Staff, RG 319, National Archives; James F. Schnabel, *Policy and Direction: The First Year* (Office of the chief of Military History, Department of the Army, U.S. Government Printing Office), 1972, pp. 7-8.
(12) Harris' Telephone conversation with Hull, 17 Jun 1949 (李完範『三八線画定の真実』収録、339 頁).
(13) ソ連共産党中央委員会付属・マルクス・レーニン主義研究所編・川内唯彦訳『第二次世界大戦史』第 10 巻、弘文堂、1966 年、272-273 頁。長谷川『暗闘』、265-271 頁。Seung-Young Kim, "The Rise and Fall of the United States Trusteeship Plan for Korea as a Peace-maintenance Scheme," *Diplomacy & Statecraft*, 24, 2013, pp. 227-252. 「大きな原爆外交」説の典型はアルペロヴッツの主張である。それによれば、原子爆弾の投下は第一義的にはソ連を牽制し、「東および中央ヨーロッパでの米国の提案を受け入れさせる」ための恫喝外交の手段であった。しかし、シャーウィンやバーンスタインは対ソ牽制を第二義的ないし「ボーナス」的な効果とみなした。Gar Alperovitz, *Atomic Diplomacy: Hiroshima and Potsdam*, London: Pluto Press, 1994 (First Published in the USA by Simon and Schuster, 1965), pp. 287-290; Barton J. Bernstein, "The Atomic Bombing Reconsidered," *Foreign Affairs*, January/February 1995; Sherwin, *A World Destroyed*, pp. 223-224; 菅英輝「原爆投下決定をめぐる論争」『海外事情』(拓殖大学海外事情研究所、1996 年 4 月)、48-59 頁。中沢志保『スティムソン』、200-206 頁。
(14) J.W.P.C. 390/1, "Planning for Initial Japanese Occupation Period," 30 July 1945, ABC 014 Japan (13 April 1944), Section 16-A, RG 165, Records of the War Department, Na-

第４章　38度線の設定（小此木）

(15) 長谷川『暗闘』、149-154、202-207、222頁。William D. Leahy, *I Was There*, New York: Whillesey House, McGraw-Hill, 1950, p. 420; Ray S. Cline, *Washington Command Post: The Operation Division*（Washington D.C.: Office of the Chief of Military History, Department of the Army）, 1951, p. 348; "MacArthur's Plan for Occupation of Japan," OPD 014.1, 25 July 1945, Section 3, RG 165, Records of the War Department, National Archives.

(16) "MacArthur's Plans for Occupation of Japan," 25 July 1945, "Plan Blacklist," 29 July 1945 and "Amendment of Blacklist Plan, Ed. No. 3," 14 August 1945, OPD 014.1 TS, Section 3（Cases 38 through 50）, Box #108, RG 165, Records of the War Department, National Archives; "Basic Outline Plan for "Blacklist" Operations to Occupy Japan and Korea After Surrender or Collapse," Edition 3, 8 August 1945, General Headquarters, United States Army Forces, Pacific, Box #38, RG-4, MacArthur Memorial Archives. 五百旗頭真『米国の日本占領政策』下巻、中央公論社、1985年、222-223頁。Sandusky, *America's Parallel*, pp. 189-190.

(17) "Occupation of Japan and Korea," OPD 014.1 TS（1 August 1945）, Section 3, RG 165, Records of the War Department, National Archives; VICTORY 357, 26 July 1945, JCS to MacArthur and Nimitz, ABC 014 Japan（13 April 1944）, Section 16-A, RG 165, Records of the War Department, National Archives.

(18) C-28810 and C-28793, MacArthur to War Department, 27 July 1945, *ibid*.「単一調整当局者」に関するマッカーサーの主張は、26日に統合参謀本部から送信された別の電報に反応するものであった。ハル陸軍作戦部長は初期の占領任務を執行するために現存する日本政府機構がどの程度まで使用されるべきか、また連合国による占領の規模と機構について、マッカーサーに意見を求めたのである（Sandusky, *America's Parallel*, pp. 188-189.）。

(19) "Basic Outline Plan for "Blacklist" Operations to Occupy Japan and Korea After Surrender or Collapse," Edition 3, 8 August 1945, MMA; *Reports of General MacArthur*, I, pp. 436-440.

(20) J.W.P.C. 264/8, "Examination of Plans for the immediate Occupation of Japan," 10 August 1945, ABC 014 Japan（13 April 1944）, Section 16-A, RG 165, Records of the War Department, National Archives.

(21) Van Ree, *Socialism in One Zone*, pp. 49-51. マリノフスキー著・石黒寛訳『関東軍壊滅す』徳間書店、1968年、74、168頁。マルクス・レーニン主義研究所編『第二次世界大戦史』第10巻、259頁。ヴァン・リーは、「ブラックリスト」に関する米軍関係者の議論を知って、ソ連側がその作戦区域を38度線以北に限定した可能性を指摘している。

(22) ジョン・フェリス「太平洋戦争後期における連合国側の戦略」『太平洋戦争とその戦略』（戦争史研究国際フォーラム報告書）防衛省防衛研究所、2010年、156-157

107

頁。Truman, *Year of Decisions*, pp. 427-431; "Occupation," 19 August 1945, ABC 014 Japan (13 April 1944), Section 18-B, RG 165, Records of the War Department, National Archives.

(23) WARX 48004, JCS to MacArthur, 11 August 1945, Box #21, XXIV Corps History Section, USAFIK, RG 332, National Archives; Truman, *Year of Decisions*, pp. 433-434.

(24) Paul McGrath, *United States Army in the Korean Conflict*, Draft Manuscript (Office of the Chief of Military History, Department of the Army), pp. 40-41; Memorandum by Ward, 10 October 1952; Schnabel, *Policy and Direction*, pp. 8-9; Sandusky, *America's Parallel*, p. 226.

(25) Schnabel, *Policy and Direction*, p. 9; Sandusky, *America's Parallel*, pp. 226-228; *FRUS, 1945*, VI, p. 1039; Lincoln's Letter to Donnelly, 18 July 1949 (李完範『三八線画定の真実』収録、356-358頁).

(26) *Ibid*.

(27) A Statement on the 38th Parallel in Korea by Webb, 16 June 1949, *United States Policy in the Far East*, Part 2, U.S. House of Representatives, Washington, D.C.: Government Printing Office, 1976, p. 30; McGrath, *United States Army in the Korean Conflict*, pp. 46-47; Schnabel, *Policy and Direction*, p. 10; Sandusky, *America's Parallel*, pp. 228-230 and 234-235; Lincoln's Letter to Donnelly, 18 July 1949.

(28) J.C.S. 1467/1, "Instruments for the Surrender of Japan," 13 August 1945, ABC 387 Japan (19 February 1945), Section1-B, RG 165, Records of the War Department, National Archives.

(29) "Occupation," 19 August 1945, ABC, 014 Japan (13 April 1944), Section 18-B, RG 165, National Archives; WARX 49334, JCS to MacArthur, 14 August 1945, Box #21, XXIV Corps History Section, USAFIK, RG 332, National Archives. この政治的要請はバーンズ国務長官から統合計画参謀に直接伝えられた。ここでも、リンカーンからの問い合わせに対して、翌日、ダンが国務長官の意思の詳細を説明している ("Occupation of Liaotung or Kwantung Peninsula," 15 August 1945, OPD 014.1 TS, Section IV, RG 165, Records of the War Department, National Archives)。

(30) "Occupation," 19 August 1945, ABC, 014 Japan (13 April 1944), Section 18-B, RG 165, Records of the War Department, National Archives.

(31) J.W.P.C. 264/10, "Examination of the Practicability of Concurrent Occupation of Tokyo, Dairen, and Keijo, and Early Occupation of a North China Port," 14 August 1945, ABC 014 Japan (13 April 1944) Section 16-A, RG 165, Records of the War Department, National Archives.

(32) J.C.S. 1467/1, "Instruments for the Surrender of Japan," 13 August 1945, ABC 387 Japan (19 February 1945) Section 1-B, RG 165, Records of the War Department, National Archives; Ministry of Foreign Affairs of the U.S.S.R., *Correspondence Between Chairman of the Council of Ministers of the U.S.S.R. and the President of the U.S.A. and the Prime*

Ministers of Great Britain During the Great Patriotic War of 1941-1945, Volume Two: Correspondence with Franklin D. Roosevelt and Harry S. Truman, August 1941-December 1945, Moscow: Foreign Language Publishing House, 1957, pp. 261-269; Sandusky, *America's Parallel*, p. 252; Van Ree, *Socialism in One Zone*, p. 64. マルクス・レーニン主義研究所編『第二次世界大戦史』第10巻、234-235、259-266頁。なお、平壌はソ連軍第1極東方面軍の空挺部隊によって緊急占領されたが、それは8月20日に戦闘終結した後、8月24日のことである。

(33) Kathryn Weathersby, "Soviet Aims in Korea and the Origins of the Korean War, 1945-1950: New Evidence from Russian Archives," Working Paper No. 8, Cold War International History Project, Woodrow Wilson International Center for Scholars, November 1993, pp. 9-10. 横手慎二「第二次大戦期のソ連の対日政策、1941-1944」(慶應義塾大学法学部『法学研究』71巻1号、1998年1月)、215-226頁。大畑篤四郎「日露戦争」、外務省外交資料館日本外交史辞典編纂委員会『日本外交史辞典』(1992年版)、山川出版社、741頁。ただし、38度線の設計者たちは日露戦争前の外交交渉、すなわちロシアが39度線以北の韓国中立地帯化を提案した歴史を知らなかった(Memorandum by Ward, 10 October 1952)。和田春樹「ソ連の朝鮮政策——1945年8月——10月——」(東京大学社会科学研究所『社会科学研究』33巻4号、1981年11月)、118-120頁。他方、興味深いことに、戦争末期の関東軍と朝鮮軍(第17方面軍)の間の境界線は平壌・元山線であった。事実、対ソ戦開始後の8月10日、大本営の命令で第17方面軍は関東軍の戦闘序列に入り、次いで関東軍の命令で第34軍は第17方面軍の指揮下に入ったのである。しかし、その境界線が38度線であったかのように誤って伝えられ、さらにそれが米国による38度線の設定の原因になったかのような議論が生まれた。その間の経緯については、朝鮮軍残務整理部「朝鮮における戦争準備」および第一復員局「本土作戦記録」(第5巻・第17方面軍)(宮田節子編・解説『朝鮮軍概要史』不二出版、1989年、191-194、242-247頁)および井原潤次郎第17方面軍兼朝鮮軍管区参謀長の証言(『朝鮮軍・解放前後の朝鮮』、未公開資料・朝鮮総督府関係者・録音記録5、学習院大学東洋文化研究所、2004年3月、320-321、341-342頁)を参照されたい。

(34) Bruce Cumings, *The Origins of the Korean War: Liberation and the Emergence of Separate Regimes 1945-1947*, Princeton, New Jersey: Princeton University Press, 1981, pp. 117-122. 38度線の設定を「封じ込め」という米国の冷戦戦略に特有の概念で表現することは多くの誤解を招来するだろう。「冷戦」(「平和は不可能であるのに、戦争も起こりえない」)の特異な性質に注目するならば、そのような性質を持つ二極的な米ソ対立は、対独戦争や対日戦争の終結と同時に突然に発生したわけではない。しかも、「封じ込め」は「認識」ではなく、それを基礎にする「政策」や「戦略」である。冷戦「認識」の中心にある「交渉の不可能性」に関する限り、そのような認識の出発点になったのは、周知のように、1946年春のジョージ・ケナンの有名な長文電報(2月2日)やチャーチルの「鉄のカーテン」演説(3月5日)である(Dan-

iel Yergin, *Shattered Peace: The Origins of the Cold War and the National Security State*, Boston: Houghton Mifflin, 1978, pp. 174-178, 212-213)。そのような冷戦認識が「封じ込め」戦略として実行に移されたのは、欧州16カ国がパリに集結し、マーシャルプランの受け入れのために欧州経済協力委員会（CEEC）の設置を決議したとき、すなわち1947年7月のことである。同じ頃、ケナンのX論文（"The Sources of Soviet Conduct," *Foreign Affairs*, XXV, July 1947）が公表され、そのような西側諸国の行動が「封じ込め」（"containment"）という戦略概念によって正当化されたのである。大局的にみれば、このとき、冷戦は引き返し不能点に到達し、ヨーロッパは二つの陣営に引き裂かれた（Louis J. Halle, *Cold War as History*, New York: Harper & Row, 1967, pp. 134-138）。いうまでもなく、朝鮮半島の冷戦も、そのようなヨーロッパ冷戦とほぼ並行して進展した。「冷戦」の定義に関しては、永井陽之助『冷戦の起源』中央公論社、1978年、6-10頁、を参照されたい。

第 5 章

東アジアと南アジアのはざまで
――地域研究の行方を探る

鈴木正崇
（慶應義塾大学文学部教授）

はじめに――視座と方法

　東アジアと南アジアを行き来して、文化人類学（cultural anthropology）の手法を中核に40年にわたって継続してきた自己の学問の歩みを振り返りながら今後の地域研究のあり方を考えてみたい。
　フィールドワークを中核にすえる文化人類学は地域研究と密接な関係性を持って展開してきた。文化人類学と、政治学・経済学・法学・社会学との差異は、特定の地域や民族の長期の現地調査にもとづいて民族誌（ethnography）を作成し、全体性（totality）の把握に努めることであろう。文化の概念が研究の中核にあり、「地域を研究する」よりも「地域で何かを研究」することを主題にしてきた。現地語を習得し、行動の参与観察を行い、景観や風景を読む。無数の対話を基礎に感性を駆使し、記述と解釈を重視して、究極は人間の理解を目指す。
　学問への原点は1971年のユーラシア放浪にあった。シルクロードの踏破を目標に、ミュンヘンから自動車で、トルコ、イラン、アフガニスタンへと、アジア・ハイウェーをたどり、カーブルからはヒッピー・バスを乗り継いでパキスタンを経てインドにたどり着いた。インドでは聖地や寺院をひたすら

図1 遊牧民（アフガニスタン）1971年

訪ね歩き、最後はネパールに向かった。まるで武者修行のような日々であった。旅の体験を通してイスラーム教やヒンドゥー教の圧倒的な力に衝撃を受け、異なる文化を持つ人々との多様な出会いの面白さに取りつかれた。アフガニスタンで、忘れもしない秋の10月、雪に覆われたヒンドゥークシ山脈を背景に羊や駱駝を連れて豪華な装いをして砂漠をたどる遊牧民パシュトゥーンとの出会いは、究極の異文化体験であった（図1）。人間としてお互いはわかりあえるのか。絶望的な異文化の壁に出会ったように思った。経済学部で習った近代経済学は異文化を捨象し人間を合理的に把握する。人間の理解を求める学問はないのか。この問いかけにこたえるべく大学院に戻ってきた。

　専門分野は東洋史であったが、方法としては民族学（ethnology）と宗教学と民俗学（folklore）を混淆し、究極的には宗教人類学が専門領域になった。学問的には遷移（succession）の連続であった。1970年代に文化人類学（民族学）は流行の兆しを見せていたが、確固たる学問の地位を占めておらず、試行錯誤の状況が続いていた。基本的な方向性は、法則定立から記述解釈へ、要素主義から文脈主義へ、多次元の歴史の構築、異種混淆の重視、複数の近代の提唱、多元的現実の探求へと収斂していった。事実の記述に際してはドキュメンタリーに学ぶことも多く、映画や小説の手法も参考にした。事実は一つではないのかもしれない。映画では芥川龍之介「藪の中」を原作にした黒澤明『羅生門』、小説ではロレンス・ダレル『アレクサンドリア四重奏』、ジェイムズ・ジョイス『ユリシーズ』などがモデルであった。ギアーツのモロッコでの体験に基づいた「まばたき」を巡る多様な解釈に基づく「厚い記述」（thick description）のように[1]、一つの現象をめぐって多様な見方が交錯する。その探究のためには、特定の場所で時間をかけ、具体的事象を多次元的に深めて理解することが大事だと考えるようになった。

（1）慶應義塾の学風

　戦後の慶應義塾の歴史学は独自の学風で地域研究へ展開する潜在力を秘めていて、東洋史と民族学と社会史が融合していた。海外の研究では、フランスでM・モースやM・グラネに師事した比較神話学者の松本信廣、東西交渉史が専門で日本のイスラーム研究の先駆者の前嶋信次、日本と中国の比較神話学を展開した伊藤清司、華南の社会史や華僑研究で知られる可児弘明が活躍していた。日本の研究では、社会学では農村社会学と宗教学、国文学では民俗学、日本史では社会史が緩やかに連携していた。民俗学の影響を受けた家や同族団の研究で知られる有賀喜左衛門、宗教民俗学者で山岳信仰や修験道が専門の宮家準、折口信夫の弟子で芸能史を推進した池田彌三郎、社会史や柳田國男論を展開した中井信彦が活躍した。東洋史・西洋史・日本史の中に民族学・考古学が混在し[2]、社会学・国文学と連携していたのである。特に東洋史専攻には民族学や民俗学に関心を持つ者が多く、独自の学風を形成した。

　私自身は大学院文学研究科の東洋史専攻に在籍したが、学問上の方法論としては宗教人類学の系譜を受け継いだ。学統は宇野圓空に始まり、古野清人・吉田禎吾・佐々木宏幹へと継承されてきた。日本と海外の比較を意識しつつ、宗教と社会の関係や宗教文化の複合性・重層性を探求したのである。一方、日本研究では宗教民俗学の系譜も重ね合わせた。柳田國男に始まり和歌森太郎・堀一郎へ連なる民間信仰研究を中核に、仏教と民俗の融合を研究した五来重、修験道を主体に基層文化を研究した宮家準の影響が大きい。宗教人類学と宗教民俗学を中軸にして、アジアを中心とした地域研究に乗り出すことになった。異文化理解と自文化理解を両極とし、地域研究の視座を持って民族学と民俗学を結合させる試みである。

　慶應義塾での人類学の始まりは、1919年の移川子之蔵（1884-1947）による人類学の講義を嚆矢とする。東京帝国大学での坪井正五郎などを中心とする形質人類学とは異なる人類学の系譜である。当時、松本信廣（1897-1981）が移川の講義を聴講し、神話研究を志すきっかけとなった[3]。一方、民俗学も早くから取り込まれた。柳田國男（1875-1962）は1920年7月1日に三田史学会で「folkloreの範囲について」と題して講演を行い、同年には3回（9・

10・12月)にわたって史学科で「民俗学」を講義した。日本の大学で民俗学が講じられたのはこれが初めてであった。1924年4月22日には文学部講師となって、毎週1回、史学科で「民間伝承」を講義し、1929年3月まで続いた。柳田國男と慶應義塾との関係は、1917年(大正6)に当時文学科在学中の松本信廣が柳田邸を訪問して、山岳会での講演を依頼し(題名「山民の生活」)、その後に師事したことに始まる。1920年に松本信廣は岩手県遠野の佐々木喜善宅を訪問し、柳田國男と共に三陸海岸を旅した。この時の記録は後に『雪国の春』(1928)として刊行され、民俗学の魅力を多くの人々に伝えた。他方、折口信夫(1887-1953)は、1923年に文学部講師となって「国文学演習」を担当し、1928年に教授となり國學院大學と兼務し、1953年の死去まで続いた。民俗学の両巨頭とされる柳田國男と折口信夫は共に慶應義塾と深い関わりを持ったのである。また、柳田國男は言語への関心から詩人の西脇順三郎(1894-1982)と親交があり、方言研究の図書は言語文化研究所に寄贈され柳田文庫となって残っている。言語文化研究所はイスラーム研究で世界的に著名な井筒俊彦(1914-1993)や、インド古代の思想や哲学の先駆的業績で知られる辻直四郎(1899-1979)が初期のメンバーであった。民族学と民俗学を基盤にした流れが、戦後の地域研究へと繋がる底流となった。井筒俊彦は折口の言霊論に惹かれ、神秘主義者のスーフィ研究やシーア派への傾倒にはその影響がある。井筒に師事した鈴木孝夫(1926-)は言語社会学の立場から日本語を研究してユニークな業績をあげたが、根底にはトルコ語と日本語の比較の視点があった。地域研究としては東南アジア研究、特にベトナムの歴史や言語の研究が展開した。松本信廣は1933年にハノイのフランス極東学院を訪問して、山地民の民族誌や銅鼓を研究し、それ以来親交があったことが、19世紀の史書『大南寔録(だいなんじつろく)』の翻刻、『ベトナム民族小史』の刊行など、ベトナム研究隆盛の基礎となった。

　慶應義塾の地域研究の基底には学際的な研究のゆるやかな協同があった。その多様な選択肢からどのように独自の道に踏み出すかが問われることになった。

（2）師との出会い

　私にとっての大きな転機は岩田慶治（東京工業大学名誉教授。1922-2013）との出会いであった。岩田慶治は松本信廣が団長を務めた稲作民族文化綜合調査（1957-1958）[4]に参加して東南アジア研究を開始し、ラオス、タイ、ボルネオなどをフィールドとして、民族学と地理学を融合させた独自の学風で、アジアの基層文化を研究した。『日本文化のふるさと』（1966）『草木虫魚の人類学』（1973）『コスモスの思想』（1976）『カミと神』（1984）などを著し、稲作文化論から独自のアニミズム論へと研究を深化させた[5]。縁あって私は1979年から1986年まで東京工業大学文化人類学研究室に助手として勤務し、岩田慶治の謦咳に触れた。その出会いによって三つの大きな方向が生まれた。第一には京都学派[6]との繋がりができたこと、第二は海外研究のチャンスが生まれ、スリランカ・インド・西南中国へと展開する契機となったこと、第三はアニミズムの観点から広くアジアを見る視点を得たことである。

　岩田慶治のアニミズム論はアジア各地の文化を比較する視点であった。本人の最初の定着地であったラオスのパタン村での体験に基づいて説かれる精霊ピーの話が印象的であった。トカゲはカミであると村人はいう。川のせせらぎに耳をすまし、大樹の下に立ち止まる。出会いと驚きこそカミの原体験である。そこからカミ以前の風景へと遡行し、人間と自然を繋ぐものとは何かを地域を越えて考える。還暦の時に自費出版した『牆壁瓦礫集』（1982）にはアジア各地を経巡った体験に基づいた歌の数々が収められていて、アフォリズムのようにフィールドワークの極意がちりばめられている。本書の題名は、道元『正法眼蔵』の「牆壁瓦礫これ心なり。更に三界唯心にあらず。法界唯心にあらず。牆壁瓦礫なり」（「仏教」巻）に由来する。仏とは瓦や石で、瓦や石も成仏するという意味である。同じ趣旨は道元の「峰の色　谷の響きも　皆ながら　吾が釈迦牟尼の声と姿と」という道歌に歌われている。全てに仏性ありとし、「山川草木悉皆成仏」を説く天台本覚論の影響がある。それは日本化した仏教を外被とする「ローカル・アニミズム」とでも呼ぶべきもので、岩田慶治は『正法眼蔵』を詩集のように読み直し、自然と人間が照応する「呼べば応える世界」を探求して人間のあり方を考えようとした。私にとっても、「ローカル・アニミズム」を通して地域を越えた普遍的な地平

を目指す岩田慶治の方法は、地域研究の遂行にあたっての大きな指針となった。

　東南アジアのタイの地域研究で知られる石井米雄は、師匠の小林英夫（ソシュール『一般言語学講義』の訳者）からこう言われたという。「石井君、大学で卒業証書を貰うより大事なことは、いい先生を見つけることだよ。師匠と弟子というような関係がないと学問はできない」(7)。振り返ると確かにその通りだと思う。

(3) 海外での本格的なフィールドワークへ——東アジアと南アジア

　海外での主なフィールドワークは、スリランカ（1980〜バランゴダ、クルネーガラ、ジャフナ）、中国（1981〜広東省海南島、雲南省西双版納、貴州省黔東南・黔南・黔西北・黔西南、広西壮族自治区金秀・南丹・環江、四川省阿壩、湖南省江永・麻陽、福建省福州・莆田・泉州・永定・屏南、広東省汕尾）、インド（1982〜ケーララ、1990〜カルナータカ、1991〜ビハール、2003 ナガランド、2008 アッサム）、ビルマ（1984 マンダレー）、インドネシア（1990〜バリ）、トーゴ（2009 クータマクー）、フィリピン（2010 イフガオ）、臺灣（2007〜台南・鹿港）、韓国（1978〜江陵・蝟島・済州島）である。大きな転機は 1980 年からのスリランカ、1981 年以降の西南中国、特に貴州省での調査であった。

　理想的なフィールドワークは、特定のムラやマチを拠点とし、できれば景色の良い所に住み込むことである。一度で終わらず繰り返し訪ね、土地の人と長くつきあう。時間をかけて深層へと迫ることを目標にした。20〜30 年の変化によってその土地に生きる人々にとって何が大切かが徐々に見えてくる。しかし、時には全くうまくいかないこともある。終わりなきフィールドワークが続く。どこかに日本との暗黙の比較の視点が含まれている。海外と併せて日本にも深く関わってきたことがその原動力である。

　日本での本格的なフィールドワークは復帰後間もない 1974 年に沖縄で始めた。八重山群島の波照間島や沖縄本島国頭、その他多くの離島での体験は日本の中の異文化として大きな刺激となった。ただし、実質的には沖縄での活動は、1978 年に久高島で行われた 12 年に一度のイザイホーの大祭(8)までである。日本本土での長期のフィールドワークは 1970 年代は広島県比婆郡

備後西城、1980年代は長崎県対馬、1990年代は岩手県宮古、2000年代は山形県飽海郡遊佐、福岡県糟屋郡篠栗、2010年代は千葉県成田などで、現在も各地の人々とのつきあいは続いている。元々登山好きであったこともあって1974年から山岳信仰と修験道の研究を開始し、霊山を訪ねる旅は今も続いている。2011年以後、日本山岳修験学会の会長を務めることになった。フィールドワークの課題の一つは、伝承を持続させるものとは何か、変容と持続の原理とは何かという問いである[9]。知識や体験の継承なくしては、社会の存続が危ぶまれる。変化しつつ維持される民俗知を通して未来への道を探求したいと願っている。

(4) 地域研究から人間の探求へ

特定の場所をフィールドとしている以上、地域研究は中核をなしてきた。「地域を」研究するよりも、「地域で」何かを考える、「地域と」関わり合うことに重点を置いた。地域で出会った様々な個人を大切にして、体験を共有しあうこと、現地との往復運動で高次の次元へと至ることを常に根幹に据えてきた。しかし、異文化理解は容易ではない。常に現地にとっては他者であり、どこかに自分の文化を背負っている。これまでの試行錯誤を通して到達した認識は、土地の言葉の微妙なニュアンスを掬い取ること、特定の言葉が使われる文脈を探ることで異文化理解に迫るという方法である。指針となったのは、ギアーツの「地元民の視点から」(from the native's point of view)[10]であった。ジャワ、バリ、モロッコのフィールドワークを通じて、比較を目指す時、どこの地域にもそれぞれの「人間」(person)の定義があり、自己と他者についての説明を手がかりにするとギアーツは言う。ジャワの場合はバティンとライール（内／外）、アルースとカッサール（洗練／粗野）の二つの軸が交差する「静謐主義」、バリの場合は常にレク、「舞台でのあがり」(stage flight)を気にしながらの「演劇主義」、モロッコの場合はニスバ（関係、帰属、属性、類縁、相関など）という多義的な言葉が重層化する「文脈主義」が重視されるという。三つの社会の人間像を「混成物」「演劇的ペルソナ」「パターンの中の点」と考える。

日本人の研究者でも地元の言語に注目したユニークな業績がある。例えば、

和崎洋一はタンザニアでの生活を通じてスワヒリ語のテンベアが、さまよう、たゆたう、ゆれる、放浪するという独自の移動認識を表現し生活の中核をなすことに注目した(11)。片倉もと子はサウジアラビアの遊牧民ベドウィンとの体験から、アラビア語ラーハ（ゆとり、くつろぎ）こそが彼らの人生観の根幹にあるとして「ゆとろぎ」という日本語を作った(12)。

　私の地域研究も土地で使われている言葉や概念を介して、根底にある人間の体験知を浮かび上がらせて異文化理解を試みることを根幹に据えてきた。実はこの手法は言語の「表層の意味」から「内的感覚」を導出する柳田國男の方法(13)から学んだのである。

1　異文化の理解Ⅰ——スリランカ（1980〜）

（1）概況

　異文化を理解する本格的なフィールドワークはスリランカで始まった。スリランカの旧称はセイロン（1972 変更）で、人口は 2027 万人（2012 年）、多民族（シンハラ、タミル、マーラッカラ、バーガー、ウェッダー）、多宗教（仏教、ヒンドゥー教、イスラーム教、キリスト教、民間信仰）、多言語（シンハラ、タミル、英語、ウエッダー）である。ローマ帝国時代以降、東西交渉の結節点として、「海のシルクロード」の拠点となってきた。仏教伝来は紀元前 3 世紀とされ、上座部（テーラワーダ）を主体に栄え、12〜13 世紀以降は東南アジアへ伝播した。植民地化の歴史があり、ポルトガル（1505-1658）、オランダ（1658-1796）、イギリス（1796-1948、1815 から全土）の支配を経て 1948 年に独立した。しかし、1956 年以降は民族や宗教の対立が激化し、1983 年に始まった民族対立は 2009 年まで継続し、事実上の内戦が 30 年近く続くという不幸な事態になった。スリランカでの本格的なフィールドワークは 1981 年に始まったが、紛争の激化に伴い、実質的には 1984 年までで一区切りとなった(14)。

　主な調査地はシンハラ人居住地で南部のバランゴダであった。短期には聖地のカタラガマやシーニガマ、中部のクルネーガラやキャンディにいた。タミル人居住地は短期であったが、北部のジャフナやポイント・ペドロを訪問した。ポイント・ペドロ周辺は、「タミルの虎」掃討作戦によって壊滅状態

になり、更に 2004 年 12 月に発生したスマトラ沖大地震による大津波で甚大な被害を被るなど悲劇の歴史をたどった。現代史の劇的な転換を目の当たりにしたことになる。調査は当初は村落での社会と宗教の研究であったが、都市祭礼、仮面劇、悪霊祓い、巡礼と社会変動、民族問題に発展し、空間的には地域社会から都市へ、民族や国家へ、そして海外への移住と相互交流へと視野を広げた[15]。

(2) スリランカで村に住む

最初に住み込んだ村は忘れがたい印象を残している。南部のサバラガムワ州バランゴダ近郊の農村で仏教寺院に居候していた。シンハラ人の村で、電気・水道はなく、ナーガ（コブラ）やクーデッラ（蛭）と共棲していた。シンハラ仏教は出家仏教で非妻帯であり、僧侶は二二七戒を遵守し、俗人は五戒を守って生活している。私自身はウパーサカ（優婆塞）として十戒を守って寺院にいた。当時の師はアーナンダ・マイトレーヤ（Ven. Balangoda, Ānanda, Maitreya, 1896-1998）で大乗仏教の知識もあり、大きな影響を受けた。一方、寺院は噂話の溜り場、情報のセンターのようで人間関係が手にとるようにわかって面白かった。西方にはスリーパーダ山（聖なる足跡。アダムス・ピーク、サマナラ・カンダ）が聳え、寺院は古い巡礼道に沿っていた。スリーパーダ山の頂きには足跡（パーダ）があり、仏陀、シヴァ、アダム、聖トーマスの足跡とされ、民族や宗教を越えた聖地として、3 月の満月には巡拝者は長蛇の列となる。山の神はサマン神で、古くは先住民、ウェッダーの聖地であったと思われる[16]。別名をサマナラ・カンダ（蝶の山）といい、9 月になると大量の蝶が谷間を舞う。谷間のラーッサガラは伝説によれば、ラーマの妻のシーターを幽閉した魔王ラーヴァナの住まいとされ、『ラーマーヤナ』の地域伝承が語られていた。ラクシュマナと闘って敗北したラーヴァナの首が飛んで落ちた場所や肉体の部位に因む地名伝承が残る[17]。田園の風景は美しく、夕闇が迫る中で、戸外に立ち尽くすこともしばしばであった。

(3) ダーナ（dāne）

村での生活を通して気づいたのはダーナ、つまり与える行為の重要性で

図2　村の家へ向かう僧侶（スリランカ）

あった。寺院では1日2食で、在家からのダーナ（布施）で暮らした。食事はダーヤカ（檀家、檀那）が順番を決めて提供していた（図2）。元々僧侶は比丘、つまりパーリ語でビック（bhikkhu）と呼ばれ、「乞う」（bhikkhati）に由来し、乞食の生活が本来であった。かつては托鉢（pinda-pāta）の慣行があったが、現在は衰退している。雨安居（vas）の7〜10月は寺院の定住が義務付けられるので、その間は村人のダーナで暮らしていた慣行が拡大したのである。東南アジアでは人生の一時期を僧侶となるイニシエーションが機能しているが、スリランカでは還俗は低評価で「出家仏教」の様相が鮮明である。俗人は輪廻を信じ現世での行いが次の生に影響を与えるという業（karman）を信じ、輪廻を断ち切るには出家して僧侶となって修行し、涅槃（nirvāṇa）の境地に到達することが求められる。俗人は僧侶へ食事や衣類を「与える」寄進で功徳を積む、ピンカマ（pinkama）が日々の最上の行いとなる。布施を受けた者は「有難う」を言う必要はない。与える者は功徳を積むからである。僧侶の社会、サンガは積徳の「福田」となる。豊かな者が貧しい者に施すことは当然の義務で、開発援助も広い意味の「与える」行為となる。日本とは全く異なる仏教世界が展開し、民衆の生活の中に浸透しているのである。

　日本との関係で「与える」行為が顕在化したのは戦後の日本が国際社会に復帰するにあたって開催されたサンフランシスコ講和会議（1951年）でのジャヤワルダナ演説である。『ダンマパダ』（法句経）を引いて「憎しみは憎しみによって止まず。慈愛によって止む」として対日賠償請求権の行使の放棄を伝えた。ここには慈悲（mettā, karuṇā）を施す、「与える」ことの意義が伝えられている。その後、彼はスリランカの初代大統領となり1996年に死去したが、死後に両眼の角膜はシンハラ人と日本人に贈られた。善行によってよき転生を得るという思考は、シンハラ人による日本人への大量の角膜提供として続いている。こうした一連の行いを支える考え方がダーナである。

(4) ドーサ（dōsa）

　村人と暮らしていて印象に残ったのはドーサ（dōsa）という言葉であった。畏れをもって語られ、罪・穢れ・害・悪など広義の意味を持ち、日本語への翻訳は難しい。民俗語彙を借りて「障り」と訳すことにした。元々はサンスクリット語のドーシャ（doṣa）に由来し、原義は汚す、悪化、障害という意味がある。第１のドーサはアーユルヴェーダに基づいている。人体にはトリダートゥ（tri-dhatu）、一般的にはトリドーサ（tri-dosa）と呼ばれる三種の「体液」、ヴァータ（体風　vāta）、ピッタ（胆汁　pitta）、カパ（粘液　kapha, slesman）があると考える。体液の均衡、サンニパータ（sannipāta）が攪乱されると様々な病気の症状が起こる。治療方法は、過剰なドーサに対して反対の効果を及ぼす食べ物や薬を投与する。例えば、ピッタは火の要素で、冷たい食物を摂取して均衡を回復する。カパは水の要素で温かいとされる食物を摂取する。シンハラ人は、食物を冷たい、熱い、中性の三種に分類し、程よく調節して摂取し健康を保つことを心掛けており、食事療法は健康維持の核心である。三大体液は宇宙全体の構成要素であるパンチャブータ（panca bhuta、五大）、つまり空（ākāśa）、風（vāyu）、水（āp）、地（pṛthvī）、火（tejas）と関連し、特に三つの要素、風・火・水が人体の体液であるヴァータ、ピッタ、カパと連関する。火の過剰は外界では、旱魃、日照り、飢饉、水不足、不作をもたらし、身体では胆汁の過剰で天然痘、水疱瘡、麻疹などの伝染病を引き起こす。水の過剰は外界ではモンスーンの大雨や洪水、寒冷気候を齎し、作物や食物に被害を及ぼすと共に、身体内の粘液と連動して風邪、咳、熱などを引き起こす。風の過剰は外界では嵐や大風になり、身体を冷却して異常や障害をもたらす[18]。人間の身体を構成する三つの体液は、外界のパンチャブータと相互浸透している。宇宙と人間の相互連関が顕著なのである。

　第二のドーサは外界からの影響によるドーサで、神霊、悪霊、星神などの不可視の世界や前世の業によって引き起こされる。禁忌を破って神霊の怒りを引き起こすデーウァドーサや、個人の星回りが悪い状態になった時（アパレー）は星神のグラハドーサによって、身体の不調や、不幸や災いが起こるとされる。悪霊（ヤカー）は、森の中から人間界を常に凝視、つまりディスティ（diṣṭi）の状態にあり、人間の身体が脆弱な状況、特にタニカマ（tanikama、

図3 のろいを解く（スリランカ）

孤独）になると憑依して体液を攪乱し病気を引き起こす。これをヤックドーサといい、精神的疾患が多く、悪霊祓いで治療する。また、神々の大祭では最後の日に、剣で水を切る水切り（diya kapanavā）を行い、水の要素を統御して水の恵みと順調な天候による豊作を願う。他方、火渡り（gini pāgīma）は火を統御して、日照りを防ぐ効果を持つとされる。日常に摂取する食物や人体を治療する薬は、神霊や悪霊の儀礼との連続性を保ち、身体と病気に関する民俗知識や経験知がアーユルヴェーダの外被をまとって宇宙観に結合している。ドーサは「不均衡」の関係を前提に語られ、人間と自然の調和の破壊（日照り、洪水）、人間関係の崩壊（嫉妬、悪意、のろい）にも関連する（図3）。シンハラ人の多くには常に「崩れ」の感覚がある。ドーサの概念を通して、人間の理想型は均衡と調和を求める「宇宙人間」であるというシンハラ人の人間観のあり方がわかってきた。

(5) ジャーティヤ（Jātiya）

社会のあり方を考える上で重要なのはジャーティヤで、種類・類型の意味で、抽象的には同じ特徴を持つ個の集合であり、曖昧さは残るが差異を創る分類体系を形成している。原語はインド亜大陸の社会階層を意味するジャーティ（Jāti 生まれ）に由来する。いわゆるカーストで、血統を意味するポルトガル語のカスタ（casta）がイギリス統治下でカーストと表記された。シンハラ語のジャーティヤは多義的で、国民（スリランカ人）、民族集団（シンハラ、タミル、マーラッカラ、バーガー）、言語集団（シンハラ、タミル）、宗教集団（仏教徒、ヒンドゥー教徒、ムスリム）、社会階層（ゴイガマ＝農民、カラーワ＝漁民）といった人間の分類体系の基礎概念である。植民地下での抵抗運動を経て醸成されたナショナリズムによって、次第に「国民＝言語＝民族＝宗教」と単純化され、シンハラ仏教ナショナリズムが隆盛すると「スリランカ＝シンハラ語＝シンハラ人＝仏教徒」の結合に展開した。これによって民

族と宗教が結びつけられ、シンハラ人とタミス人の対立の基軸が創られた。さらに歴史を遡及して過去に再解釈を施して、2000年以上の対立という言説が生み出されるに至った。

しかし、こうしたジャーティヤの拡大と単純化は19世紀後半の仏教復興下での反植民地運動を通じて創りだされたものである。特に、在家の仏教者であったアナガーリカ・ダルマパーラ（1864-1933）の影響が大きく、仏教対キリスト教、仏教対イスラーム教という宗教の対立を鮮明にしたことが、その後の民族対立を引き起こす遠因となった。ダルマパーラは古代の史書『マハーワンサ』（6世紀初頭）を根拠にシンハラ仏教徒がスリランカの歴史の主体であるとして仏教興隆を正当化する言説を提供した。『マハーワンサ』には仏陀の三度の来島が記され、この記述を根拠にスリランカは仏教興隆の約束の地であり、シンハラ人はその選民であると説いた。1948年にスリランカは独立し、議会制民主主義が機能して平和的にいくように思われたが、1956年にシンハラ語の公用語化政策が発表され、同年に仏陀生誕2500年祭のブッダ・ジャヤンティ（Buddha Jayanti）が開催されるなどシンハラ人中心の政治が顕在することでタミル人との対立が深まっていった。イギリス統治時代に多数派を抑え少数派を活用した政策が、民主主義下での多数決の決定によってシンハラ人の復権をもたらした。民族と宗教を一体化する「シンハラ仏教ナショナリズム」の言説は大衆化し、タミル人との対立を生んで民間の暴動が多発するようになり、対ムスリムへの暴力も加わって社会を不安定化することになった。分離独立を画策するタミル・イーラム「解放の虎」が組織され、ゲリラ化を進めて対立を助長した。シンハラとタミルの民族紛争は1983年に激化し、長期にわたる内戦状態となり、他国の仲介もあったが、最後は2009年に強引に武力による幕引きが図られた。その大きなしこりは現在も残っている。国民国家の下で、民族・地域・歴史の差異を創出・拡大してきたスリランカの歴史を考える時、「繋がりのジャーティヤ」の復権や組み換えが求められる。ジャーティヤを通してスリランカの社会の内実が見えてくるのである。

第Ⅰ部 《連続講演》アジア・アフリカ研究——現在と過去との対話

2 異文化の理解Ⅱ——インド（1982～）

(1) 概況

インドとのつきあいは 1971 年に始まった。神秘と混沌のインド、多様性のインド、わけ入ってもわけ入ってもインド。1947 年に独立したインドは人口 12 億 1000 万人（2011 年）、宗教人口比率はヒンドゥー教 80.5％、イスラーム教 13.4％、キリスト教 2.3％、シク教 1.9％、仏教 0.8％、ジャイナ教 0.4％ の割合で、巨大な民主主義による世俗国家である。言語は連邦公用語はヒンディー語で、憲法での公認言語が 21、総計 22 だが、実態は 330 以上である。言語系統はインド・アーリヤ語族、ドラヴィダ語族、シナ・チベット語族、オーストロ・アジア語族などで、民族という言い方は一般的ではない(19)。インドの特徴は社会階層としてのカースト（caste）で、現地語ではジャーティ（jāti）といい、職業世襲、内婚、共食、浄不浄、庇護関係などの特徴がある。カースト外の存在として、アウト・カースト（不可触民）と、トライブ（tribe）に分類されるアーディヴァーシー（ādivāsī　先住民）がいる。この分類はイギリス植民地統治時代に制度化された社会の分類体系で、統治のための有効な枠組みとして機能している。インドでのフィールドワークは、北インドのビハール州、南インドのカルナータカ州とケーララ州で、民衆文化の変容を主題として考察した。

(2) インドで村に住む

図4　マドゥバニーの女性（北インド）

北インド・ビハール州ミティラーではマドゥバニー近郊のランティ村に住みこんだ。カーヤスタ（書記カースト）の家で、大家族の屋敷で総計 30 人ほどが一つ屋根の下に暮らす生活であった（図4）。村落のカースト数は 23 で、まさしく「分業による協業」

（アダム・スミス）を体験した。中・上位カーストとのつきあいが多かった。ブラーマンと王族が広大な土地を所有し、貧富の差が大きく、ムスリムとの葛藤があった。ミティラー地方は『ラーマーヤナ』の舞台で、シーターの誕生地とされるシーター・マリーも近くにある。ただし、1992 年にアヨーディヤで起こったヒンドゥーとムスリムの対立に始まる宗教間対立や、インド人民党（BJP）の勢力拡大に伴うヒンドゥー至上主義の台頭、ヒンドゥートゥワの主張の高まりで不安定さを増した。ラーマやシーターの神話世界が歴史化されて、宗教対立に意図的に利用されるようになった。1991 年に経済自由化が始まって生活は激変した。

図5　コーワルの絵（北インド）

　この地域の特徴として村の女性が描く絵や文様がある。描く材料は米粉、岩粉、石灰、草木などで、結婚式など祝事に描く壁画のビッティチトラ、神事に際して米の粉を水で溶いて指で家の土間や大地に複雑な文様を描くアリパン、新婚夫婦の部屋に蓮華と竹の象徴的な図案を描き男女の交合を表して子孫繁栄を願うコーワル・ガルなどがある（図5）。アリパンとはマイティリー語で、大地の祀りの意味である。描くことに個人の願いを託し、神が顕現し、大地の力が呼び覚まされる。儀礼歌を歌いつつ描くこともある。描く過程が重要で描き終わると神霊が降臨する。大地は女性に喩えられ、豊饒多産が籠められ、女性のシャクティの信仰と同一化する。祖母から母へ、母から娘へと受け継がれる絵を描く伝統は、マハーパトラ・ブラーマン、カーヤスタ（書記）、ドゥシャーダ（不可触民）の階層の慣行である。

　ミティラーでは民俗の近代化とでも呼ぶべき現象が起こった。1934 年のビハール州大地震後の調査でイギリス行政官、W・G・アーチャーがマドゥバニーに赴き絵や文様を発見して報告し世に知られることになったが、大きな動きはなかった。大転換は 1967 年以後である。この年ミティラー地方は大旱魃に襲われた。中央政府から当地に派遣された手工芸局長、ププル・

ジャカル女史は、救済手段として壁画や文様を紙に写して「民芸品」(folk-craft) として販売することを提案し、画用紙を支給して絵や文様を描かせた。併せてデリーやカルカッタなど都市で展覧会を開催した。記憶に基づいて反復され、描かれては消滅する儀礼文様が「絵画」(painting) に、そして短期間に「芸術」(art) になった。本来は匿名の絵に署名が入って作品となり、「マドゥバニー・ペインティング」と呼ばれて商品化された。用途はサリーのデザインや、クッション・カバー、カレンダー、カードなど多様化している。その結果、村落では女性の現金収入が増えて、従来の男女の役割が逆転して生活を不安定化した。経済的な上昇で生活は豊かになったが、地域社会の対立や葛藤は激化し、家庭内では男性が自堕落となり暴力も発生した。生活の中で絵を描いていた平凡な女性たちが芸術家（artist）と呼ばれるようになった。ランティ村で住み込んだ家の主婦のマハー・スンダリー・デヴィはインド国勲章の「パドマシュリー」を受賞している。「文化の客体化」は国家による表彰という形で極点に達したといえる[20]。

インドの民衆文化を考える上で、壁画や大地画は重要な位置を占める。名称は各地で異なり、アルポナ、マンダナ、ランガヴァリ、コーラム、カラム、マンダラなどであるが、根底に「生命体の大地」という考え方がある。大地は豊饒性に富み、大地は雨によって孕み稔りをもたらす。ヒンドゥーの文脈からいえば、女性の霊力であるシャクティが満ちる。大地は擬似身体であり、寺院の新築儀礼でヴァーストゥ・プルシャという原人を大地に描くのもこの流れにある。大地に生命を感じ取り、図像や儀礼を通して浮かび上がらせ、表象を実践に組み入れる民衆の思考は、インドではカーストと地域を越えて共通する。

(3) シーメ (sime)

南インド・カルナータカ州のトゥル・ナードゥでのフィールドワークは1990年以降継続してきた。ここではブータ・アーラーダナーという神霊への祭祀の調査を行い、その担い手であるアウト・カーストとのつきあいが中心であった。いわゆるカースト・ヒンドゥーの外に位置付けられる人々で、かつては不可触民、その後はハリジャンやダリットと呼ばれ、現在は人権擁

護の立場から指定カーストとして優遇措置が与えられている。この地方では、パラワ、ナリケ、パンバダがこれにあたる。バルティラ村に入り、ウッラールティ女神という王権の守護神、ラージャン・ダイヴァの儀礼に関わった（図6）。ヒンドゥー教とジャイナ教に民間信仰が混淆する。

図6　ブータの祭り（南インド）

祭祀は、コーラ、ネーマ、メッチなどと呼ばれる。特にコーラは化粧・装飾・変身・祭祀など多義的な意味を持ち、大地に描くコーラムやカラムと同系統の言葉で、不可視のものを非日常の時空で巨大化した作り物で現出させる意味に展開する。演じ手は身体を器とする「憑入」と身体が拡張する「外化」によって憑依（nudi）し託宣（nudikattu）を得る。語られる言語は土地の言葉のトゥル語である[21]。

　アウト・カーストの人々は儀礼に先立ってパーッダナと呼ばれる神霊の由来譚を太鼓の響きに合わせて語る。その内容は神霊が辿った経路（ルート）とその源郷（ルーツ）の語りであり、歴史を延々と朗誦し次第に身体が震えて憑依状態となり神霊が顕現する。祭祀のパトロンはビードゥやグットゥと呼ばれる大きな屋敷に住む有力者で、カーストではバンスやジェインという大土地所有者である。祭祀の基盤は旧ジャイナ王権の支配単位でシーメと呼ばれる領域であり、1,000のシーメ、3,000のシーメなど戸数で勢力圏を表現した名残が今もある。シーメとは元々は宗教施設に設定される「結界」の意味であったが、ブータの祭祀の地域単位となることで過去を行為と語りで再現する「記憶の共同体」を生成する。神霊のブータは総称で、ダイヴァとも呼ばれ、各地では個別の名称しかない。ウッラールティ、パンジュルリ、コーティ・チェンナヤなどいずれも土地の神々で、悲劇の英雄神やトライブの守護神も含まれる。祭祀では旧王族や高いカーストが、神霊によって憑依された不可触民を拝む象徴的逆転が実現する。この地方で注目した重要な概念のシーメはアーディ・シャクティ、つまり原初の霊力が生成される場である。言い換えればローカルな力の凝結場で、神がかりの託宣は大地から顕現する神霊の声にほ

かならない。かつてバランティン・ダニエル[22]はタミル・ナードゥの調査で、タミル人であることとは何かと問いかけて、生活に依拠する空間の概念が重要だと示唆した。空間を表す言葉にキラーマムとウールの二種があり、前者は行政の単位、後者は祖先伝来の土地に対応し、ウールに住む体験を通して構築された人間関係が社会の基礎となり、生き方を会得する根源となるという。正確に言えば、ウールは抽象性を帯びた「空間」ではなく、具象的な「場所」として表現すべき概念である。トゥル・ナードゥでウールに対応するのはシーメで、記憶を実践を通じてよみがえらせる「場所」を基礎として人々は過去と現在を一体化し新たな共同体の再生に向かう。

　カルナータカのブータは、ケーララ北部の神霊祭祀テイヤムと連続性を持つ。テイヤムも神霊の総称で、パトロンは大きな屋敷のタラワードに住む母系制のナーヤル、イッラムに居住する父系制のブラーマンのナンブードゥリが多い。最近は経済的上昇が著しいティヤーがパトロンになることが多くなった。演じ手は不可触民のマラヤン、ワンナン、プラヤで身体を色彩豊かに彩り、巨大な作り物を身に着けて出現する。チャームンディ、ムッチロート・バガヴァティ、ポッタンなど変化に富む。カラム（図像）が身体化され、想像を絶するような状況が出現する。テイヤムでは巨大な作り物や独特のメイクが特徴である。不可触民はケーララの政治風土ゆえに共産党の支援を受けることも多く、次第に政治化する様相を帯びた。ケーララではシーメよりもカラムが強調され、インドを貫く絵の伝統と連携する。

（4）ラサ（rasa）

　南インド・ケーララ州中部ではヒンドゥー寺院に奉仕して展開した祭祀芸能、クーリヤーッタム（kūtiyāttam）の持続・変容・再生に注目した。クーリは集まる、アーッタムは舞踊の意味で、寺院の境内にある舞殿のクータンバラムで神へ奉納する。見物人は神である。身体の動き、特に顔の表情や手の印相を通して複数の役柄を演じ分け、合間にサンスクリット語のシュローカ（讃）を入れる。黙劇と讃の組み合わせである。担い手はブラーマンに準じる高いカーストの人々でアンバラウァーシィと呼ばれる。男優のカーストはチャーキャール、壺太鼓のミラーヴ演奏はナンビャール、女優とターラム

(打楽器) はナンギャールが継承してきた。10世紀に遡るとされるインドに唯一残るサンスクリット語による演劇である。カーストは芸の伝承には好適であった。かつては王族や大地主が寺院に土地を付与し、演じ手はひたすら寺院に奉祀する義務を果たした。寺院では連続して41日間の奉納をすることもあった。観客はまさしく神であり、上位カーストや王族が後方にいてわずかに観覧した。レパートリーは男女の演劇のクーリヤーッタム、男性の一人芝居でマラヤーラム語のしゃべりが入るチャーキャール・クートゥ、女性の一人芝居のナンギャール・クートゥである (図7)。しかし、インドの独立後に伝統的職能を放棄する者が続出し、8つの家系が2つとなった。その中でもイリンヤーラクダのアンマヌール・チャーキャール家は伝統を維持していた。私もクーリヤーッタムの伝統の維持のあり方を知るために、この地を何度も訪れることになった。

図7 ナンギャール・クゥートゥ (南インド)

　演劇の根幹は文学・芸術の理論『ナーティヤシャーストラ』(3世紀) に遡る。その本質はラサと言われ、日本語では情感・情趣と訳される。現在も継承されるラサが芸能を支える本質である。ラサはシュリンガーラ (恋情)、アドゥブタ (驚き)、ヴィーラ (力溢れる)、ハースヤ (滑稽)、ラウドラ (怒り)、バヤーナカ (恐怖)、カルナ (慈愛)、ビーバッサ (嫌悪) の8種に、後でシャーンタ (寂静、沈黙) が加わって総計9種、ナヴァ・ラサという。演劇の根幹はラサだが、表現は24種類のハスタ・ムドラー (手と指の印) とアビナヤ (目と顔の表情) による。特にネートラ・ムドラーという視線と瞳の動きが重要である。

　クーリヤーッタムは遺産への道を歩んできた。寺院外への初演は1948年で高位カーストの屋敷で行ったが、猛烈な批判にさらされた。その後、1956年に高等学校で記録作成を行った。しかし、土地改革や寺院の変革により経済的基盤が失われ、演じ手の多くは職業を放棄し、クーリヤーッタムの消滅

は目前に迫っていた。変化の兆しは1965年に芸術学校ケーララ・カラーマンダラムで教育を開始したことで、特定カーストの外にも開放された。そして、ナーヤル出身のゴーパール・ヴェーヌが巨匠のマードゥヴァ・チャーキヤールに師事し、研究・復興・後継者育成に乗り出して、1975年に研究所のナタナ・カイラーリを開設して復興の道が開かれた。1980年には初の海外公演が行われ、地元でのワークショップ、解説書や調査記録の出版、DVD作成により維持と再興が図られた。2001年には新作『シャクンタラー姫』が初演され創作活動も始まった。ヴェーヌは伝統文化の保存に貢献したとして2007年に「日経アジア賞」（文化部門・日本経済新聞社）を受賞している。G・ヴェーヌの努力によってクーリヤーッタムは復活したが、寺院の外での舞台公演によって変質も進んだ。功罪相半ばすると言える。ジャーティによる芸の継承は確実に行われ、壮絶な芸の技法でラサは確かに維持されてきた。しかし実態は「創られた伝統」(invention of tradition) である。師資相承から集団教育へ、口伝から文字へ、祭祀演劇から舞台芸能へ、儀礼から遺産へと変質は進んだ。ユネスコは2001年の第1回「人類の口承及び無形遺産に関する傑作の宣言」に際して、インドからはクーリヤーッタムを選定した。2003年11月にはユネスコの第32回総会で「無形文化遺産の保護に関する条約」が採択され、2006年に発効した。2008年には無形文化遺産代表一覧表に統合して登録されている。ユネスコが設定した無形文化遺産というブランド化は今後のグローバル化の中でどのように展開していくのか。ラサは不変であり続けるのかを、現地に通って問い続けている[23]。

3　異文化の理解Ⅲ——ミャオ族（1983〜）

(1) 概況

中国でのフィールドワークは社会主義政権ということもあり困難を極めた。1981年以来の劇的な変化は多くのことを考えさせた。中国は多民族国家であり、人口12億9,533万人（2000年11月統計）、56の民族から構成され、内訳は多数民族の漢族11億5,940万人と55の少数民族からなる。少数民族といっても1億643万人おり、あくまでも相対的な少数で、その中には十分

に国家を形成できる多くの人口を持つ民族も含まれている。また、中国の少数民族は人口比では8.4％だが、居住地域は63.9％で領土の6割以上を占める。中国政府にとっては領土保全と資源確保の観点から、少数民族は極めて重要で、国家の分裂を防ぐために「民族団結、民族平等」をスローガンとして民族政策を展開してきた。

ミャオ族（苗族）との交流は1983年の貴州省での出会いに遡る。人口は894万116人（2000年）、壮族、満族、回族に次ぐ人口で、貴州、湖南、雲南、重慶、広西、湖北、四川、広東、海南、浙江、江蘇、福建などに住み、最も多いのは貴州である（図8）。総称はミャオだが、自称では大別して、コー・ション（湖南）、ムー（貴州東南部）、モン（貴州西部・雲南東南部）の三つに分かれ、言語も異なる。元々は山地民で焼畑耕作による移動を繰り返してきたが、現在は政府の施策によって定住している。鮮やかな刺繍、豪華な銀飾り、華麗な蝋纈染で知られる。文字は持たないが口頭伝承で神話や歴史を伝え、男女の恋愛も掛け合い歌で行う。国境外ではベトナム、ラオス、タイに同系統の人々が居住する。

図8　ミャオの蘆笙舞（中国貴州）

最近の動きとしてはモンの世界的な拡散がある。ラオスのモンは、1975年のパテートラオの共産政権の樹立後、反共産ゲリラとして活動した経歴によって祖国から脱出し政治難民としてタイの難民キャンプに集められ、その後、アメリカ、フランス、オーストラリア、ギアナ等へ移住して、世界的な離散（ディアスポラ）が始まった。各地での苦難に満ちた定住化が展開することになった。アメリカのモンはクリント・イーストウッド監督が映画『グラン・トリノ』（2008）で描いたように都市では不適合を起こしていた。最近になって雲南省文山のモンとの交流が生まれ、新たなモンのネットワークが構成されようとしている。

(2) ノンニュウ（nongx niel）

図9 水牛の供犠（中国貴州）

貴州では黔東南のミャオと多くつきあうことになった[24]。その特徴は第一には社会の劇的な集合と拡散という生き方である。この地のミャオは13年に一度、祖先祭祀のノンニュウ（nongx niel）を行う。ノンは食べる、ニュウは鼓の意味で、木鼓や銅鼓を叩いて祖先を村に迎え入れて交流し、水牛を供犠して飽食する。毎年の旧暦10月の年越し行事のノンニャン（nongx niangx）、通称「苗年」が巨大化したものとも言える。ノンニュウは肉を飽食する稀な機会である。そして、孤立性の高い山地民が相互に交流する行事としても重要な機能を果たしてきた。婚姻は村外婚が主流なので村同士が交流する祭りは配偶者を見つけるよい機会であった。ノンニュウは1949年の解放後に弾圧され、大躍進と文化大革命で中断した。1978年の改革開放以後は徐々に復活し、丑年（1985、1997、2009）とその後の数年に各地で行われた。1985年に参加を試みたが外国人には未開放として退けられ、1997年に黔東南の雷山県烏流村で参加することができた。この折の水牛の供犠は1頭であった。1999年には黔南の小脳村に10日間住込んで参与観察を行った。水牛を50頭供犠した（図9）。小脳では2011年に再びノンニュウを行った。この時は祭祀を行うかどうかを投票で決めて否決されたにもかかわらず、どうしても12年の間に亡くなった地中の死者を弔うという人々がいて、結局は多数決を覆して祭祀を執行し、供犠された水牛は210頭に達したという。ミャオは人生を長い振幅で考える。飽食と極貧の両極を周期的に体験する長期波動によって社会を再生・再構築しつつ生きてきた。

第二は神話世界との連続性である。ミャオの村には「母の樹」（トゥマン）と呼ばれる楓香樹が集落の上部と下部、あるいは中央の蘆笙坪に聳えていることが多い。楓香樹は村人の生活を守護する樹とされるだけでなく神話と繋がっている。昔、大地に大きな樹が聳えていた。蝶々のメイパンメイリュウが樹の洞から生まれ、樹の下の水溜りで恋愛して12個の卵を生んだ。その

中から人間、水牛、龍、虎などが現れた。人間は繁栄したが天上の雷公と敵対して怒りをかい大洪水に見舞われる。事前に助言を受けていた兄と妹が瓢箪に乗って生き残る。兄と妹は様々な逡巡の末に結ばれ、多くの子どもに恵まれ、その子孫が現在のミャオなのだという。究極の祖先であった蝶々の霊魂は楓香樹に宿ったので、祖先祭祀のノンニュウでは楓香樹を刳り貫いて木鼓を作り、それを叩いて祖先の霊を呼び覚まし、人々と歌と踊りと食事で交流する。娘たちは蘆笙舞で豊饒を祈願し、祖先を再びあの世へ送る。祖先はあの世で現世と同様に田畑で作物を作って暮らしているので水牛が必要であり、供犠してあの世に送る。木鼓は山の洞窟に送り返す。この話は洪水型兄妹相姦神話で、琉球文化圏から中国南部の各地で語られている。日本のイザナギ・イザナミの神婚も実質は兄妹婚で同系列と見られる。ミャオでは神話が儀礼の中で「生きた神話」として繰り返し語られて再現され、神話が社会を再創造していく原動力となっていた。

　第三は自然と人間の親密な交流である。樹木と大地と龍、そして石、その全てに霊魂や力が宿る。ノンニュウの最後は祖先を山の中の洞窟に送り返す。洞窟は葬地とされることも多く、他界への通路でもある。洞窟はカーン（khagd）といい、兄と妹が洪水を乗り切った時に使ったとされる瓢箪のカーン（khangb）と類似する音で呼ばれる。瓢箪は中空の器物であり霊魂を宿し、子宮に喩えられる再生装置であった。祖先の霊魂は大地に宿るとされ、供物を大地の上に置いて酒を注ぐ。生命の変容・流転・生成は自然界と人間界を貫いており、生命の循環を根底に豊饒の満ち溢れる世界の実現に究極の願いを籠める。村の中に目に見えない「先祖の道」が通っていると信じられている。それは峰伝いに故郷に通じる道で、かつて住んでいたという大河の畔、あるいは海辺へと向かう。ノンニュウは死者供養であるが、いのちの再生と循環が根源の主題である。祭祀が終わると封寨といって村を閉じて、未婚の男女を村の外部に放出する。男女の自由恋愛の時であり、新しい生命や子孫の繁栄を祈願する。生命連鎖は時空を超える。死と再生の儀礼によって社会を存続させていくのである。

(3) 蘆笙（キー gix）と銅鼓（ニュウゴウ niel ghod）

図10　銅鼓を叩く（中国広西）

　文字を持たないミャオにとって、蘆笙（gix）は男性が吹奏する重要な楽器で祭具でもあった。ミャオ語ではキーという。形状は稲穂をかたどり豊饒多産の願いを籠め、共鳴部は瓢箪で子宮イメージが託される。伝説によれば、蘆笙は天上界の神が人間の楽しみのために付与したが、人々が蘆笙を吹いて遊んでばかりいて働かなくなったので、収穫期の苗年（旧10月）から正月の春節に至る数か月に吹奏を限定したという。広西では村の中央に蘆笙坪があり、柱が立っていて、正月には蘆笙が集められ、誰でも吹くことができる。柱の上にはオンドリ、中程に水牛の角をかたどる突起があり、柱の壁面には昇り龍と下り龍を描く。天と地を結ぶ柱である。この場所は大地の臍（タウトゥ）といい、大地の神や祖先を祀って蘆笙に合わせて女性が舞を奉納する。祖先を表すモウコウやマンガオという仮装の来訪神も出現する。正月には村境や祭場に蘆笙隊が移動して、相互に円陣をなして交流する。祭具・楽器であるだけでなく蘆笙は重要な社交の手段である。不可視の世界との交流をする蘆笙吹きは男性には大きな楽しみである。広西で村での数日間の滞在を終えて帰途についた時、お世話になった家の家長が蘆笙を吹いて田圃道を先導して、村が見えなくなる所まで送ってきてくれた光景を今でも鮮やかに想い起す。

　祖先祭祀には銅鼓が叩かれる。ミャオ語ではニュウゴウ（niel ghod）といい、重要な祭具である。祭場の中央に銅鼓を吊して叩き、桶をあてがって音を共鳴させて地霊や祖先を呼び覚ます。銅鼓は紀元前3～4世紀に遡る長い歴史があり、次第に富と権力の象徴になったと見られる。村境や大地の中に埋蔵するという伝承もあるが、現在では特定の家に保存する。銅鼓を生き物のように考えることも多い。オスとメスがあり、文様が異なり音も違う。閃光の文様が表面に12方向に向けて刻まれ1年間の太陽の運行を表すとされ、稲妻紋や雲形紋が描かれ、鳥人や蛙を描くなど世界観を凝結して表している。

第5章　東アジアと南アジアのはざまで（鈴木）

自然の運行の順調であることの願いは文様に籠められている。現在では、祝事と葬儀の双方に使用する。広西の南丹白褲瑶（ベイクーヤオ）の場合は、葬儀に際して30～50個の銅鼓を叩き、音によってあの世に死者の魂を送る（図10）。合わせて水牛を供犠し、稲穂の供物を捧げて、あの世での暮らしが豊かであることを願う。銅鼓は自分たちでは鋳造できないので、現金で他の集団から購入する。「外部性」を帯びた貴重さゆえに強大な力を発揮すると信じられ、父系親族集団の統合の象徴でもある。銅鼓は生命力を籠めたモノであり、無文字社会であるがゆえの想像力の豊かさを感じさせる祭具で、ミャオだけでなく近隣の民族においても大きな価値を持つ。

(4) 歌掛け（ユーファン yex fangb）

ミャオの配偶者探しの方法は「歌掛け」による恋愛でユーファン（游方 yex fangb）と呼ぶ。1983年の旧6月19日に黔東南の凱里香炉山の爬坡節（パーポーチェ）（チーピエ jit bil）を訪れた時、峯と峯で「飛歌」で自己紹介をする男女や、山腹で対歌によって集団恋愛をする男女の姿を見た時の感動は大きかった。村外婚が基本なので男女の出会いの場はさまざまに設定される。祭りのたびごとにユーファンが市場、村境、山上、丘などの野外で繰り返し行われた。婚姻形態は、一般に不落夫家といわれる妻訪い婚であり、結婚に際しては花嫁行列を作って婿の家に嫁ぐものの、すぐに実家に戻り、夫はその後は通いで妻のもとを訪れる。子供が生まれると夫方居住となって安定する。男女の関係は流動的なので、しばしば自由恋愛という誤解を受けるが、当事者にとってはよき配偶者を見つける試行錯誤の許容度が高いことに過ぎない。かつてこの地を訪れたキリスト教の宣教師は倫理感が欠如しているとして、ユーファンを禁止したが、ミャオはユーファンがなくなると結婚できなくなるといって抗議した。それほどに大切な慣習であり、社会の存続と再生産のあり方が顕著に表れている。

ユーファンは日本の国文学者にとっては日本古代の「歌垣」を想い起こさせた[25]。1980年代にはメディアが飛びついて、NHKが黔東南で取材した『恋唄が流れる秘境——中国・貴州省』（1988年11月7日）を放映し、最後に少女の歌声を流して「どこか懐かしい風景であった」と解説が加えられ、古代日

本を髣髴させる郷愁に満ちた場所としてイメージ化した。稲作が生業の主体であることは日本との共通性の根拠となり、日本人のルーツ、日本文化のふるさと、稲を伝えた民族という言説が流通する。京都大学の生物学者や人類学者が提唱した照葉樹林文化論がこれに影響を与えた。アッサム・雲南・貴州・西南日本にカシ、シイなど共通した生態系の照葉樹林帯が伸びていて、豆腐・納豆・馴れずし・茶・漆・餅・絹・高床住居・歌垣など多くの生活文化に共通性が見られるという仮説で、文化伝播に根拠を与えた。国文学者と人類学者がメディアと組んで一般の家庭にまで影響を及ぼしたのである。しかし、要素を切り取り文脈を無視する文化論は説得力に欠け、日本を中心としてアジアを見るエスノセントリズムも混入している。ユーファンはミャオにとっては社会の存続と維持のための最も合理的な方法で、生活の楽しみと融合した生き方そのものであった。

(5) 村落の観光化と民族衣装の創出、そして無形文化遺産

中国では1980年代半ばから急速に観光化が進んだ。貴州省では1986年に黔東南苗族侗族自治州が旅游局を開設して、特色ある七つの村を「民族風情旅游点」、民族観光村として設定した。観光客を村落に案内して歌と踊りと食事でもてなす。人文資源と自然資源として利用できるものを選び出し、文化観光や民族観光として商品化した。政府の貧困解消の試みで、「煙の出ない産業」として観光を推進し、内陸部と沿岸部の格差解消を目指した。黔東南では景観が美しい郎徳上寨が成功を収め、モデル村となった。中国版のエコツーリズムも展開し、1998年には黔西北の長角苗の村がノルウェーの援助で「民族文化生態博物館」に指定され、1999年の「生態観光年」には大々的な宣伝が試みられて、「生態民族旅游」が本格化した。中国旅游局は1992年以来、観光産業推進のため毎年主題設定を設定して、「○○観光年」とし積極的に観光を推し進めてきた。ミャオは「秘境観光」に相応しく、「異郷的」「原始的」の眼差しで対象化され商品化された。そこでは「民族風情」という概念が使われるが、多数民族の漢族から見て価値あるものが資源として設定されて創りだされた一方的なイメージと言説であり、中国国内での内的オリエンタリズムの表れでもある。1990年代になると、迷信活動・風俗習

慣は「民族文化」として再構築され、「資源」として活用されることになった。都市のテーマパークとして「民族村」が作られ、最初は深圳に1989年に開村し、北京や貴陽にも作られ、衣装・写真・装飾品・建築が展示され、「民族文化」が在地から都市へ移されて複製されることで「文化の客体化」が加速した。

図11　雷山県西江鎮（中国貴州）1983年

　国際機関、特にユネスコの介入は重要である。2000年6月に昆明で「服飾制作伝統技能伝承国際ワークショップ」を開催し民族衣装の保護と継承のあり方が討議された。国際的なブランド獲得への第一歩であったが、提案には西欧的な価値基準が滲み出ていた。刺繍や藍染め、銀飾りなどは、博物館で企画展示が頻繁に行われ、図録が作成され、個別の地域ごとに記録化が進んだ。それによって、「民族衣装」という概念が創出されたとも言える。しかし、負の側面もある。大麻にからむとして麻の栽培が禁止されたために儀礼、特に葬儀で果たす重要な伝統が失われつつある。麻は死者の魂が故郷への道をたどるための儀礼布であった。しかし、衣装は実用の衣類から見せるための衣類に変貌し、商品化・ファッション化の道が始まった。

　2000年以降、国家や行政の観光への介入が顕著になった。地方政府が財政援助をして祭りをイベント化しはじめた。貴州省では「西部大開発」の一環で内陸と沿岸の貧富の差の解消を目的としていた。「煙の出ない産業」は豊かな生活を実現する起爆剤とされたのである。高速道路が整備され、新幹線も建設中で、少数民族の住む山間部を縦断する。大きな変化を実体験したのは雷山県西江鎮でのことだった（図11）。1983年に外国人としては初めて当地を訪れた時は好奇心によって我々が観察される状況であった。棚田の山々を背景として山の尾根上に三角形に広がる高床式の住居を見た時の感動は忘れられない。千戸苗寨と称される。しかし、2007年の再訪時には、展望台が設けられ、川沿いに散歩道が造られ、土産物屋街が出現し、大型観光バスが次々とやってきた。その後、2008年には西江に直行する新道が開通

して、それまでの代表的な観光地、郎徳上寨の凋落が始まった。2010年に再々訪をした時には、入村料が徴収されるようになり、村の入口に立派な門が建って入口が付け替えられ、湖南省の漢族商人が土産物屋を経営していた。若い娘たちは、一日数回にわたり華麗な民族衣装を着て村の入口に現れて観光客を案内し、蘆笙舞の公演が有料で公開され、ファッションとして見せる傾向が強まった。村内にはATMも美容室もある。夜になると家々がライトアップされて、8人乗りの遊覧電気自動車が対岸の展望台と村の上部を行き来する。村はTVで宣伝を流し、HPを通じて情報を提供する。まさしくルフェーブルのいう「表象の空間」が「空間の実践」と「空間の表象」を通して現れた典型例である[26]。2010年11月にノンニュウ（漢訳は西江鼓蔵節）が行われたが、儀礼の様相は薄まって観光イベントになった。政府は「走進中国苗族文化展示中心、体験雷山苗年与秘密鼓文化」として宣伝し、「展示する」「見せる」文化になった。ここ20年から30年の短期間での驚くべき変化であり、ノンニュウもユーファンも観光化された。

　更にユネスコが2001年から始めた無形文化遺産の登録の影響が加わる[27]。中国では国内で「非物質文化遺産」の選定が始まり、国家級の項目として2005年と2008年の2回にわたって1028項目が登録された。ミャオのノンニュウも「鼓蔵節」として登録されている。今後は文化への政治的介入や文化の資源化の傾向は一層強まると予想される。グローバル化に敏感で世界言説の取込みに巧みな中国は、文化の概念を観光開発に直結させ、伝統文化を経済資源として意図的に再構築しようとしているのである。

4　異文化の理解Ⅳ——ナガ族（2003）

　短期ではあったが、強い印象を得たのはナガランドである。北東インドに位置し、アッサムの東、ビルマとの国境に人口120万9,546人（1991）のナガ族が住む。形質的にはモンゴロイドで外見は我々に近い。州都はコヒマでインパール作戦の舞台となった。ナガは総称で、実質は15のトライブからなる。インドという国民国家との戦いを継続して分離独立を求めて抗争を続けてきた。焼畑農業を営み、かつては首狩りが盛んで、人間の首の持つ霊力

への信頼があり村内に持ち込むと空気が変化すると言われた。巨石に対する信仰が篤い。特徴は平等社会と階層社会が並存していることと、若者宿が発達していることで、特に後者はイニシエーションとしての首狩りへ向けての技術習得の機能が強かった（図12）。現在は大半がキリスト教へ改宗している。巨大なツーリズムが進行中だが決して成功はしていない。この地域では段階を追っての民族集団が変化してきたのである。それは、①ナガ以前、②イギリス支配下で「未開宗教」を信じるトライブへ、③独立後に辺境州として後進性を付与、④国家への抵抗と「我々意識」の生成、⑤先住民としての国際連帯への動き、といった流れである(28)。

図12　ナガの盛装（ナガランド）

　ナガランドでの体験は改めて先住民とは何かという問題を考える契機となった。政治的に抑圧され権利を侵害されることが多かった先住民が、グローバル化や高度情報化によって世界と直結して自らの地位や立場を積極的に主張する動きが高まってきたのである。コロンブスの新大陸発見500年にあたる1992年に、国連主催で開かれた地球サミットは、先住民の土地や領土の悪化、環境問題、人権侵害、識字率の向上などの危機について、先進国に再考を促した。国連総会では1993年を「世界先住民年」と宣言し、1995-2004年を「世界の先住民の国際の10年」、2005-2015年を第二次として延長して課題に取り組んできた。日本の場合はアイヌに対して1997年にアイヌ新法を成立させて旧土人保護法を廃止し、国連の「先住民族の権利に関する国連宣言」(2007)を受けて、2008年6月6日の国会決議で先住民として認めた。しかし、インドは先住民の存在を認めていない。ナガランドの歴史と現状を通して先住民と深く関わる人類学者の使命が問われていることを痛切に感じ取った。

5 異文化の理解Ⅴ——バリ（1990～）

図13　バリ・アガの女性の盛装（バリ）

　長期にわたってつきあいを続けてきたのは、現在は国際観光地として名高いインドネシアのバリである。人口は約389万人（2010年）、イスラーム主体のインドネシアの中のヒンドゥー社会である。1908年にオランダの支配下に入ったが、1930年代から「最後の楽園」として喧伝されて観光地となり、戦後はインドネシアの国策として観光産業が推進され、1990年代以後に本格化する。ヒンドゥーの影響はあるが、アーガマ・ティールタ（聖水の宗教）と呼ばれる独自の形態をとり、オダランやウパチャラなど多様な祭祀と芸能と音の世界が繰り広げられる。私は中部のウブドの近くのプリアタン村に滞在して、王宮（プリ）に住む生活を繰り返し経験してきた。ここはバリの芸能を海外に紹介した故マンデラ翁の屋敷で、ティルタサリというガムラン演奏集団を育成した。宮廷舞踊として名高いレゴンを洗練させてきた楽団である。バリでは広く歩き儀式舞のルジャンや神がかりに感動し、芸の霊力のタクスーを体感するとともに、観光化が及ぼす影響を長期にわたって見つめてきた。

　もう一つの関わりを持った村はトゥンガナン・プグリンシンガンで、東部のカランガスムにあり、ヒンドゥー以前の慣行を残すバリ・アガの村とされる（図13）。織物としてのグリンシン（二重絣）と独自の音を出すスロンディン（鉄の打楽器）で有名である。年間で最大の祭り、ウサバ・サンバーでは、緻密な儀礼と食事づくりと贈与交換、そして独特の舞と音の世界が現出するが、基本は大地へのムタブー（metabuh）と呼ばれる供犠である。大地にトゥアック（ヤシ酒）を注ぎ、鶏・豚・水牛の血を捧げて大地の活性化を祈る。ポリネシアなどに繋がるタブー（taboo、神聖なものに関する禁忌）の文化がある。基本は巨石文化で、森・石・水など自然との交流であった。広大な農地の経済力に支えられ、祭りが仕事のような日々を支えているのは年齢階梯制

であった。観光化は確実に進んできたが、近年になって行政が介入して村そのものをプサカ（pusaka）、遺産として保存する動きが高まり、「持続可能な発展」に結びつけようとしている。小さな村を通して世界の大きな変化を見る場所としてトゥンガナンでは貴重な体験を得た[29]。

6　異文化の理解を越えて

(1)　研究主題の収斂

　走馬燈のように駆け巡ってきたフィールドワークもそろそろ「中仕切り」である。一体、何が中心となる主題であったのか。それは大きく分けて三つになる。第一は先住民への強い関心である。スリランカのウェッダー、インドの不可触民やトライブ、中国の少数民族のミャオ、そしてナガやバリ・アガ、いずれも原初・始原の想像力のあり方を極めたいという強い想いがあった。第二はローカル・アニミズムの探求である。地元のムラやマチに住み込んで、在地の人々との交流を通じて、人間と自然の多様な関係性を問い直す。できれば風景が美しい所に住む。自然との交流を通して感性を磨き、不可視のものの表現の仕方を考えてみたいと思った。人間の生き方を問うという実存的な関心が根底にあった。第三は文化という人間が作り出したものへの根源的な考察である。文化の定義は生活様式とか意味と象徴の体系などさまざまであるが、曖昧な概念である。そして、しばしば自文化についての自覚は難しい。にもかかわらず、現代世界では文化の言説は圧倒的な力を持って我々に迫ってくる。世界中で、文化の資源化や客体化、そして遺産化が急速に進んでいる。政治、経済、イデオロギー、ナショナリズムと文化が結びつき人間の運命を変えていく。文化を問うことは人間とは何かという究極の問いに直結する。

(2)　「近代」と「民族」を問う

　幾つかの民族集団との出会いを通じて考えた基本的立場は、人類史のほんのわずかな一瞬に過ぎない「近代」という巨大な現象を問い直すことであった。「民族」とは何かという問いは難問であるが、近代そのものを問い直す

ことでもある。民族を意識しながら時系列的に、前近代と近代、後期近代の諸段階を仮説的に提示してみた。

①国境意識がなく民族意識も自覚していない前近代の状態で、共通性と差異性は緩やかな場合と顕著な場合が交錯していたが、固定化せずに流動性を帯びていた。
②西欧に成立した国民国家とナショナリズムの絶大な影響が展開し、自由・平等・人権が主張され、民主主義が理想とされる。
③植民地化の過程で、特定集団への名付けと名乗りのせめぎ合いが起こり、民族の境界が焦点化される。記録・統計・地図・国境などによって相互の差異が意識化される。
④戦後の新興国独立の過程で国民国家が再編され、少数民族・トライブなどが形成される。民族構成の変容が起こり、国境と主権を基本とするナショナリズムによって翻弄される。
⑤国民国家の中の民族集団が他の民族集団との相互作用によってエスニシティを生成する。「我々意識」の再編成が起こり集団とカテゴリー、実体と観念の狭間で揺れる。
⑥エスニック・アイデンティティの探求で「伝統」が意識され資源化される。言語、宗教、儀礼、芸能、衣装、工芸、民族観光、文化観光、生態観光でグローカルを問う。
⑦冷戦の崩壊（1989）以後、「民族」と「宗教」が浮上して、イデオロギー対立が影をひそめ、従来と異なる対立が喚起された。パンドラの箱が開いたと形容される。
⑧原理主義（イスラーム革命 1979）とナショナリズム再編（中国の愛国主義、インドのヒンドゥートゥワ）が相互に関連を持って世界に広がり、暴力や対立が激化した。
⑨西欧のイスラーム・フォビア（Islam phobia）の嫌悪感情が生じる。湾岸戦争（1991）、アメリカ同時多発テロ（2001）、「イスラーム国」の台頭（2014）、移民問題などを通じてイスラーム化への脅威が高まる。
⑩高度情報化で自己の国民国家の内と外の民族集団に関する情報が流入し相互交流が起こる。自治権や人権の要求、先住民運動との連携、マイノ

リティの差別撤廃を提起した。
⑪国連やユネスコの影響が強まって政治化し、新たな表象・言説が生成され世界を翻弄し始めた。持続可能な発展、先住民、地球温暖化、生物多様性、環境問題、エコツーリズム、文化財、自然遺産、文化遺産、文化的景観などの概念が暮らしを激変させた。
⑫急速に進むIT革命で情報の拡散と秘匿が同時に進行し、カジノ資本主義や新自由主義など危うい政治経済の運動が世界を席巻する。日本も甚大な影響を被り、文化や社会のあり方を再考させ、「幸福」とは何かを問い直し、民主主義と人権のあり方が改めて問われた。

以上の段階は順番を追って展開するよりも、逆戻りしたり、段階を抜いたり、飛び越えたりなどするし、地域と時代も流動性を帯びる。それでは地域研究はどこに行ったのか。

7　地域研究と文化人類学

(1) 地域研究の始まり

地域研究とはArea Studiesの翻訳で、アメリカの学問名称として登場した。類似した概念にRegional Studiesがあるが、主に自然地理学など理系で使われ、人文系では使用されなかった。大学での地域研究の創始は1947年のイエール大学の東南アジア計画 Southeast Asia Program、1951年のコーネル大学の東南アジア計画 Southeast Asian Program に遡る。C・ギアツやB・アンダーソンなどインドネシア研究者が育成され、雑誌として『地域研究』（*Area Research*）を刊行し、東南アジア研究の先駆となった。地域研究は1950年代のアメリカの世界戦略の一端であり、共産化された中国と反米中立を唱えるインドとの中間地帯の比重が高まり、東南アジアの共産化に歯止めをかける戦略的な地域として浮上させた。冷戦下での情報収集の機能を使命として持っていた。この傾向はベトナム戦争の終結（1968）まで続く。したがって、1960年代は地域研究はネガティブな意味合いを帯びており、アメリカでは大学紛争の火種ともなった。しかし、アメリカではこの時代の地域研究は黄金期でインターディシプリナリー（学際的）な共同研究が推進された。

その後、1970年代になるとアメリカの地域研究は衰退期に入る。むしろ地域を越えたトランスナショナルな現象やエスニシティの研究、移民・移住に関心が移行した。そして、1989年のベルリンの壁崩壊と冷戦構造の終焉、ソ連の解体（1991）でこの動きは決定的になり地域研究は戦略性を喪失した。一方、日本はアメリカから輸入した地域研究を継続した。推進者の一人の石井米雄はあくまでも地域研究は手段であると考えていたが[30]、アメリカと異なる立場の日本が地域研究を推進する意味や独自性が問われることになった。

(2) 東南アジアと地域研究

 地域研究の揺籃の地は東南アジアであった。「東南アジア」の地域名称は、ウィーン大学の民族学者ハイネ・ゲルデルンが、インドと中国南部の間の広大な「混合と転移」の地域を命名したことに始まる（1923）。彼は第二次世界大戦に際してアメリカへ亡命し、この地域名を広めることになった。この地域は第二次世界大戦下においては日本の南方進出で「占領地」となり、「インドシナ」の名称で知られたが、戦後になって「東南アジア」へと範囲が拡大し、政治的な版図として確定していった。しかし、共産化を防ぐという政治的な意図で作為的に設定されたために地域としての独自性については曖昧さが残る。戦後はアメリカの世界戦略によって「東南アジア」は大規模な地域研究の対象地となり、自然・政治・経済・社会・文化・歴史の総合化がはかられた。仮にアジア全体を視野に入れて比較して、東アジアを歴史的な相互交流によって形成された「表意文字文化圏」、西アジアを「政教合致」のイスラーム社会の卓越した地域、南アジアを宗教と社会の相互連関、とくにヒンドゥーとイスラームと民主主義の結合とすれば、「東南アジアとは何か」という問いへの回答には適切な表現が見つからない。

(3) 日本での地域研究の成立と展開

 日本の地域研究は実質的にはアメリカの戦後の東南アジア研究に先立って展開していた。それは植民地研究・植民地政策学であり、日露戦争（1904-1905）以後のアジア進出に伴う情報収集の性格を帯びていた。満鉄調査部

（1907 創設）や東亜経済調査局（1909 創設）が代表的な部局であり、朝鮮や台湾の植民地化で本格化し、現地では京城帝国大學・臺北帝國大學・総督府に調査拠点が作られた。東アジア、東南アジア、オセアニアの研究へと展開し、インド研究も始まり、民族学者は 1940 年代には各地の代表的な民族誌を翻訳する作業に従事した。戦後の地域研究は、これらの植民地政策学からの脱皮が課題となった。

　戦前と戦後とを橋渡しした研究機関は東京大学東洋文化研究所である。1941 年の創設で、アジアの歴史・経済・社会を総合的に研究することが目的であったが、東南アジアの宗教民族学を専門とする宇野圓空が中核にいて、日本の南進政策の研究拠点にする計画があった。1951 年に改組され文化人類学部門と人文地理学部門が加わり、文献だけでなくフィールドワークによる地域研究を推進する基盤が整えられた。1981 年には汎アジア部門、東アジア部門、南アジア部門、西アジア部門に再編成され、2011 年に再び再編を加えて現在に至る。

　戦後の日本の地域研究の嚆矢は稲作民族文化綜合調査（1957-1958）で、日本民族学協会が主体となり、代表は慶應義塾の松本信廣が務めた。多様な分野の若手が登用され、後に日本を代表する文化人類学者（民族学者）になった岩田慶治・綾部恒雄が参加した[31]。また、この調査に先立って澁澤敬三の肝入りで組織された九学会連合（1947-1989）は、国内をフィールドとする人類学・民族学・考古学・地理学・民俗学などの学際的研究で、海外の地域研究と呼応する面があった。戦後になって新設された地域研究の拠点は、国策に関わる情報収集を目的として、現地語とフィールドワークを重視するアジア経済研究所（1958 年創設）が嚆矢であり、そこには冷戦の影が落ちていた。人文社会科学系の共同利用機関としては東京外国語大学アジア・アフリカ言語文化研究所（1964 年創設）と、京都大学東南アジア研究センター（1963 年創設、1965 年開所、2004 年東南アジア研究所に改組）がほぼ同時期に作られ、国立民族学博物館（1974 年創設、1977 年開館）、慶應義塾大学地域研究センター（1984 年創設、2003 年に東アジア研究所に改称）[32]、地域研究コンソーシアム（2004 年創設）など、いずれも時代の変遷に合わせて地域研究を発展・展開してきた。2014 年は戦後の地域研究が始まって 50 年の節目の年である。

私の展開してきたフィールドワークはこの時期と重なっており、日本の地域研究と共に歩んできたことを実感する。

(4) 地域研究の転換期——推進者の相次ぐ死去

現在、地域研究は大きな転換期にある。それは日本の地域研究を推進し、東南アジアを中心として多くのプロジェクトを遂行して成果を挙げてきた二人の学者が相次いで死去したことに象徴される。石井米雄（1929年生。2010年2月12日死去。タイ研究）と桜井由躬雄（1945年生。2012年12月17日死去。ベトナム研究）で、京都大学東南アジア研究センター（2004から研究所）を拠点として、人文科学と社会科学と自然科学を組み合わせ、特定地域をさまざまな手法で調査研究して統合し全体像に迫るプロジェクトを展開した。両者共に戦後の地域研究に関して貴重な提言を行っている[33]。初期の代表的成果は石井米雄編『タイ国—ひとつの稲作社会—』(1975)で地域研究の長所が発揮された[34]。特定の村落での定点観測も実施され、水野浩一のドンデーン村（タイ）、桜井由躬雄のバックコック村（ベトナム）は貴重な成果である。

しかし、個別の研究には課題も残った。石井米雄『上座部仏教の政治社会学』(1975)[35]に関しては、「岩田慶治さんから頂いた言葉が、心に突き刺さりました。……『あの本は身のない魚だね、骨だけだね』と言われ、本当に胸にグサっと突き刺さりました。分析した結果、バラバラになってしまった。大変反省している」と石井自らが述べている[36]。岩田慶治は「組織や制度では宗教は理解できない」と私に述べたことがある。部分の集積は全体にならないという分析の限界は確かにある。タイとスリランカで研究を行ったタンバイア（S・J・Tambiah、1929年生。2014年1月19日死去）は村落の全体像を描き、地域や国家に接合しようとしたが道半ばであった。桜井由躬雄は「地域にほれる」ことから、全体像を描く方法を模索して多様な試みを提示した。情報化時代となり、大衆消費、デジタル化が進む中で、地域そのものが融解してつかみにくくなり、トランスナショナリズムやグローバリゼーションが常態化した。地域研究は大きな転換期を迎えている。

おわりに——地域研究の行方

(1) 岩田慶治の方法

　岩田慶治は「自分自身にとっては、人類学のフィールドワークと『正法眼蔵』の探究とは、やはり、別のことではなかった。私にとっては、異民族と異文化のなかで経験をつみ、それらについて調べることが、もう一冊の『正法眼蔵』を読むことであった。フィールドワークがそのままで私の座禅であった。……私はフィールドワークにしたがいながら、異国の山河大地、草木虫魚が、そして人間生活の諸相が語りかけてくる問題を、自分で納得のいくように解こうとしただけである」[37]。独自のフィールドワークを展開しえた背景には戦争体験がある。軍隊に入っても『正法眼蔵』を詩集のように愛読して、身近にあった無数の死を克服しようとした。ある日、海岸で透き通ったクラゲを見てこんな単純な身体にも生命が宿ることに感動したという。迫りくる死の体験との緊張感ある対峙こそ、戦後の東南アジアでの無数のいのちとの出会いを大切にした岩田慶治の原点であった。戦後、京都大学に通いながら、天龍寺や林丘寺に下宿し、お茶の稽古に嵯峨野の厭離庵に通ったという。本格的には禅の世界には踏み込まなかったが、山田無門との対話は血となり肉となり、禅を体験的に会得した。究極は自己を知ることだが、それは果てなき彷徨を通じて次第に見えてくる。他者理解という遠回りの道をたどっての自己理解という人類学の使命は、究極の他者と身近な他者との終わりなき対話の旅へと導く。岩田流のフィールドワークの極意は「飛び込む」「近づく」「もっと近づく」「共に自由になる」の四段階を経るという。しかし、最後は自己に帰る。フィールドワークによる記憶の中の過去と現在の対話、そして風景との対話、原風景へのこだわりは自己省察の原点であった。岩田慶治の方法は、地域研究を手段とし、それを反転させて自己の探求に向かったと言える。しかし、個人的経験を更に広大な社会的経験として位置付け直すという課題は残った。

(2) 私の地域研究

　地域研究は何を目指すのか。何のために地域研究をするのか。地域をど

図14 北インドの村にて

図15 バリの村にて

ように規定するのか。学際的手法（自然科学・社会科学・人文科学）の統合は可能か。そもそも「地域」とは何か。恣意的に切り取られたものではないか。しかし、地域研究や地域性（locality）にこだわることで見えてくる何かはある。私自身の地域研究の基本は「地域に寄り添って生きる」ことである。常に好奇心を持って地域を広く歩き、多くの人々との対話を通じて問題意識を研ぎ澄まさなければならない。対象とする地域に応じて方法と主題を変える。許容度を高め、パイオニアワークに挑む。特定の村なり町なりに住み込み往復運動で長くつきあう。よそ者と地元の視点が相互に交換できる場に立つことが理想である。

　方法の基本は土地の人々の思考の核心となる言葉や概念の意味や背景を解き明かすことである。現地の言葉を知る、現地の言葉を翻訳する。完全に言語を習得できなくても、文脈に添って使われる言葉を確定し、行動を細かく観察し言葉と照合する。そうすれば地域や人間を理解する突破口は得られる。ただし、言葉の理解の制約は常にあるので、相手に応じて物の見方のレンズを変え、徐々に「無限の多様性を持った事実」を概念化していく。地元との往復運動と相互変容で総合的な理解への道が開けるのではないか。

　地域研究にとって最も重要なことは人間との出会いの場を大切にすることである（図14、図15）。インフォーマントと呼ばれる一方的な情報提供者に終わらせない。現地で世話になる人々の親切さにほれ込む。地域に赴くよりも人間に会いに行くことが重要性を帯び、その過程で人生の究極の師と出会うこともある。師匠は学問上の師よりも無数の土地の人々である。「一期一会」の出会いで、学問よりももっと大切な人生の生き方を探求したいと願う。

フィールドワークは、ジュリアン・デュヴィヴィエ監督の映画『舞踏会の手帖』（Un carnet de bal, 1937）のように、初めての舞踏会の手帖を頼りに昔の踊り相手を訪ねて回る姿に似ている。いつも感動の出会いがあるとは限らない。ほろ苦い失敗もあり、失望と絶望にさいなまれることもある。全ては人との出会いに尽きる。地域研究から人間の理解へ、そして個人から再び地域研究に回帰する道筋も残しておかねばならない。

　地域研究の面白さは全体を一挙に把握する地平に立つことである。要素よりも総合、分節よりも全体へと向かう。デカルト以来の心身二元論を無化して体験知や直観に浸る。柳宗悦の「見テナ知リソ。知リテナ見ソ」（心偈）という言葉は座右の銘である。岩田慶治は「道はこちらからつけるのではなくて、向こうからついてくる」といった。本居宣長がいう「さかしら心」や「道といふことの論ひ」（直毘霊）は次第に消えていく。多元的にものを見る。最小限でも人類の生き方を「近眼鏡」と「遠眼鏡」の併用で見通す。その探求の根源にある目に見えないものとの交流が私の究極の研究主題であった。

　自然の中にいのちの顕れを読む。それを「ローカル・アニミズム」と呼ぶことにした。地域ごとに個性豊かに万華鏡のように展開するアニミズムこそ人間の普遍的想像力の顕示の場であり、人類の思考の基底にあるものと通じる。「人間の霊魂もやがては自然に帰入する。山川草木全て物言う『いのちの循環』の中に、人間の霊魂も組み込まれていくのかもしれない。かくして、人間も自然の一部であることを自覚し、いのちを共感しあう世界が回復する。遠山霜月祭の中にはこうした普遍的な民俗知が隠されているのではないだろうか。」[38]。これは信州の祭りへのオマージュとして書き留めた言葉である。

　「ローカル・アニミズム」では山川草木全てモノ言う世界、呼べば応える世界が広がり、「いのちの哲学」「存在の哲学」が問われる。西欧由来の一元的な自然概念は解体され、大地と身体と生命と宇宙が連関する世界が開示されて、自然へ回帰し、出会いと驚きを通じて不可視の力に出会う。日本のカミ、タイのピー、ビルマのナッ、スリランカのヤカー、南インドのブータ、ミャオのリャン、バリのサンヒャンなど、不可視の精霊たちや無限の力との刺激に満ちた遭遇がそこにある。私にとっての地域研究は、言語以前、宗教以前、カミ以前の世界との出会い、眼が覚めるような体験を求め歩く旅で

あった。ヒトとモノとカミが出会い、根源的な何かが顕現する場を求めて今も歩き続けている。

[注]
(1) クリフォード・ギアーツ「厚い記述」『文化の解釈学［Ⅰ］』(吉田禎吾他訳) 岩波書店、1987 年 (Clifford Geertz, *The Interpretation of Cultures*, New York: Basic Books, 1973)。
(2) 1979 年に民族学考古学専攻が独立した。日本史からは江坂輝弥、清水潤三、鈴木公雄、東洋史からは近森正、西洋史からは小川英雄、民族学は中村孚美が加わった。
(3) 宮本延人も講義を受け、移川の台北帝国大学への転出後は、台湾に渡り、馬淵東一と共に原住民調査に従事した。戦後の民族学へと展開する大きな流れである。
(4) 松本信廣は戦前から日本・東南アジア・ポリネシアの比較に乗り出した。戦後は三田の考古学、民族学、歴史学、農村社会学を結集して九十九里地方の総合調査を組織した。その後、日本との基層文化の共通性を海外に求めて、メコン河流域の稲作民族文化綜合調査を実施した。九十九里の記録は英文のままであったが、日本語版として再編集されて、『九十九里調査』(慶應義塾大学大学院社会学研究科紀要別冊、2013 年) として刊行された。
(5) 岩田慶治『岩田慶治著作集』全 8 巻、講談社、1995 年。岩田慶治との出会いについては、鈴木正崇「シルクロードから学んだもの—私の研究小史—」篠田知和基編『神話・象徴・儀礼』楽瑯書院 (千葉)、2014 年、245-316 頁、方法論の検討については、「アニミズムの地平—岩田慶治の方法を越えて—」『森羅万象のささやき—民俗宗教研究の諸相—』風響社、2015 年を参照されたい。
(6) 東京工業大学文化人類学研究室の教授は初代は川喜田二郎、二代目は岩田慶治、その後、短期間は我妻洋が担当したが、飯島茂が後を引き継いだ。我妻のほかは京都大学の出身で、学統は今西錦司にたどりつく。川喜田と飯島はネパール王国の西北部のトルボのチベット人調査を行った。山好きの私にとっては来るべき場所に来たという感じがした。
(7) 石井米雄『道は、ひらける—タイ研究の 50 年—』めこん、2003 年。
(8) 特定の年齢層の女性を神女にする儀礼で、これ以後は行われていない。
(9) 鈴木正崇「伝承を持続させるものとは何か—比婆荒神神楽の場合—」『国立歴史民俗博物館研究報告』第 186 集、2014 年、1-29 頁。
(10) クリフォード・ギアーツ「『住民の視点から』—人類学的理解の性質について—」『ローカル・ノレッジ—解釈人類学論集—』(小泉潤二他訳) 岩波書店、1991 年 (Clifford Geertz, *Local Kowledge: Further Essays in Interpretative Anthropology*, New York: Basic Books, 1983)。
(11) 和崎洋一『スワヒリの世界にて』日本放送出版協会、1977 年。
(12) 片倉もとこ『ゆとろぎ—イスラームのゆたかな時間—』岩波書店、2008 年。

(13) 柳田國男は「観察と経験」を重視して、言葉を手がかりに根底にある経験に迫ろうとした。言葉のひだをかき分けて「内的感覚」に迫り、言葉以前の言葉、あるいは原体験に遡行する。「心意伝承」や「固有信仰」はその表現のあり方である。こうした探求手法は国学者の本居宣長を受け継いだように思われる。
(14) 一般向けには『地球の歩き方 スリランカ』（1990 初版、ダイヤモンド・ビック社）の概説をいくつか書いている。
(15) 鈴木正崇『スリランカの宗教と社会—文化人類学的考察—』春秋社、1996 年。
(16) 鈴木正崇「ウェッダー—スリランカの先住民の実態と伝承—」金基淑編『南アジア』［講座 世界の先住民族 ファーストピープルズの現在 第 3 巻］明石書店、192-212 頁。
(17) 鈴木正崇「スリランカのラーマーヤナ—歴史・儀礼・伝承を中心として—」金子量重・坂田貞二・鈴木正崇編『ラーマーヤナの宇宙—伝承と民族造形—』春秋社、1998 年、221-244 頁。
(18) Obeyesekere, *The Cult of the Goddess Pattini*, Chicago: University Press, 1984、p. 41.
(19) 驚くべきことに、外務省のホームページは、民族を「インド・アーリヤ族、ドラビダ族、モンゴロイド族等」としており、語族と人種を混同する大きな間違いを犯している。官僚がいかに民族の実態に疎いかを表しているようだ。http://www.mofa.go.jp/mofaj/area/india/data.html#section1 最終アクセス 2014/8/6。
(20) 鈴木正崇「儀礼から絵画へ、そしてナショナリズムへ—インド民衆世界の変容—」『SCIENCE of HUMANITY BENSEI 人文学と情報処理』38 号、勉誠出版、2001 年、72-76 頁。
(21) 鈴木正崇「南インドの村落における儀礼と王権—カルナータカ州南部のブータの事例から—」『人間と社会の探求 慶應義塾大学大学院社会学研究科紀要』第 75 号、2013 年、149-185 頁。
(22) Valentine, E. Daniel, *Fluid Signs: being a person the Tamil way*, Berkeley: University of California Press, 1984.
(23) 鈴木正崇「南インド・ケーララ州の祭祀演劇—クーリヤーッタム—」野本寛一・赤坂憲雄編『暮らしの伝承知を探る（フィールド科学の入口）』玉川大学出版部、2013 年、204-217 頁。
(24) 鈴木正崇『ミャオ族の歴史と文化の動態—中国南部山地民の想像力の変容—』風響社、2012 年。
(25) 日本古代の『風土記』や『万葉集』に山や水辺や市で行われた歌垣の記録がある。『常陸国風土記』に記されている筑波山のカガヒ（嬥歌）は歌垣の東国方言と推定されている。
(26) アンリ・ルフェーブル『空間の生産』（斎藤日出治訳）青木書店、2000 年（Henri Lefebre, *Production de l'espace*, Paris: Éditions Anthropos, 1974）。

ルフェーブルは「空間の実践」（知覚された空間）、「空間の表象」（思考された空間）、「表象の空間」（生きられた空間）に分けて相互に織りなす動態に関心を向け

た。西江でも「表象の空間」を主体にして空間の再構築が行われた。

(27) ユネスコは2001年の「人類の口承及び無形遺産に関する傑作の宣言」として昆曲を選んだ。2003年は古琴芸術、2005年にモンゴル族長調民歌（オルティンドー）とウイグル族の音楽（ムカム）が加わった。無形文化遺産保護条約が2003年10月のユネスコ総会において採択され、2006年4月に発効し、2008年以降は「傑作」で選択された無形文化遺産も「代表一覧表」に記載されている。国務院は国内での非物質文化遺産の登録を進め、2005年と2008年の二度にわたって選定を行い、国家級の選定項目は総計1028件に達している。

(28) 鈴木正崇「首狩りからツーリズムへ―ナガランドの現在―」『インド考古研究』25号、インド考古研究会、2004年、41-70頁。

(29) バリで継続してつきあいが続いたのは現地の協力者のお蔭であったが、2014年に相次いで亡くなった。トゥンガナンのマンク・ウィディア（2014年1月2日死去）、プリアタンのアナック・アグン・グデ・カレラン（2014年7月4日死去）である。

(30) 石井米雄「地域研究の40年」『上智大学アジア文化研究所創立15周年記念講演会記録　シリーズ2』上智大学アジア文化研究所、1999年。

(31) 二人とも日本民族学会会長を務め、岩田慶治は第8期（1978-1979年度）、綾部恒雄は第9期（1980-1981年度）であった。

(32) 地域研究センター時代における地域研究の総括としては、鈴木正崇「回想の中の地域」『CASニューズレター』100号、慶應義塾大学地域研究センター、2000年、20-21頁を参照されたい。

(33) 石井米雄『道は、ひらける―タイ研究の50年―』めこん、2003年。桜井由躬雄『一つの太陽―オールウェイズ―』めこん、2013年。

(34) 石井米雄編『タイ国―ひとつの稲作社会―』創文社、1975年。

(35) 石井米雄『上座部仏教の政治社会学―国教の構造―』創文社、1975年。

(36) 石井米雄、前掲「地域研究の40年」。

(37) 岩田慶治『道元の見た宇宙』青土社、1985年（『道元との対話』講談社学術文庫、2000年）。

(38) 鈴木正崇「湯立神楽の意味と機能―遠山霜月祭の考察―」『国立歴史民俗博物館研究報告』第174集、2012年、247-269頁。

第6章

地域研究としての中国政治研究
──歴史・現状・課題

国分良成
（防衛大学校長）

はじめに

　慶應義塾に30年間奉職をしたあと、2012年4月から政府の命により防衛大学校長に就任し、ちょうど2年目を終えたところである。環境は異なるが、地域研究センターや東アジア研究所をはじめ慶應義塾での経験が大きく役に立っている。防大の歴史は慶應義塾と縁が深い。防大創設当時の吉田茂総理は初代の防衛大学校長として小泉信三元慶應義塾長に就任を打診したが、本人がお断りになり、代わりに先生が最も信頼していた槇智雄元慶應義塾大学法学部教授を推挙された経緯がある。槇学校長は防大の草創期の基礎をすべて作られた功労者で、現在でも槇イズムが防大の精神的支柱として語られることが多い。その後、1990年代には地域研究センターの設立に学校側からご尽力くださった松本三郎慶應義塾常任理事兼法学部教授が第6代学校長に就任され、防大の社会的地位の向上などに大きな貢献をされた。

　周知のように、地域研究センターは、慶應義塾125周年を記念する形で当時の塾長であった石川忠雄先生の決断によって1984年に設立された。松本三郎先生は当時の学事担当常任理事で、実際の設立の過程でそれを推進してくださった。センターの初代所長は小田英郎法学部教授で、その後山田辰雄

法学部教授によって引き継がれた。第3代所長は小此木政夫法学部教授、そしてそのあとを私が引き継ぎ、その後、添谷芳秀法学部教授、高橋伸夫法学部教授とバトンが受け継がれてきている。

設立20年にあたる2003年、私は地域研究センターという名称を東アジア研究所に変更させていただいた。それ以来今年で10年が経過した。センターと研究所の歴史の中で長く副所長を務められたのが、鈴木正崇文学部教授で、また和気洋子商学部教授にも長く副所長をお務めいただいた。草創期に関して忘れてならないのは可児弘明文学部教授で、長年副所長として地域研究センターの発展に尽くされた。

このように、学内の教員による貢献や活躍というのはもちろんあるが、同時にセンターや研究所をさまざまな面から支えてくださった方々も忘れることができない。まずは研究プロジェクトの資金を一貫していただいていたのが高橋産業経済研究財団であり、株式会社ミネビアを母体にした財団で、当初から30年間にわたって現在に至るまでご支援をいただいている。同財団なしに今日の研究所はありえない。

また、事務方のスタッフは地域研究センター以来1人であったが、東アジア研究センターの中に現代中国研究センターを設置した際に、外部資金を使って2人体制となった。センターの初代事務担当は小嶋美代子さんで、彼女が小此木所長の時代に至るまでセンターの基礎づくりにともに尽力された。第2代の事務担当は海老原成子さんで、小此木所長と私の前半の所長時代を助けていただいた。

本日の講演は慶應大阪シティキャンパスでも同時中継されているが、そこで事務を取り仕切っておられる小崎由紀子さんが、東アジア研究所を設立する過程で事務方を1人で支えてくださった。その後、添谷所長の時代に現在の小沢あけみさんが事務局責任者として着任され、現在に至っている。このように、多くの方々の支えによってセンターと研究所はここまでに発展したことを忘れてはならない。

さて、今日の話はそのような回顧が目的ではなく、日本の地域研究がどのようにしてこれまで形成され、今日の姿に至っているのか、その中で特に中国政治研究というものがいかに進化し、そこにどのような問題を抱えてきた

第6章　地域研究としての中国政治研究（国分）

のか。そして、その中で慶應義塾の中国政治研究がいかなる歩みを遂げてきたのかということに触れつつ、最後に日本の中国政治研究における課題を指摘してみたい。

1　地域研究——アメリカから日本へ

(1) 地域研究の起源と定義

　地域研究とは何か。その答えはそれを語る人によってそれぞれ異なる。大枠としての最大公約数はあるが、それぞれの研究者にそれぞれの思いがある。また、その依って立つ学問領域、つまり文化人類学なのか社会学なのか経済学なのか政治学なのか、それによっても異なる。したがって定義も多様である。

　もともと Area Studies は、第二次世界大戦中にアメリカで誕生したものであり、その後定義に関してはさまざまな議論があった。私もこれまでこの点についていくつか論文を書いたことがあるが、最大の問題は、結局のところこれは「学問」なのかということである。経済学や政治学あるいは社会学というように、一般には「学」がつくが、地域研究も地域研究「学」とするのが適切なのであろうか。しかし、地域研究についてはこれまで学問としての discipline ではなく、一つの方法論に止まっているのではないのかとしばしば指摘されてきた。

　過去の多くの議論を集約すると、地域研究とは「世界各地の地域を切り取ってその個性を解明すること」といった定義になる。その場合、世界のある部分を切り取るというのは何によって切り取るのであろうか。国によって切り取るのか、地域によって切り取るのか、あるいは文化によって切り取るのか、宗教で切り取るのか、等々。これもそれぞれの地域研究者の問題意識によって異なる。一般には、切り取った世界のさまざまな部分の個性というものを解明していくのが地域研究であると理解されている。このように、地域研究は基本的に個性の解明という点に主眼が置かれるが、ではその場合、どの学問的アプローチを使うことになるのか。私の場合は政治学ということになるが、それがまたそれぞれの研究者によって異なることになる。

　さて、地域研究の構成要素とは何かといえば、必ずその初めに現地の語学を習得すべきだということになる。そしてそれを踏まえてできるだけフィールドワーク（現地調査）を行うべきだということになる。文化人類学などではフィールドワークが最低限の条件だが、我々のような政治学であるとフィールドワークはなかなか難しい。したがって、政治学ではインタビュー調査が多いが、それも中国のような政治体制であると限界がある。

　地域研究で次に強調されるのは共同研究である。さまざまな学問分野との学際的な対話がなければ、地域の個性を真に解明することはできないからである。しかし大学は縦割り傾向が強く、私も慶應義塾に30年教員として在籍したが、他の学部の先生を知らないことも多い。法学部一つにしても約5,000人の学生がいて、専任教員も約120人にのぼる。一つの学部でそうだとしたら、他学部のことはもっとわかりにくい。これが地域研究の一つの誕生要因である。そうした縦割りの壁を取っ払っていこうということである。要するに、地域研究は学際的であり、総合的でなければならないということになる。

　しかし、地域研究には必ずその性格ゆえに一つの問題がつきまとう。地域研究が地域の個性を解明するのはよいが、それを全体として理論的にどのように位置づけるのか、あるいは大きな歴史のなかでそれをどのように位置づけるのかという作業が抜け落ちてしまう可能性がある。つまり、もし政治学者として地域研究を行っているのであれば、地域の個性を政治学という学問に引き寄せて考えなければならないが、この部分が非常に難しい。ここから、いわゆる学問（discipline）と地域研究はいつもライバルの関係にあるといわれることになる。ここをどのように融合して、大きく理論化していくのかという点が絶えず地域研究者に問われている。こうした問題については、私自身も学部生のときから授業などで何度も聞いてきた話であり、依然として現在でも同じような議論が続いている。

国際関係論と地域研究の間にも同じような問題がある。ある意味で、もとよりこの両者は方向性が異なる。地域研究であれば、フィールドワークなどによって現場の中に積極的に入っていく。となると、全体の国際システムや関係性のなかで捉えようとする国際関係論とは指向的には折り合いがつきにくい。ところが日本では国際関係論と地域研究の関係が比較的に密である。なぜそうなったのかについては、アメリカと日本の場合とでは歴史的に異なる。アメリカでは国際関係論の中に地域研究が入っていないのが普通であるが、日本ではそうならなかった。以下では、アメリカの地域研究の歴史をたどることで、そのことを確認してみよう。

(2) アメリカにおける地域研究の特徴とその変遷

　繰り返しになるが、地域研究はアメリカで第二次世界大戦中に誕生した。いわゆる Area Studies や Regional Studies がそれである。そのときの中心は、特にドイツと日本の研究であった。つまり、当時のアメリカの敵にどう打ち勝つべきかというきわめて現実的な要請に基づいていた。総力戦の中で、まさに敵の言語と文化を知れということであった。そのために文化人類学者などに集まってもらい、まさに敵国の状況を理解することになった。これが地域研究の起源である。日本研究を始めるときに、ルース・ベネディクトの『菊と刀』がよく必読文献として出されるが、この本こそそのときの成果であった。

　戦時目的あるいは戦争目的という部分は確かにあった。戦後になると、地域研究の関心はソ連や中国に移っていった。それは冷戦状況の中で、アメリカの現実の関心が急激に動いたからであった。つまり冷戦体制の中で、アメリカの政策的関心に基づき、どう対応するかを考えたときに、仮想敵の相手を知るということでソ連研究に相当な資金が注がれていった。そして、1949年に中華人民共和国が誕生すると、今度は中国研究に資金が流れていった。その後、1960年代のベトナム戦争の時期になると、東南アジア研究に大量の資金と関心が流れていった。このような意味で、アメリカの地域研究はきわめて政策性が強く、政治性が強いという傾向をその出自から持っていたといえる。

アメリカの場合は資金が政府から財団に流れることが多いが、そのころ流れていた経費は今ではもうありえないほどの巨大な額である。アメリカの地域研究には、1950年代から60年代にかけて莫大な資金が注がれたが、それ以後は削減傾向となり、今日に至るも削減され続けている。しかし、アメリカの地域研究は単に政治や政策に応じてのみ盛んになったわけではなく、資金や人材が学界や大学に流れると、今度は学問としてこれをどう確立するかという学術界の側における対応の問題にもなっていった。

そうした出自もあってか、アメリカの地域研究では特に政治学や歴史学や文化人類学などの学問分野に比重が置かれた。もともとの地域研究の起こりを振り返ると、それはそうした各学問分野のデータを提供するためのものであった。つまり、地域の個性を解明し、それを各学問（discipline）の世界に還元していくという、いわば資料提供という補助的な役割が大きかったのが最初の段階である。したがって、地域研究は材料提供者としての地位からスタートしたために、もともとある種の上下関係がそこに存在していたことも事実である。

政治学の場合、各地域の分析の中で得られた知見を次にどのように理論化するかが重要になるため、地域研究は比較政治学の世界で活用されることになった。そのときの関心の中心は、いうまでもなく発展途上国であった。つまり、アジア、アフリカ、ラテンアメリカなどで新興の独立国が誕生したときに、政策担当者であれ研究者であれ、アメリカではそうした国々がどこに向かうのかという点に関心も向いていった。当時の冷戦状況下で、新興国を共産主義に向かわせないためにはどうしたらよいのかといった政治的な問題意識がその背後にあった。

たとえばその典型として、W・W・ロストウ（Walt Whitman Rostow）の『経済成長の諸段階』という有名な著書がある。ロストウの議論は、アメリカ型社会にどのようにして発展途上国を引き上げていくかというプロセスを段階的に説明したものである。その意味で、当時の地域研究は一種の発展プログラムをどう作るかという現実の政策的含意を持っていた。これは冷戦体制の中ではいわば自然の流れであった。

こうした思考方法に関しては、その後になって相当に激しい批判が登場し

た。それがいわゆる近代化論（Modernization Theory）批判である。一言でいえば、それは Eurocentrism、つまり西欧中心主義であるということであった。それが出てきた背景にはベトナム戦争があり、なぜアメリカの若者たちがベトナムで死なねばならないのかという素朴な疑問がそこにあった。ベトナムとはどこに存在してどういう状況なのか、そもそもベトナム研究すらないのではないか、と。ここから従来の地域研究のあり方に対する強烈な批判が現れた。それが近代化論批判であった。それはつまり、世界のすべての新興諸国がアメリカ型社会のような方向に向かっていくという予定調和的な発展段階を前提にしていた。ベトナム反戦運動の中から、それぞれの地域にはそれぞれの発展があるのではないかというような議論が台頭した。こうした批判は 1970 年代後半まで続いていた。

　ベトナム戦争が終わるとアメリカは疲弊していた。そして外部世界に対する関心を急速に失い、国内では 1980 年代にかけて深刻な経済停滞と失業に悩み始めた。ちょうどその頃私自身もアメリカに留学中で、ベトナム戦争に対する当時の雰囲気をよく記憶している。ベトナム戦争について、誰も何も語りたくないという雰囲気があり、若者は何も知らないという状況であった。1984 年、私が留学していたミシガン大学で初めて「ベトナム戦争」という講義が始まったが、教室は学生であふれかえっていた。それは大人が語りたがらないベトナム戦争について、心のどこかに好奇心を抱いていた当時の若者世代の思いを象徴していた。

　ベトナム戦争後の 1980 年代、アメリカは経済停滞に悩んだが、そこから少しずつ回復傾向を見せ始めていった。しかしながら、地域研究に対する関心はこの頃から低下し、なおかつ近代化論批判も小さくなっていった。また、地域研究に対する各種の研究経費も減少していった。その傾向は 90 年代に入りグローバル化が進み、経済の回復とともにいわゆるアメリカ一極集中の時代が進むにつれて明確になっていった。この時代、フランシス・フクヤマ（Francis Fukuyama）の『歴史の終わり』という議論があったが、まさにそうしたグローバル化の流れの中で、世界は一つに収斂していくとの観点から、アメリカにおいては個別の地域を研究する必要がなくなったのではないかといった風潮が強くなったのであった。

その結果、地域研究者が大学等の研究職に就職できないという状況が1990年代に出現した。つまり、理論ができないと就職ができないということになり、特に経済学などでは、中国経済の先端を走っていた優秀な学者が大学に残れない等の話題が大きく取り上げられた。それは政治学やその他の学問分野でも同様の傾向が見られた。たしかに2000年代に入ると、9・11同時多発テロやイラク戦争、それに中国の台頭などもあり、一定の研究資金が中東研究や中国研究にも流れているものの、かつての50年代、60年代の輝きに戻ることはもはやないように思われる。アメリカの地域研究には、歴史を振り返っても、そうした現実的・政策的な時代状況との関係性がいつも付随していることを忘れてはならない。

(3) 日本における地域研究の歩み

アメリカの地域研究の系譜と日本における地域研究のそれとはかなり異なる。戦後日本の地域研究はアメリカから導入されたが、戦前にもそれに類したものはあった。たとえば、戦前の上海にあった東亜同文書院こそ世界の地域研究のモデルだと論じたアメリカの研究者もいる。語学習得、フィールドワーク、学際的研究、地域研究を特徴づけるこれらの要素がそこにはあったというのである。満鉄調査部もそうした研究機関として認知できるかもしれない。

実は、戦前の慶應にもそうした地域研究に似た研究機関が存在した。亜細亜研究所がそれであり、太平洋戦争の末期に数年間活動していたといわれる。また同時期の1941年、東京帝国大学に東洋文化研究所が設立されたが、そのときの設立の趣意書には「大東亜共栄圏」の設立のためと記されていた。歴史は時代の反映であり、そこから逃れることはできない。もちろん慶應の亜細亜研究所にもそういう側面があった。前述の東亜同文書院にせよ、満鉄調査部にせよ、いうまでもなく当時の日本の政策的方向性と合致しており、アメリカにおける地域研究の起こりと類似したところがある。この時代にはまだ地域研究（Area Studies）という概念は存在していなかったが、このように歴史を辿ると、日本においても地域研究は以前から実質的に存在していたといえよう。

第6章 地域研究としての中国政治研究（国分）

　とはいえ、地域研究は戦後日本にアメリカから入ってきたというのが一般的理解である。たとえば慶應義塾の場合は、1950年代末に、アメリカ留学から帰国した石川忠雄先生がArea Studiesの隆盛を見て、地域圏研究（現在は地域研究）という講座を政治学科に導入した。これが現在まで政治学科のコア科目として存続している。慶應以外でも、たとえば東大のアメリカ研究も同様であり、やはりアメリカ留学から帰国した若手研究者たちがそこに研究センターや研究所、あるいは講座を設置した。

　その後、1958年にはアジア経済研究所、59年には日本国際問題研究所が通産省や外務省の管轄のもとに設置された。大学でいえば、1963年に設立された京都大学の東南アジア研究センターが重要である。これらの機関の当時の設立趣意書を見ると、興味深い共通点がある。それは、いずれも実際の政治との距離をいかに保つかという非政治的性格を基本方針のなかに盛り込もうとする傾向である。おそらくそれは、戦前の日本の学問に対して否定の意志を明確にするためであったと思われる。つまり、戦前の学問が戦争目的に使われたとの判断がそこにあり、それから戦後がいかに決別したかを明確にしようとする傾向が強かった。戦後アメリカから地域研究が入ってきたときに、政治性を排除した形の地域研究を日本に根づかせようとする暗黙のコンセンサスが研究者の間に見られたのである。

　日本の地域研究における傾向性はともかくも、地域研究そのものは日本の知的風土に溶け込んでいった。慶應義塾では、1950年代末に石川先生を中心に地域研究が導入され、その後60～70年代になると、地域研究グループで共同研究の成果を出版したこともある。新興国における軍部の役割やアメリカの対外政策に関する研究などがそれである。そのような発展の中で、70年代以降は日本の急激な台頭があり、世界が日本研究そのものに非常に関心を持ちはじめた。その意味で、この時代は世界の地域研究の中心の一つが日本研究になったともいえる。そのようなことを背景に、日本において地域研究それ自体が大きく伸びたのが80年代であり、その大きな理由は日本の「国際化」であった。

　日本の「国際化」、この言葉が頻繁に使われるようになったのは1980年代で、この時期、国内でのコスト上昇と円高ドル安傾向の中で日本企業も一挙

に海外に進出していった。ハーバード大学のエズラ・ヴォーゲル（Ezra F. Vogel）教授の *Japan as Number One* が出版されたのが1979年、日本の奇跡がなぜ起こったのかが世界の関心となった。1980年代は、アメリカにしても中国にしても、世界のどこでも多くの優秀な人材が日本研究に飛び込む時代となった。

こうした国際化の波の中で日本の国際的存在感が高まった結果、日本においても世界にいかに向き合うべきかが大きなテーマとなり、そのことで国際関係論や地域研究の必要性が語られるようになった。慶應に東アジア研究所の前身である地域研究センターができたのが1984年、時代状況としてはそうした諸条件を反映していたといえる。ここにおいて、国際関係論と地域研究がいわば同義のような形で定着していったが、これは後述するように、アメリカの場合とはやや異なる部分であった。

以上のように、戦後日本の地域研究は、戦前のそれと一線を画すために政治と一定の距離を保とうとする傾向が強かった。これが一つの特徴であり、アメリカの場合と異なる点であったといえる。もちろん、その後の経緯を見ると、日本の地域研究の発展も政治的あるいは政策的な傾向と歩調を合わせていた面を否定できないが、少なくとも研究者の側ではそれらと一定の距離を保とうとする傾向が強かった。中立性を担保するというのは、つまりできるかぎり実証分析に専念するということでもあった。その点で、日本の地域研究は理論化への志向性が比較的弱いともいえよう。

実証研究はおそらく日本の研究者の得意芸ではあるが、事実を一つ一つ積み重ねていくことに最大の価値を見出す傾向がある。細かい部分でも徹底的に照射して、そこを克明に解明していく。こうしたものが日本の学問の伝統芸でもある結果として、理論化へ向けた姿勢への比重が落ちていく。発展途上地域の研究では、従来通説といわれる既存の理論が、いかに地域の現実と合わないかということを証明するのが地域研究であるといった感覚が根強い。既存理論を覆して、どのような新しい理論を構築するかというところまではいかない。つまり地域研究は地域研究で、一定の地域の個性を徹底解明したら、それで十分であるとするところがある。

もう一つの特徴は、日本の地域研究の場合、地域研究と国際関係論が一体

化する傾向があったということである。それに比してアメリカの場合、地域研究は国際関係論ではなく、むしろ比較政治学に親和性を見出していった。それは、国際的な関係性よりも、むしろその個性をアメリカ政治や他の諸国の政治と比較することにより強い関心を見出す傾向があったからである。政治学との関連でいえば、アメリカの地域研究は比較政治学と親和性を持ち、日本の場合はむしろ国際関係論と親和性を持つことになった。

2　戦後の中国政治研究──アメリカと日本

(1) 戦後アメリカの研究動向──中国革命をめぐって

　戦後日本の中国政治研究がいかに展開されてきたのかを考えるために、まずアメリカの中国政治研究がどのように推移してきたのかを考えてみたい。これに関しては、私自身の留学中の研究成果の一環として今から25年ほど前に長編の論文を書いたことがある。中華人民共和国が誕生した当時は冷戦下にあり、アメリカにとってそれは「共産中国」であり、いうまでもなく敵対国家であった。この新生中国がいかなる性質の国家であるのかという部分に関心が集中していった。このとき中国はソ連との間に同盟関係を形成したが、中ソは実際にどのような関係にあり、まったく同質的な体制なのかどうなのか、これが共産中国をめぐる論点の一つとなった。

　現代中国研究の季刊誌 The China Quarterly が発刊されたのが1960年、その最初の誌上論争は、石川先生と親交のあったハーバード大学のベンジャミン・シュウォルツ（Benjamin I. Schwartz）教授とカール・ウィットフォーゲル（Karl A. Wittfogel）教授の間で展開された。ウィットフォーゲルといえば「東洋的専制主義」の議論であり、東洋（中国）社会というのは水の社会で、水利をどう管理するかで歴代王朝が交代してきたというのがその持論であった。このシュウォルツ―ウィットフォーゲル論争とは、要するに中国はソ連と同質かどうかという点にあった。そのときの最大のテーマは毛沢東革命の性質に関するもので、それはソ連の経験をコピーしたものかどうかという論点であった。シュウォルツは、中国共産党は民族主義者の集まりでナショナリズムの傾向が強く、ソ連とは性質が異なると主張し、ウィットフォーゲルは共

産主義は共産主義であり、同質であるとの議論を展開した。結果として、その直後に顕在化した中ソ対立により、シュウォルツの主張の正しさが証明された。

　戦後アメリカの中国研究が大きく変化する契機となったのはベトナム戦争であった。それが先述した近代化論批判である。つまり、すべての国がアメリカと同じ道を辿ると想定されたような従来の思考パターンに対するアンチテーゼであり、それぞれの国にはそれぞれの発展の形がありうるとの批判であった。こうしてベトナム反戦運動の中から若い研究者たちがエスタブリッシュメントの研究者たちを批判しはじめたが、当時中国はまさに文化大革命の真最中であり、彼らは近代化論批判の裏返しとして文革を無条件に讃美してしまった。この時代の若い研究者たちは文化大革命の中国を実際に旅し、中国の中から中国を理解すべきだと主張し、その一部のリーダーたちは周恩来に会って感動し、中国の行っていることすべてを評価するまでになった。つまり、近代化論批判が今度は逆に行き過ぎて、中国の公式説明をそのまま受け入れてしまうというような傾向が現れたのであった。

　この頃の最大の論争は、中国革命つまり毛沢東革命の本質とはいったい何だったのかという点であった。一言でいえば、その本質は共産主義だったのか、あるいはナショナリズムだったのか、要するに旧農村には明確に階級社会が存在し、それを壊すために農民は土地革命に立ち上がったのか、あるいは抗日戦争といういわばナショナリズムに共鳴したのか、という議論であった。カリフォルニア大学バークレー校のチャルマーズ・ジョンソン（Chalmers A. Johnson）教授は中国革命の本質をナショナリズムと捉え、若手研究者から相当に激しく批判された。土地革命つまり共産主義革命の観点を強く打ち出したのがマーク・セルデン（Mark Selden）教授であり、当時はアメリカの中国研究学界のなかで寵児となった研究者である。

　実はこの時代、日米の中国研究の交流はかなり頻繁にあった。慶應はその中心にあったが、日常的にアメリカの研究者が立ち寄り、討論の場が設定されていたと記憶している。なぜそうした機会が多かったかといえば、当時はまだ中国に簡単に入れなかったことが大きい。中国はいわば「竹のカーテン」に覆われており、その内部の評価をめぐって日米の研究者間の交流は多かっ

たのである。しかその後、中国が海外に開放されるにつれて、フィールドワークも盛んになり、中国社会と直接対話ができるようになったことで、日米間の交流はむしろ減少していった。

　中国革命の本質をめぐる議論に関連して、アメリカは第二次世界大戦の最中に共産党とも有効な関係を築いており、誕生した中華人民共和国とも一定の関係を築く可能性があったのではないか、つまり「ロストチャンス」があったのではないかとの論争も盛んに行われた。『中国の赤い星』の著者エドガー・スノー（Edgar P. Snow）だけではなく、国務省や軍の中にも中国共産党と良好な関係を作り上げていたアメリカ人がいたのも事実であり、なぜこれらの交流を無視してしまったのかといった議論がそれである。やや後知恵の感を拭えないが、今では考えられないようなこうした論争が1970年代後半から80年代にかけてかなり真剣に行われていたのであった。

(2) 天安門事件後の中国研究動向

　そうした議論が吹き飛んだのが、1989年の天安門事件であった。学生の民主化要求を無残にも人民解放軍の戦車が押しつぶした瞬間を世界のテレビが実況中継し、その映像が世界に流れたことで中国の人権、民主が最大のテーマとなり、中国をいわば偶像化していたそれまでのイメージが一挙に崩れたのであった。それ以前にあったような、中国共産党はなぜ勝利したのか、あるいはアメリカはなぜ新中国を承認できなかったのかなどの議論も一挙に吹き飛んでしまった。

　天安門事件後、世界の中国研究は民主化を期待したような比較社会主義論、市民社会論、権威主義体制変容論などにその関心を移していった。しかし民主化を期待すれど、なかなかそれが出現しない現実を目の当たりにして、国家コーポラティズム論へと研究の視点は移動していった。つまり、なぜ中国共産党はこれほどの強靭性を維持できているのかといった問題意識である。共産党はうまく人民を体制の側に抱き込んでいるのではないか、というようなコーポラティズム論が多くの研究者から援用されるようになった。しかしそれで現実を説明することはできても将来予測は難しく、最近ではむしろ中国社会の現状を国家との距離から考察するような国家社会論が主流になって

いるといえよう。

　このように歴史を振り返ると、そのときの時代状況に中国政治研究も大きく影響を受けてきたことが明らかで、そうした中で一貫した問題の意識と視点を持ち続けることの難しさがにじみ出ているといえよう。それがまさに現代史研究の難しさでもある。

　1980年代以降、中国が開放されるにしたがって、アメリカのなかでもフィールドワークのない論文は評価されなくなったが、しかし依然として大学の就職に関していえば、それ以上に比較政治学などを駆使して理論化した内容でないと評価されない傾向は強まった。つまり、それだけ地域研究がアメリカの中で弱体化しつつあるように見える。それはまさにかつてのような世界の警察官としての立場に陰りが見えはじめ、より内向き傾向を示しはじめたアメリカの現実を象徴しているのかもしれない。日本では理論化の傾向はかつてよりは強くなったとはいえ、依然として地域の実証分析の度合いに研究者の真価を見出そうとする傾向が強いといえよう。

(3) 戦後日本の中国政治研究——文革と天安門事件の衝撃

　日本の場合を振り返ってみよう。前述したように、戦後の日本の中国政治研究は基本的に戦前の学問を否定するところから始まった。要するに、軍事目的のための学問として位置づけられた過去の日本の地域研究と、どのように距離を置くかというのが戦後研究者の一つの課題であった。したがって戦後は政治から距離を置こうとする傾向が強かったのは事実だが、ある意味ではその反動として逆に政治化されてしまった面があるのが中国政治研究であったともいえる。そこに一定のイデオロギーや政党の影響力が大きくなったからである。

　戦後日本の学問風土を考える上で、マルクス主義の影響を無視することはできない。今ではあまり語られなくなったが、おそらく社会科学・人文科学者のかなりの部分がそうだったといっても不思議ではないほどにその影響を受けていた。中国は共産革命によって成立した社会主義体制であり、このことからも必然的にマルクス主義者にとっては近づきやすい研究対象であった。したがって中国研究の世界では、マルクス主義もしくはそれに共鳴する立場

の研究者が多くいた。

　中国研究においてそのマルクス主義者が分裂したのは文化大革命のときであった。それは同時に中ソ対立を反映したものでもあった。毛沢東革命はただの農民の土着革命であって、正統的マルクス主義からはほど遠いのではないかといった議論がソ連寄りの立場から出されたのに対して、他方ではソ連社会主義こそ修正主義で、社会主義の理念からほど遠いとの議論が中国寄りの立場から出された。こうした違いから、毛沢東中国で進行中の文化大革命の評価をめぐって大論争が起き、一時は日本国内でも暴力事件が発生するまでに至った。それが1960年代後半から70年代前半にかけての状況であったが、こうした事態は中国の紅衛兵運動の影響を受けた国内の学生運動と並行していた。

　この間、アメリカ型の地域研究をベースに中国政治研究を行ってきた研究者は、そうした政治運動やイデオロギー論争に加わることはなかった。たしかに彼らも「反動」や「体制派」として批判されることもあったが、文革中はマルクス主義者内部の対立が熾烈で主たる批判の対象となることはなかった。その結果、地域研究として中国政治研究に専念していたこうした研究者たちは、文革の政治的雰囲気から離れて比較的冷静に分析を続けることができたように思われる。

　慶應義塾は石川忠雄教授のもとで、このような研究手法を重視した一つの拠点であった。慶應以外でも、東京大学の衛藤瀋吉教授やその門下の宇野重昭、岡部達味教授、また東京外国語大学におられた中嶋嶺雄教授などがいわば地域研究型中国研究の中枢にいたと思われる。慶應義塾の中国政治研究の真髄は、資料に基づく徹底した実証分析であり、イデオロギーを排して対象にできるかぎり客観的に迫ることであった。

　日本の中国研究においても天安門事件の衝撃は大きかった。それまで見ていなかった、あるいは見ようとしなかった中国の政治体制の底流にある一つの現実を映像を通して目撃してしまったのである。それまで日本では、中国に対して批判的な言説を語ることを少し控えるような社会的雰囲気がどこかに存在していたが、事件後はそうした傾向も一挙に消え去ってしまった。その意味で、冷戦終焉と天安門事件はそれまで暗黙に覆っていた中国に対する

政治的・イデオロギー的なヴェールを解き放つことに大きく寄与したのであった。以前に対するこうした反動からか、逆に今日に至るまで、中国の否定的な側面ばかりが照射される傾向が強まっているように思われる。いずれにせよ、このような現実の推移の中で、戦後日本の地域研究型の中国政治研究の意義も自然と大きくなり、方法論として一つの市民権を得るようになっていった。

　天安門事件後、アメリカがそうであるように、日本の中国政治研究も民主化論に基づく政治体制論、あるいは国家社会論というような形で研究が深化してきている。しかしながら、日本の地域研究のお家芸である、理論より歴史実証性を重視する傾向は本質的に変わっていない。同時に、比較政治学よりもむしろ国際関係論に親和性を持つ傾向も変わらない。ただ、最近の慶應義塾の現代中国研究センターを見ると、単に実証分析だけでなく、より比較政治学にも接近しようとする野心的なチャレンジが始まっているようである。

3　慶應義塾の中国政治研究

(1) 実学の伝統と中国共産党正統史観へのアンチテーゼ

　慶應義塾の中国政治研究の基本の一つは、福澤諭吉の実学にあると思われる。慶應つまり福澤における実学とは科学（サイヤンス）であるが、その伝統を振り返ると次の3つの柱から成っている。それは自由主義であると同時に現実主義であり、そして最後に実証主義である。

　もう一つの基本は、石川教授以来、山田辰雄教授から私や高橋伸夫教授に至るまで、いわゆる正統史観に対するアンチテーゼの姿勢で貫かれているように思われる。中国政治研究における正統史観とは、一言でいえば中国共産党史観である。つまり、中国共産党が勝利したことを前提に、中国共産党によってその歴史が正統であったことを証明する形で多くの近現代史が再構成されている。慶應の中国政治研究は、端的にいえば、これに対するチャレンジの歴史であった。

　戦前から戦後にかけて、慶應の中国政治研究は及川恒忠という石川教授の恩師によって担われた。及川教授は1950年代に他界されたが、生前非常に

多彩な方であった。その経歴を見ても、中国の民話に関する著書まであり、造詣が深かった。専門の中心は中華民国の政治制度史であり、『支那政治組織の研究』という大著がある。本書は主観をできる限り排した実証分析の塊のような業績である。それ以外にも、中国（中華民国）の経済や法政に関しても数多くの業績を残されている。こうした点で、及川教授も慶應における実学の伝統の継承者であったといえるのである。

戦後はもちろん石川忠雄教授に始まる。石川教授の出発点は中国憲法史であった。清末から中華民国にいたる憲法がどのように変遷したかについて研究していたが、それだけでは面白くないと感じ、これらの創憲作業がいかに行われたか、そのプロセスの政治史に興味を覚え、研究対象をそちらに方向転換させていった。そして中国政治史を専攻するなら、当然取り組むべきはまさに新国家を樹立した中国共産党だと考え、研究の方法論を身に着けるためにアメリカに留学し、ハーバード大学でベンジャミン・シュウォルツ教授の下で研究を重ねた。シュウォルツの『中国共産党史』（慶應通信）は、石川教授と小田英郎教授との共訳で、毛沢東主義が共産党の中でいかに台頭したかを解明した名著である。

石川教授の『中国共産党史研究』（慶應通信）は中国共産党の正統史観に対するいわばアンチテーゼであった。当時胡華という歴史学者の書いた中国近代の「新民主主義史」、あるいは胡喬木という歴史学者の書いた『中国共産党の30年』が共産党の正統史観として一般に認知され、通説となっていた。これに対して石川教授は、中国共産党史を内部の権力闘争から描き出すことによって毛沢東権力の形成過程を明らかにした。それまでは一枚岩として描かれていた共産党の内部を、権力闘争史という形で再構成したのが『中国共産党史研究』であった。

その後、石川ゼミの1期生であった徳田教之教授が、石川教授が取り組めなかった1930年代の遵義会議から延安期、そして建国後の50年代前半にかけての毛沢東の権力掌握プロセスを新たな資料に基づき克明に実証分析した。徳田教授は『毛沢東主義の政治力学』（慶應通信）という名著を残されたが、残念ながら早くに他界された。

石川教授の草創期の弟子である平松茂雄教授は、中国共産党史を軍事史の

側面から実証的に描き出した。建国後の第 1 次 5 カ年計画期の国防建設などで素晴らしい論文が多くあり、中国共産党と軍との権力バランス、あるいは軍近代化論争や核開発などでも多くの研究がある。平松教授の研究も、基本ラインはやはり正統史観に対するチャレンジとなっている。

山田辰雄教授の研究対象は中国共産党ではなく、中国国民党であった。山田教授は、中国共産党の正統史観においてはすべてが共産党によって指導されていたように描かれているが、実際にその時代は孫文から蔣介石につながる中国国民党の中華民国であり、歴史の客観性として国民党や中華民国を中心に描き出すことが真の時代描写であると主張した。これが今日の学界では一般的に知られる「民国史観」だが、この概念はもともと山田教授が問題提起したことから始まった。中国近代史に別の一つの視角を投げかけたということで、これも石川教授が扱いきれなかった部分であり、また同時に共産党史観に対する大きなチャレンジでもあった。

藤沢キャンパスで学部長まで務められた石川教授門下の小島朋之教授は、残念ながら早くして他界された。小島教授は毛沢東が大衆運動を組織化することで権力を掌握していった過程を優れた実証分析の中で描き出した。これも新たな視点の提示であった。小島教授はその後も中国の政治体制論、民主化論、そしてさらには日中関係を含めた外交論などでも大きな業績を残された。

以上のように、先輩たちがこのように多くの業績を残しているので、私は確立されたこうした基礎をただ継承したに過ぎない。私が取り組んできたのは、毛沢東時代から鄧小平時代にいたる共産党の政治体制の性格を官僚制形成の観点から解明することであった。また、小島教授と同じように政治体制論や外交・国際関係などの諸問題にもさまざまな形で研究を広げてきた。

(2) 地域研究への志向性と権力分析の枠組み

総じていえば、慶應の中国政治研究は地域研究への志向性が非常に強い。基本は地域研究としての視点を失わないことであり、たとえ国際関係を論じる場合でも、地域の視点を重視することを忘れない。たとえば日中関係にしても、中国の国内政治の文脈から対日政策を分析しようとする。つまり地域

の中から外交や国際関係を観察する視点が重要である。つまり慶應の中国政治研究の伝統では、やはり地域研究型の国際関係を追究するという傾向が強いのではないか。したがって、フィールドワークを含む実証分析と中国語の重要性は当然だが、英語の習熟もいわば当然の条件となる。

さらに、慶應の中国政治研究で決して忘れてはならないのが中国共産党の権力分析である。なぜなら、中国は共産党の一党独裁国家だという現実があるからである。社会分析はもちろん重要だが、権力分析という中心線を外してはならないということである。

私は、このような慶應義塾特有の中国政治研究の一定のパターンを確立したのは山田教授ではないかと考える。いうまでもなく、石川教授こそが戦後の慶應中国政治研究の創始者だが、その中身のパーツを整えていったのは山田教授である。歴史資料を重視する徹底的な実証研究、研究における国際的ネットワークの重視、そして現在の慶應図書館の中国関係資料は他の大学の追随を許さないほどに充実しているが、こうした部分も含めて慶應の中国政治研究のスタイルを確立させたのは山田教授である。1970年代以降の慶應における中国政治研究を自分自身の目で見てきた歴史の証人としてそう思う。

現在、慶應の中国政治研究には新しい世代が台頭している。2007年、東アジア研究所の中に人間文化研究機構（NIHU）の支援により現代中国研究センターが設立された。東アジア研究所には、その翌年、現代韓国研究センターが韓国国際交流財団の支援のもとで設立された。これにより、東アジア研究所には現代中国研究センターと現代韓国研究センターという車の両輪が揃ったのである。

また、慶應出身の研究者も大量に輩出された。現在、30代、40代の若手研究者の中では、山田、小島、国分のもとで研鑽を重ねた慶應出身者が数多い。高橋所長以下、現代中国研究センターのなかに中国政治研究者がおそらく40～50人は所属していると思われる。彼らのいずれも現在では日本の全国各地の大学や研究機関に職を得て、数多くのすぐれた研究業績を発表しており、今後の日本における中国政治研究の中心になるであろうと期待している。

おわりに——中国政治研究の課題

　中国政治研究における第一の課題は、現実的な諸問題にどう接近し、対応するかという点である。現実の中国は課題が山積みであり、日中関係も厳しい緊張の中にある。これに学者はどう対応したらよいのか。政治的に何らかの行動をとることは学者の仕事ではない。しかし我々が研究を通して、長期的あるいは歴史的な視座を提供することで何らかのメッセージや方向性を示唆することは可能であり、必要である。それを実際に使うのはおそらく学界以外の人や組織で、政策担当者であるかもしれない。政策担当者たちは毎日忙しく、日常に追われており、長期的な視点をなかなか確保できない。そこに学者の研究成果が提供されることは意味のあることである。ただ、そのために学者の側でもより平易な言葉で現実的な観点を提供する努力を模索しなければならないし、政策担当者なり現実の課題に追われる人や組織の側も、こうした大きな視座にアンテナを張り続ける意思と努力が必要である。

　いまや、中国問題は専門家の独占物ではなく、いかなる場でも日常のテーマとして一般の人たちが議論している。日本国民すべてがあたかも疑似専門家のように議論を行っている。そうした状況で、我々のような専門家は何をどう語るべきなのか。時には「世論」に背くような議論を展開しなければならないこともあり、相当な意志と覚悟を持って臨まなければならない。外務省の中国専門家を「チャイナ・スクール」と呼び、中国好きで中国の擁護ばかりしている外交官との先入観ができ上がっている。中国研究者に関しても、そのようなイメージで語られることがある。もちろんそれ自体は偏見であるが、我々は今日のような情勢の中で、世評に立ち向かわなければならない瞬間があることも覚悟しなければならない。

　第二の課題は国際的発信力である。現在では、若手の中国研究者は中国留学の経験があり、中国語の能力は以前に比べて飛躍的に向上している。かつて研究者が中国に入れなかった時代はアメリカなど海外の研究者との国際交流も多くあり、ややもすれば中国語よりも英語のほうが有用なことすらあった。今後の研究者には、いうまでもなく中国語と英語の能力が求められる。中国研究は現在では社会からの需要もあり、国内市場だけでも十分な原稿や

講師などの依頼が舞い込んでくるので、国内だけで活動していればそれですむことになる。正直にいえば、それ以外の多くの地域研究は国内需要が多くあるわけではないので、世界水準を絶えず意識しながら研究を進めざるをえない。この点、中国研究者にはどこかに甘えがあるのかもしれない。すべての研究を英語や中国語で発表することはできないし、その必要もない。しかしそうした志向性を失わず、研究の一部でもエッセンスでも英語や中国語で発信する努力を失うべきではない。日本には日本が培ってきた実証主義を徹底的に重視した中国地域研究があるのだから。

　第三の課題は理論化へ向けた志向の必要性である。地域研究者はややもすると、「おたく」になりがちである。地域を深く研究すればするほどその中にのめり込み、そこに地域研究特有の面白さを感じはじめる。それ自体は悪いことではないが、やがて全体像が見えずにその深みにただはまり込み、自分の世界にのみ閉じこもることにもなりかねない。ここで必要なのは実証と理論のバランスである。学問の本来の目的に立ち返れば、研究者に求められるのは一定のテーマに対する科学的な説明である。であるとすれば、それぞれの地域研究をより大きな理論や歴史の中で再構成する努力を怠るべきではない。

　私は法学部長の在任中に、政治学科の中で一つの小さな試みを実践させていただいた。政治学科の中には前述したように1950年代から地域研究が設置されているが、これを「地域研究・比較政治」という形に名称変更したことがそれである。日本の学界でもまた慶應でも、地域研究と国際政治の親和性は強いが、理論化への意識が低く、政治学本体との結びつきが弱い。アメリカがまさにそうであるように、今後の地域研究の方向性を政治学科の中で考えたときに、やはり理論化への志向を失わないよう比較政治との連携を強めるべきだと痛感し、このように名称変更を行ったのであった。将来、再び「地域研究」だけに戻るのか、「比較政治」だけになるのか、もしくは「比較政治・地域研究」となるのかは、時代に合わせて後輩たちが再び考えればよいことである。

　最後に、第四の課題は最近の中国政治研究において権力中枢分析が縮小し、政治社会状況など権力や体制の周辺の分析が主流となり、研究におけるいわ

ゆるドーナッツ現象が起こっている点である。かつて中国政治の研究は、共産党の指導部だけを見ていればそれですんだ時代が長く続いた。比較的強固な一党独裁があり、しかもフィールドワークもできないような資料的制約から、研究の中心は中枢権力であり政治体制そのものであった。しかし現在では、一党独裁が緩み、フィールドワークもできるようになり、社会の多様性や多元性も明らかになるにつれて、研究の幅が大きく広がっていった。そうした部分への広がりがなければ、学位をとることも難しくなった。このような中で、共産党中央の最高指導部などの分析は新聞記者や評論家の仕事であるとのイメージが学界にも広がっていった。その結果、権力構造の分析が研究の世界から抜け落ちはじめ、本来政治社会の状況と結びつけた形で展開されるべき研究の厚みが薄くなっていった。

慶應の中国政治研究の強みは、前述したように中国共産党史を中国共産党とは異なる視座から再構成してきた点にある。その意味で、今後の慶應の中国政治研究にも、そうしたドーナッツ現象を排して、権力中枢と政治社会状況、そしてその中間領域の政治体制の今日的実相を徹底的な実証研究を通してえぐり出すような方向性が求められるのではなかろうか。もちろんそれは言うは易しである。おそらくそれは個々の研究者だけでできることではない。したがって、今後に必要なのは、この東アジア研究所なり現代中国研究センターなりを活用して、多くの知恵が出し合えるような共同研究を推進することである。

さらにもう一つ付け加えるとすれば、資料に飲み込まれないことの重要性である。最近の若い研究者が新たな資料を発掘することに努力を傾注するのはよいことだが、そればかりに関心を注ぐとかえって研究の本筋を見失うことにもなりかねない。新たな資料を発掘するのは、新たな解釈を求めてのことである。しかし、新たな解釈は従来使われていた基本資料を読み返すことでもある程度可能である。意外と従来の研究でも重要な事実を見逃してきた、あるいは別に解釈してきた部分があるかもしれないのである。その点でいうと、小島朋之教授は公式文献を徹底的に読み込むことに専念していたことが思い出される。特に人民日報などのまさに基本文献に対する読み込みは他者の追随を許さなかった。小島教授の残された多くの業績は、現在でも価値あ

るものばかりであることを我々は忘れてはならない。

　現在、東アジア研究所は地域研究センターから引き継いで10年目を迎えることができた。私が所長として地域研究センターを東アジア研究所に名称変更するときに、最初に相談をさせていただいたのは初代所長の小田英郎教授である。アフリカ研究の小田教授は「それはもうあなた方の世代が決めるべきことだ」と答えてくださった。もちろん東アジア研究所となっても、アフリカ研究ができないわけではない。アフリカ政治との比較、あるいはアフリカとアジアとの関係などの形で研究は可能である。とはいえ、初代所長の小田教授が即答してくださった瞬間に、胸のつかえがサッと下りたことも事実である。新たな時代の新たなニーズを敏感にくみ取る感性と、福澤諭吉以来の「半学半教」の精神をそこに感じた。

　地域研究センターから東アジア研究所につながる歴史は、私にとっても研究者として育てていただいたプロセスそのものであり、数えきれないほどの想いが詰まっている。ただそうした想いを語るよりも、研究所の運営を離れた私が唯一できることは、若い世代に任せ、そして彼らを信じ、今後とも東アジア研究所が日本における地域研究の一つの拠点として力強い光を放ち続けるのを見守り、応援することである。それが福澤の創設した学校に学んだ者たちが継承すべき半学半教の作法である。

第 7 章

冷戦後の日本外交
―― なぜ歴史問題が収まらないのか

添谷芳秀
（慶應義塾大学法学部教授）

はじめに

　近年、日本と韓国および中国との間で、いわゆる歴史問題をめぐる対立が深まっている。日本と中韓両国との間に歴史問題が外交問題として浮上したのは、1980年代であった。日本政府は、1990年代に入って、冷戦後の外交を立て直すべく歴史問題に正面から取り組んだ。しかし歴史問題は、その後も収まらないばかりか、21世紀に入るとむしろ悪化しているのである。

　日本の一部には、歴史問題が収まらないのは中国や韓国とだけであり、他の国々との間では問題はないとする認識がある。歴史問題が外交問題となり、しばしば政府間関係に深刻な影響を及ぼすという意味では、そのとおりである。しかし、かつてのアジアへの侵略戦争の歴史を「日本だけが悪いわけではない」という感覚から相対化しようとし、その心情をたとえば靖国神社訪問等でシンボリックに示そうとするような政治行動に対して、ほとんどの国際世論は否定的である。アメリカを含め多くの国は、歴史問題と外交を区別しているのであり、日本にとって歴史問題が重要な足枷になっているという認識は、国際的には極めて一般的である。

　いうまでもなく、中国と韓国だけが歴史問題と外交を切り離せないことに

は、それぞれ中国と韓国に特有の背景がある。韓国では「悪」である日本に対して韓国こそが道徳的な高みに立っているという感覚が彼らのアイデンティティーを支えている面があるし、中国では歴史問題はとりわけ1980年代以降共産党体制の正統性の根拠にされるとともに、中国人のナショナリズムを構成する重要な要素となってしまった。それらが変わらない以上、最終的に歴史問題の「解決」は望み得ないし、日本にできることにも限界がつきまとう。

しかしだからといって、アイデンティティーやナショナリズムの容易な変化は期待できるものではなく、日本側が中国や韓国に対してそれを期待したり、逆に攻撃したりしても、実際に歴史問題の前進には全く寄与しない。中国や韓国に対して、適切なタイミングと脈絡において彼らが抱える根本的問題を指摘し続けることは、中長期的には重要である。私の経験からいえば、その効果はとりわけ若い世代に対しては小さくはない。しかしそれは、日本側に自らが抱える問題を省みる準備があってのことである。歴史的にみて、誰が加害者で誰が被害者であったかを考えれば、それは当然すぎることでもある。

歴史問題の前進のためには、中国や韓国に特有の心理を嘆く前に、日本側が自らを理解すること、そしてその理解を中国や韓国に冷静に伝えることが重要であり、それが事の順番というものであろう。彼らが抱えるアイデンティティーやナショナリズムをほぐそうと思うのであれば、そうした試みを中長期的に辛抱強く続けるしかない。日本側が彼らと同じくナショナリスティックに反発するのは最悪の選択だろう。本日は、以上の問題意識のもとに、「なぜ歴史問題が収まらないのか」を、冷戦後の日本外交の変遷をたどりつつ考えてみたい。

1 日本外交の基本的構図

1990年代以降の日本外交の変化を振り返る前に、今日まで基本的に変わっていない戦後日本外交の構図を確認しておこう。冷戦終焉後の日本外交の展開は、そうした「連続性のなかの変化」として捉えることができる。

(1)「九条・安保体制」のねじれ

　戦後日本外交の基盤には、戦後憲法（とりわけ九条）と日米安保条約がある。戦後日本外交を規定する構図はしばしば「九条・安保体制」と呼ばれ、その二つの基盤の選択に主導的役割を果たした当時の首相吉田茂にちなんで、戦後日本外交が「吉田路線」と呼ばれることも多い。周知のとおり、1946年11月に公布され1947年5月に施行された戦後憲法は、今日まで一度も改定されていない。1951年に調印された日米安保条約も、1960年に改定されて以降10年ごとに自動延長されて今日まで変わっていない。

　なぜ、「九条・安保体制」はこれほどまでに強固なのだろうか。それは、この外交体制が深刻なねじれを抱え込んでおり、戦後日本の政治がねじれを解くための対応に失敗してきたからである。そのねじれの根源には、あの戦争の歴史と、戦後憲法と日米安保条約が生まれたときの国際政治秩序変動がある。

　あの戦争の末期に米中ソ三国のみならずヨーロッパの主要国とも同時に戦うという世界史的にも尋常ではない歴史を作った日本が、戦後軍事力を削がれ、国際の権力政治に復帰できない体制に改革されたことは、ある意味自然であった。憲法九条がその支柱となったことは改めて強調するまでもない。それは、米ソの協調を軸に中国をアジア秩序の要に据えた戦後秩序構想の核心でもあった。

　しかし、1947年に欧州で冷戦が起こり、朝鮮半島の分断（1948年）、中国の共産化（1949年）を経て1950年に朝鮮戦争が発生すると、戦後秩序構想は吹き飛んだ。代わって生まれた冷戦秩序の下、国際政治の論理からすれば、早くも憲法九条は時代錯誤となった。しかし、あの尋常ならぬ戦争の歴史の重みは変わらず、総じて日本は戦後憲法を戦後の生き様を支える柱として保持し続けた。そこで、冷戦下の日本の安全を維持するための装置として、日米安保条約が締結されたのである。

　こうして、日本の論理からすれば憲法九条と日米安保条約はセットなのであるが、国際政治的にみれば、前者は冷戦が始まる前の戦後構想の産物であり、後者はその戦後構想が崩壊した後の冷戦秩序の重要な一部であった。そこから、あの戦争の歴史の重みを正面から受け止めようとする平和主義勢力

は自ずと護憲の立場を強め、冷戦の現実を重視する勢力は改憲を唱える(その立場には自ずとあの戦争の歴史が戦後日本の自立を制約することへの違和感も内在する)という、戦後日本の政治と社会の分裂が生じるのである。しかし、冷戦の現実のもとで、護憲を貫くためのひとつの論理である非武装中立論も、あの戦争の歴史に深く根を下ろした憲法九条を変えることも、いずれも容易に日本の外交的選択肢にはなり得なかった。こうして外交路線をめぐる戦後日本の政治対立と論争は、「九条・安保体制」を左右から引き裂く力学をもってしまった上に、その左右の立場がいずれもねじれを解消する解にはならないという状況を固定化させたのである。

(2) 冷戦後の「歴史修正主義」

　この日本の外交論争の構図は、冷戦が終焉した後も、すなわち今回の講演の対象である1990年代以降も基本的に変わっていない。冷戦時代は、左の護憲勢力の影響力が強く、「九条・安保体制」に基づく日本外交はしばしば「一国平和主義」と揶揄される内向きの制約を乗り越えることに苦心してきた。冷戦が終焉すると、社会党勢力の瓦解によりその障害が取り除かれた。その結果、1990年代には、国際主義的動機から「九条・安保体制」を前提にした積極的な外交政策が展開された。しかしながら、1990年代後半から21世紀にかけて日本外交は、あの戦争の制約を振り払い「主体的」外交を唱える政治勢力の台頭に悩まされるようになった。そこでは、日本の「主体性」を制限する根源的要因としてのあの戦争の歴史に対する、いわゆる「修正主義的」解釈が実直に表明されるようになった。「なぜ歴史問題が収まらないのか」という問いへの答えは、このあたりにありそうである。

　後に述べるように、1990年代の日本外交は、基本的に国際主義的発想から冷戦後の国際情勢への対応を模索し、歴史問題にも正面から取り組んだ。それは、「九条・安保体制」に基づきながらも、左の過度な平和主義による

制約を一定程度乗り越えた外交であったと評価できる。「九条・安保体制」を、内側から改善しようとする動きであったともいえるだろう。

しかし1990年代後半以降、台湾危機の発生や中国外交の自己主張の高まり、さらには北朝鮮をめぐる諸問題が噴出すると、それに乗ずる形で日本外交の主体性の欠如を批判する政治勢力や論調が急速に台頭するようになる。その衝動は、憲法改正を望み、アメリカへの「従属」を嘆くなど、「九条・安保体制」が日本の行動の自由を制約していることへのフラストレーションとして表明されることが多い。そして、「九条・安保体制」の外側からみれば、その根底に存在するあの戦争を深く反省する歴史認識が日本の主体性を制約する「元凶」にみえ、そこにいわゆる「歴史修正主義」的認識が生まれるのである。

しかしながら、「九条・安保体制」は、その外側から向けられるルサンチマン（怨恨の情）を強固にはねつけ、基本的に揺らぐことはない。そのことがまた、中国や北朝鮮への脅威認識や歴史問題をめぐる感情的悪循環に嵌る形で、「九条・安保体制」や歴史認識問題に対するフラストレーションを拡大再生産するという状況を生むことになる。こうして、「九条・安保体制」が継続する（その意味では現状維持的な日本外交の基本路線は変わらない）一方で、歴史問題が収まらないという状況が続くのである。

2　1990年代日本外交の変化（1）──動機としての国際協調主義

(1)「国際平和協力法」の成立

1989年の冷戦の終焉は、世界各地の問題が米ソ対立から解放されたことを意味した。その結果、東アジアを含めた多くの地域の問題は、対立の解消に向けて動いたものもあれば、逆に混迷を深めたものもあった。その後者の代表的ケースは、1990年8月のイラクによるクウェート併合だろう。アメリカによる介入はないものと判断したサダム・フセインの行為に対して、当時のジョージ・ブッシュ政権は、国連安保理決議と国際社会のほぼ全面的支持を得て、1991年1月に多国籍軍を率いてイラクへの武力攻撃に踏み切った。

こうして冷戦後の国際秩序が流動化するなかで、日本はそれまでの内向きの平和主義の制約を振り払うことができず、湾岸戦争で意味のある役割を果たすことに失敗した。自衛隊の医務官の派遣すらできなかった日本政府は、法人税の臨時増税等の措置をとりつつ多国籍軍への130億ドルの金銭的貢献で日本外交に降りかかった危機を乗り越えようとしたが、かえって「小切手外交」と揶揄される屈辱を味わった。

　そんななか、冷戦の終焉により長年の紛争の出口が見え始めていたのが、カンボジア紛争であった。1978年末のベトナムによるカンボジア侵攻以来、中ソ対立を背景にベトナムとソ連に対する国際的制裁が続いていた。しかし、1989年にアメリカとの対立の終結に動いたソ連のゴルバチョフ書記長は、同時に中ソ和解にも取り組んだ。その結果、カンボジア紛争から大国間対立の構図が消え、国連常任理事国（いわゆるP5）主導によるカンボジア和平が進んだのである。

　1991年10月にカンボジア紛争の包括的な政治解決に関するパリ和平協定が締結されると、1992年2月末の国連安保理決議により「国連カンボジア暫定統治機構（UNTAC）」が設立された。湾岸戦争のトラウマの最中にあった日本政府は、1992年6月に「国際平和協力法」を成立させ、1992年9月から1993年3月および1993年3月から9月の2次にわたって、計600名の自衛隊施設大隊の派遣を実現させた。

　「国際平和協力法」成立の際には、日本の社会やマスコミには日本によるアジアへの軍事侵略の歴史に引きつけての反対運動がみられ、国会では社会党を中心とする野党がいわゆる牛歩戦術による最後の抵抗を示した。冷戦時代には、そうした平和主義勢力や野党の抵抗が防衛安全保障政策の進展を止めることが多かったが、そうした「1955年体制」の弊害が残っていたにもかかわらず比較的大規模な自衛隊のPKO参加が戦後初めて実現したのは、その内実と目的が明らかに国際協調主義的なものであったからだろう。

　事実そのことは、当時の改憲論議の変化にも現れた。たとえば、ある新聞の世論調査によれば、憲法九条改正に賛成する世論は、1986年の22.6%から1995年には50.4%へと倍増し、九条改正を支持する人の60%が「国際貢献」をその理由としたのである。当時、しばしば「一国平和主義」的と揶

揄されてきた戦後日本外交への制約が、国際主義的動機に基づいて修正され始めたことは明らかであった。

(2) 日米同盟の「再確認」

　同じことは、日米同盟に関してもいえる。1990年代後半に日米同盟の「再確認」と呼ばれる成果が生まれた。具体的には、「日米安全保障共同宣言」（1996年4月17日）と「日米防衛協力のための指針」（日米安全保障協議委員会、1997年9月23日）で日米が合意したことが重要であった。とりわけ後者は、1978年に合意された「日米防衛協力のための指針」（旧ガイドライン）をほぼ20年ぶりに改定し、平時、日本防衛、極東有事という三つのカテゴリーのうち、それまで手付かずであった第三の領域を「周辺有事」と再規定し、具体的な日米の防衛協力のあり方を定めたものであった。それまでの日本の政治において、日本の防衛を超える領域での日米協力はほとんどタブーであったものが、冷戦後の新しい国際情勢のもとでようやく可能となったのであった。この変化は、日本の軍事的役割の高まりを懸念する韓国や日米同盟の強化に敏感な中国の眼には、日米同盟の「改定」と映ったが、その内実は1978年にすでに枠組みとしては準備されていた日米協力の第三のカテゴリーを具体化しただけであり、その意味で日本政府は日米同盟の「再確認」と謳ったのである。

　ただ、当時の背景としてより重要であったのは、「日米防衛協力のための指針」の改定が、自衛隊の国際平和協力活動への参加と同様、東アジアの平和と安定への貢献という国際主義的動機に基づいていたことであった。その重要な契機は朝鮮半島危機であった。

　北朝鮮による核兵器開発疑惑が高まるなかで、北朝鮮は、NPT脱退通告（1993年3月）、「ノドン1号」発射実験（1993年5月）、原子炉からの核燃料棒抜取り（1994年5月）と、国際社会への挑発を続けた。そして、1994年6月13日に北朝鮮が国際原子力機関（IAEA）からの脱退を通告すると、国連での北朝鮮制裁の動きが強まると同時にアメリカによる限定的な北朝鮮空爆が現実味を帯びる事態に発展した。そうしたなか、北朝鮮は突如ジミー・カーター元米国大統領の平壌訪問（6月15-18日）を受け入れた。そこから

米中協議が始まり、1995年3月に「朝鮮半島エネルギー開発機構（KEDO）」が設立され、最悪の場合第二次朝鮮戦争の勃発が危惧された朝鮮半島危機は収束したのである。

日米両国政府が、1978年の「日米防衛協力のための指針」が準備した極東有事の際の日米協力について全く協議が進展していなかったことに強い危機感を覚えたのは、そうした最中のことであった。朝鮮半島情勢に関する危機意識が高まるなかで、アメリカの関係者が「朝鮮半島でアメリカの若者が血を流している時に日本が何もしなければ日米同盟は終わりだ」という発言を繰り返していた。「日米防衛協力のための指針」の改定は、まさに日米同盟を救うために行われたのであり、そこで確認されたのは日本による日米同盟への貢献が朝鮮半島の安定に重要な役割を果たすという明確な論理であった。

こうして、1990年代に日本の安全保障政策は重要な変化を遂げたが、それは基本的に「九条・安保体制」の枠内で、かつ国際主義的動機に基づくものであったといえるのである。全く同じことが、1990年代後半以降日本外交が力を入れて推進した東アジア地域協力や人間の安全保障に関してもあてはまるが、ここでは省略する。

3　1990年代日本外交の変化（2）——歴史問題への取り組み

1990年代の日本外交にみられたもうひとつの重要な変化は、日本政府が歴史問題に正面から取り組んだことであった。先に述べたとおり、「九条・安保体制」の背景には、冷戦以前の戦後処理（九条）と冷戦への対応（安保）という、国際政治上の異なった論理が混在していた。冷戦が終わることによって、それまで冷戦の現実によって蓋をされてきた戦後処理の論理がその制約から解き放たれたことは、むしろ自然なことであった。その意味で、終戦から時間が経っているにもかかわらず浮上してきた歴史問題は、ポスト冷戦期の日本外交の重要な戦略的問題であったとすらいえるだろう。したがって、1990年代の日本外交が、国際主義的発想に立つ新たな安全保障政策を模索しつつ、歴史問題に良心的かつ戦略的に対処しようとしたことは、決し

て偶然ではなく、日本外交の自然な姿を示していたといえる。

(1) 慰安婦問題

なかでも重要であったのは、いわゆる慰安婦問題への取り組みであった。内閣官房内閣外政審議室が公表した1993年8月4日付の「いわゆる従軍慰安婦問題について」によれば、慰安所が存在していた地域は、日本、中国、フィリピン、インドネシア、マラヤ（当時）、タイ、ビルマ（当時）、ニューギニア（当時）、香港、マカオ、仏領インドシナ（当時）であり、慰安婦の出身地として確認できたのは、日本、朝鮮半島、中国、台湾、フィリピン、インドネシア、オランダであった。また、その総数を確定することは不可能である一方、「戦地に移送された慰安婦の出身地としては、日本人を除けば朝鮮半島出身者が多い」とされた。

慰安婦問題が外交問題として表面化するきっかけは、1991年8月に韓国で元慰安婦が名乗り出て、同年12月に東京地裁に提訴したことであった。当時の宮澤喜一内閣は、すぐに調査を始め、1992年1月に訪韓した宮澤首相が盧泰愚大統領に対して、「心から謝罪する」日本政府の立場、慰安婦の方々に対する「衷心よりお詫びと反省の気持ち」、および「事実究明を誠心誠意行っていきたい」との意向を表明した。こうして生まれたのが、1993年8月4日付の「慰安婦関係調査結果発表に関する河野内閣官房長官談話」（河野談話）であり、1995年6月に設立された「女性のためのアジア平和友好基金」（アジア女性基金）であった。

いうまでもなく、慰安婦問題が外交問題になる以前から、慰安婦制度の存在は知られてきた。アメリカの国立公文書館には、1944年8月にビルマ（当時）で保護された朝鮮半島出身の20名の慰安婦に対する聞き取り調査をまとめた戦争情報局（OWI）による報告書（1944年10月1日付）や、1944年9月に中国の昆明で保護された23名の朝鮮人慰安婦からの聞き取りをまとめた戦略情報局（OSS）による報告書（1945年5月6日付）等が収められている。また、オランダの国立公文書館には、1947年から48年にかけて行われたオランダ軍による戦争犯罪裁判における慰安婦問題関係の尋問記録を含んだ文書「AS5200」があり、オランダ政府は1994年に「オランダ領東インドにお

けるオランダ人女性による強制売春に関するオランダ政府記録の調査報告」をまとめている。

(2) 河野談話

既存の多くの文献やこうした内外の一次資料を参考にし、かつ元慰安婦を含め多くの関係者への聞き取り調査を基にして発表されたのが、「河野談話」であった。河野談話の主要な部分は以下のとおりである。

> ……慰安所は、当時の軍当局の要請により設営されたものであり、慰安所の設置、管理及び慰安婦の移送については、旧日本軍が直接あるいは間接にこれに関与した。慰安婦の募集については、軍の要請を受けた業者が主としてこれに当たったが、その場合も、甘言、強圧による等、本人たちの意思に反して集められた事例が数多くあり、更に、官憲等が直接これに加担したこともあったことが明らかになった。また、慰安所における生活は、強制的な状況の下での痛ましいものであった。
>
> なお、戦地に移送された慰安婦の出身地については、日本を別とすれば、朝鮮半島が大きな比重を占めていたが、当時の朝鮮半島はわが国の統治下にあり、その募集、移送、管理等も、甘言、強圧による等、総じて本人たちの意思に反して行われた。
>
> いずれにしても、本件は、当時の軍の関与の下に、多数の女性の名誉と尊厳を深く傷つけた問題である。政府は、この機会に、改めて、その出身地のいかんを問わず、いわゆる従軍慰安婦として数多くの苦痛を経験され、心身にわたり癒しがたい傷を負われたすべての方々に対し心からお詫びと反省の気持ちを申し上げる。

上記冒頭の一文の事実認識は、極めてまっとうなものだろう。また、そのパラグラフは慰安所や慰安婦に関する一般的な表現となっており、その対象は朝鮮半島出身の慰安婦に限られていない。そのことは、次のパラグラフが、朝鮮半島に特化した言い方になっていることからも明らかである。周知のとおり、河野談話を敵対視する言説は、慰安婦の募集に関して「更に、官憲等

が直接これに加担したこともあった」とする一文を攻撃している。そうしたケースの有無については、インドネシアやフィリピンでの状況も含めて、詳細な記録が公表される必要があるだろう。ただ、その有無や規模にかかわらず、この一文をもって河野談話を否定しようとする考え方や動きが、著しくバランスを欠いた一方的なものであることは、改めて強調する必要もない。

あの戦争をめぐる歴史問題の複雑さを考えれば、慰安婦問題をめぐって、日本国内においても、諸外国との間においても、多様な側面や見解が存在するのはむしろ当然である。しかし、以上のとおり、1990年代の日本外交は、新たな安全保障政策の模索と歴史問題への対応に、国際主義的発想から総合的に取り組んでいた。その全体像の中に位置づけてみれば、河野談話は当時の日本の多元主義的民主主義のもとでの均衡点を示していたといってよい。

ちなみに、慰安婦問題は朝鮮半島だけの問題ではなかったのだが、外交的には韓国との間の最も困難な問題であることは、当時から今日まで変わっていない。河野談話の作成過程に韓国が大きな関心を示して、軍の関与と強制性の認定を最低条件として日本に伝えていたことは、当時から知られた事実であった。日本がその要請にできるだけ応えようとしたことも、長い間近隣諸国に配慮を示してきた日本外交の基本的姿として自然であった。

それにもかかわらず、韓国における河野談話に対する評価は、長い間必ずしも芳しくなかった。民間の慰安婦支援団体が日本の対応を全面的に拒否する一方で、ある程度日本の努力は認めるが、まだ不十分だというのが、韓国政府の一般的受け止め方であったといってよいだろう。日韓の間には、そのことが河野談話を攻撃する日本の勢力に追い風となるという力学が存在する。韓国がそのことに配慮をしなければ、この問題をめぐる日韓の間の悪循環は容易に解消しない。

しかし同時に、同じことは日本側にもいえる。韓国の如何ともしがたい反日の情念を囲い込むためには、河野談話の否定は全くの逆効果である。むしろ事実上の日韓の共同作業の側面をもつ河野談話を積極的に評価し、韓国にもより明示的に受け入れるよう働きかけるべきだろう。そして、同じことは、アジア女性基金についてもいえる。

(3) アジア女性基金

アジア女性基金については、当時の村山富市内閣の五十嵐広三官房長官が、1995年6月14日の官房長官発表で、以下の事業を行うことを公表した。

(1) 元従軍慰安婦の方々への国民的な償いを行うための資金を民間から基金が募金する。
(2) 元従軍慰安婦の方々に対する医療、福祉などお役に立つような事業を行うものに対し、政府の資金等により基金が支援する。
(3) この事業を実施する折、政府は元従軍慰安婦の方々に、国としての率直な反省とお詫びの気持ちを表明する。
(4) また、政府は、過去の従軍慰安婦の歴史資料を整えて、歴史の教訓とする。

これに対し、同月韓国外交部は、以下のとおり同基金の設立を評価する声明を発表した。

今次日本政府の基金設立は、一部事業に対する政府予算の支援という公的性格は加味されており、また、今後右事業が行われる際、当事者に対する国家としての率直な反省及び謝罪を表明し、過去に対する真相究明を行い、これを歴史の教訓にするという意志が明確に含まれているとの点で、これまでの当事者の要求がある程度反映された誠意ある措置であると評価している。

その後アジア女性基金は、広く国民からの募金活動を展開し、フィリピン、韓国、台湾、オランダ、インドネシアに対して、一人当たり償い金200万円、医療・福祉事業120万～300万円相当の事業を行った。その際、歴代の総理大臣（橋本龍太郎、小渕恵三、森喜朗、小泉純一郎）が署名したお詫びの手紙も添えられた。総理大臣の手紙は、以下のように述べていた。

いわゆる従軍慰安婦問題は、当時の軍の関与の下に、多数の女性の名誉と

尊厳を深く傷つけた問題でございました。私は、日本国の内閣総理大臣として改めて、いわゆる従軍慰安婦として数多の苦痛を経験され、心身にわたり癒しがたい傷を負われたすべての方々に対し、心からおわびと反省の気持ちを申し上げます。

韓国に関しては、1997年1月には基金の代表団が訪韓し、元慰安婦7名に対して総理大臣のお詫びの手紙を手渡した。しかしながら、韓国の民間の被害者支援団体は、日本政府の試みを全面的に拒絶し、償い金を受け取った元慰安婦は、その運動から排除され一種の「国賊」扱いされた。その後、アジア女性基金の償いを受理した韓国の元慰安婦は61名に上ったことが明らかになったが、彼女たちの社会生活と名誉がどのような状況にあるのかは、必ずしも明らかではない。

結局のところ、慰安婦問題をめぐる日韓対立の悪循環における最大の犠牲者は、元慰安婦自身だろう。オランダ政府および民間の支援団体は、アジア女性基金への対応を決める際に、元慰安婦の意向を最大に尊重するというアプローチをとったという。韓国においても、一部ではなく元慰安婦の方々全体の声を聞きたいものである。

(4) 日本政府の歴史認識

その他、同様の脈絡における1990年代の日本政府の試みとして重要なのは、終戦50年の節目に出された「戦後50年に当たっての村山内閣総理大臣の談話」(村山談話)(1995年8月15日)、および小渕恵三首相と金大中大統領による「日本と韓国の共同宣言——21世紀に向けた新たな日本と韓国のパートナーシップ」(1998年10月8日)である。

その後の歴代日本政府の歴史認識を表す綱領的文書となった村山談話は、以下のとおり述べた。

わが国は、遠くない過去の一時期、国策を誤り、戦争への道を歩んで国民を存亡の危機に陥れ、植民地支配と侵略によって、多くの国々、とりわけアジア諸国の人々に対して多大の損害と苦痛を与えました。私は、未来に

過ち無からしめんとするが故に、疑うべくもないこの歴史の事実を謙虚に受け止め、ここにあらためて痛切な反省の意を表し、心からのお詫びの気持ちを表明いたします。

日本側が謝罪を共同声明の形ではじめて文書化したことで当時日韓の間の歴史的和解と称賛された「日本と韓国の共同宣言」は、以下のとおり両国首脳の決意を示した。

　小渕総理大臣は、今世紀の日韓両国関係を回顧し、我が国が過去の一時期韓国国民に対し植民地支配により多大の損害と苦痛を与えたという歴史的事実を謙虚に受けとめ、これに対し、痛切な反省と心からのお詫びを述べた。
　金大中大統領は、かかる小渕総理大臣の歴史認識の表明を真摯に受けとめ、これを評価すると同時に、両国が過去の不幸な歴史を乗り越えて和解と善隣友好協力に基づいた未来志向的な関係を発展させるためにお互いに努力することが時代の要請である旨表明した。

日韓関係に関していえば、1993年11月7日に細川護熙首相が、韓国の古都慶州から全国に生放送された金泳三韓国大統領との共同記者会見における冒頭発言で、以下のように述べたことも、まだ記憶に新しいところであった。

私は、ここで先ず、過去の我が国の植民地支配により、朝鮮半島の人々が、学校における母国語教育の機会を奪われ、自分の姓名を日本式に改名させられる等、様々な形で耐え難い苦しみと悲しみを経験されたことに、心より深く反省とお詫びの気持ちを申し述べたいと思います。

日中関係に関しては、以下でみるように、とりわけ1990年代の後半から安全保障問題や台湾問題をめぐって関係がぎくしゃくし始めた。しかし、表面的には摩擦が目立って失敗であったといわれている江沢民訪日の際の「平和と発展のための友好協力パートナーシップの構築に関する日中共同宣言」

(1998年11月26日)は、「日本側は、1972年の日中共同声明及び1995年8月15日の内閣総理大臣談話を遵守し、過去の一時期の中国への侵略によって中国国民に多大な災難と損害を与えた責任を痛感し、これに対し深い反省を表明した」とも述べていた。

しかしながら、1990年代後半から、国際主義を基調とする日本外交は変調をきたし始める。そこでは、北朝鮮問題や中国問題への対応に有効な方策が打ち出せない日本外交に対する不満が充満するようになり、北朝鮮や中国に対してだけではなく、日本国内のリベラルな言説や歴史認識への攻撃が公然化するようになった。その結果、韓国や中国の原理主義的な反日感情はさらに高まり、歴史問題はますます収束が困難な状況となるのである。

4 1990年代後半からの変調――反中感情の蔓延

(1) 国際主義の後退

冷戦が終了してからもしばらくの間「九条・安保体制」の枠内でその基本路線に踏みとどまってきた日本外交は、1990年代後半から中国との関係と北朝鮮問題を触媒にして変化し始めた。

冷戦が終了すると、中国は、1992年に米軍がフィリピンから撤退するのを待ち構えていたかのように、南沙諸島や尖閣諸島を自国領と規定する「領海法」を採択するなど、海洋権益の拡張を目指し始めた。そうしたなか、1990年代半ば以降、台湾の李登輝総統がそれまで国民党による事実上の独裁体制であった台湾政治の民主化の取り組みを始め、中国の眼には「台湾独立」と映りかねない「台湾化」を同時に進める路線を明確にするにつれて、中国の反発が強まり台湾危機が生じた。とりわけ、1995年6月に李登輝が訪米すると、中国の人民解放軍は、7月から11月にかけて台湾海峡での軍事演習でもって抗議の意志を示し、翌96年3月に実施された台湾初の総統直接選挙の前には、人民解放軍三軍合同演習を大々的に展開し、あからさまに総統選挙に圧力を加えようとした。

また中国は、同時期に進行していた日米同盟「再確認」の動きに対して、台湾問題に向けられたものであるとの疑念を膨らませた。北朝鮮による日本

人拉致問題が大きくクローズアップされ、北朝鮮の核開発疑惑が深まり、日本海での不審船事件や北朝鮮によるミサイル発射が続いたのも、1990年代後半であった。

　以上のような流れを受け、1990年代後半から日本外交の変調が始まるのである。そこで重要なのが、多くの政治家や国民に蔓延し始めた反中感情であった。そこに台湾問題が絡むことで、むしろ復古的な価値観を内に秘める保守派が、「反中・親台」の心情の表現として民主主義や人権という普遍的価値を声高に唱えるという、本質的に錯綜した現象が生まれた。さらには、戦後日本の対中外交は常に「弱腰」であったという思い込みを前提として、「主張する」こと自体に絶対的価値があるかのような認識が強まった。それは、日ごろマスコミ報道等を通じて中国や北朝鮮をめぐるやっかいな問題にさらされ続ければ、一般的国民感情としてはむしろ自然であったかもしれない。しかし、為政者がそうした雰囲気に乗じるかのように「反中戦略」として外交を構想しようとする傾向が強まり、「九条・安保体制」を前提とした国際主義的外交が後退していったのである。

(2) 小泉外交の意図せざる結果

　そうしたなか、2001年に首相に就任した小泉純一郎の外交が、日本外交の変調をさらに加速させるという意図せざる結果をもたらした。小泉自身は、決して国家主義者でもなければ、反中意識に突き動かされる政治家でもなかった。むしろ小泉は、日米協調主義やイラクへの自衛隊派遣等、国際主義的外交を明示的に推進した。しかし結果的には、小泉政権期に、靖国問題や拉致問題等に乗ずる形で復古的な保守派が発言力を増すことになる。

　中曾根康弘首相による1985年の公式参拝が日中間の外交問題に発展したあと、日中間で、現職の首相、官房長官、外務大臣の靖国神社参拝は自粛する（それ以外の参拝は黙認）との「紳士協定」が交わされた。小泉首相が5年間の在職中毎年靖国神社に訪問することで、その日中間の合意は崩壊し、靖国神社参拝問題が歴史問題として拡大していくことになる。さらに、2001年9月の小泉訪朝の際に、北朝鮮側が拉致被害者8人死亡との通告をするにおよぶと、北朝鮮に対する強硬路線が日本外交の基調として定着した。

振り返ってみれば、2002年9月の小泉訪朝は、ネオコンと呼ばれるブッシュ政権の誕生によって北朝鮮が追い詰められることで実現した。それは、孤立を深める北朝鮮が、体制の生存戦略の出口を日本に求めたことを意味していた。小泉首相は、北朝鮮の金正日国防委員長との間で「日朝平壌宣言」に調印した。「日朝平壌宣言」は、国交正常化の進展にともない、「国際的合意を遵守」し、「関係諸国間の対話を促進」しながら、北朝鮮の核・ミサイル問題を包括的に解決することを謳った。しかし周知のとおり、拉致問題に対する日本の世論の硬化と日本政治における対北朝鮮強硬論を背景にして、日朝国交正常化交渉はその後頓挫することになるのである。

また、靖国神社訪問に関しても、小泉首相にそれが歴史問題だという自覚は全くなく、小泉自身の歴史認識はむしろ「進歩的」であったといえる。小泉は、2001年8月13日に最初の靖国神社参拝を行った後、10月8日には中国を日帰りで訪れ、政府首脳としてはじめて盧溝橋の抗日戦争記念館を見学し「侵略によって犠牲になった中国の人々に対し心からのお詫びと哀悼の気持ち」を表明した。さらに小泉は、会談した江沢民国家主席にも強い印象を与え、結果的にそれが大きなボタンの掛け違いになるのであるが、江沢民は小泉の二回目の靖国神社参拝はないと思い込んだという。

小泉に在職中の靖国神社参拝を決意させた大きなきっかけは、2001年2月に鹿児島県にある知覧特攻平和会館を訪問したことであったものと思われる。特攻隊員の手紙等を収めたガラスの展示ケースの上に大粒の涙を落とす小泉の姿が、取材映像として残っている。小泉にとって、首相としての靖国神社訪問は、全くの個人的な動機に基づいていたのである。

しかしながら、中国や韓国は、靖国神社訪問を小泉の歴史認識や防衛安全保障政策と結びつけて誤解した。そして、小泉の靖国神社訪問とそれに対する諸外国の反発に乗ずる形で、日本の政治や言論界で復古的な保守勢力が力を増したことが、日本外交を一層複雑にした。それは、小泉外交の意図せざる結果であったが、2006年の安倍政権の誕生でその政治的流れは決定的になった。

5　安倍外交の虚と実

(1)「価値観外交」と中国

　「戦後レジームからの脱却」や「主張する外交」をスローガンに誕生した（第一次）安倍内閣は、「価値観外交」を積極的に推し進めた。振り返ってみると、「価値観外交」は、二つの異なった流れが融合したものであることが確認できる。ひとつは、冷戦が終わりソ連の脅威が消滅した後、自由や民主主義という普遍的価値を強調することで、冷戦後の日米同盟や日本外交の新たな方向性を定めようとした流れである。これは、外務省官僚を中心とした動きで、動機は中国問題やアジア地域を超えたグローバルな普遍主義であったといってよいだろう。もうひとつは、1990年代半ばに李登輝主導の台湾の民主化が大きく進展し、それを中国が人民解放軍による軍事演習で牽制しようとしたことで、日本の親台湾派が、自由や民主主義を語りつつ中国への対抗意識を示すようになった流れである。その二つの流れが、安倍政権下で、反中感情を触媒としてやや突然変異的に融合したのである。

　その端的な表れが、安倍が首相になる前から主張していた、日本、米国、オーストラリア、インドによる「民主主義同盟」の考えだろう。中国を対象として名指しすることは注意深く避けているが、中国に対する一種の囲い込みが意識されていたことは間違いない。その結果、中国にも民主化の流れは確実に存在するのだが、その担い手である中国の市民社会をどう取り込んでいくかという、たとえばアメリカの対中戦略では抑止戦略と同等の重みをもつ発想は不在であった。

　（第一次）安倍内閣の麻生太郎外務大臣が推進した「自由と繁栄の弧」構想にも、同じような特徴がみられた。麻生外相は、2006年11月末の講演で以下のように述べた。

> 第一に、民主主義、自由、人権、法の支配、そして市場経済。そういう「普遍的価値」を、外交を進めるうえで大いに重視してまいりますというのが「価値の外交」であります。
> 第二に、ユーラシア大陸の外周に成長してまいりました新興の民主主義国。

これらを帯のようにつなぎまして、「自由と繁栄の弧」を作りたい、作らねばならぬと思っております。

　麻生外相は、同構想について、「16、17年前から日本外交が少しずつ、しかし地道に積み重ねてきた実績に、位置づけを与え、呼び名をつけようとしているに過ぎない」と述べ、「日本人ひとりひとり、誇りと尊厳をかけるにたるビジョン」であると訴えた。「自由と繁栄の弧」構想にも、構想における中国の位置づけに関する言及がまったくなく、そこに「反中」の思いが込められていることがみて取れる。つまり、「価値観外交」は中国に対する一種の囲い込み戦略として意識されているのである。しかしそれは、本来協力を深めるべき国際主義者を含めて中国を塊として敵に回すことになるし、それ以上に、諸外国が必ずしも積極的に同調してくれないという、外交戦略としての根本的問題を抱えているといわざるを得ない。

　事実、中国のことは警戒の目でみていながらも、対抗意識を示した外交には消極的なアジア諸国の多くは、同構想に対して後ろ向きであった。日本のみならず、多くのアジア諸国の外交戦略において、中国の動向と今後の行方が決定的に重要であることはまったく自明である。むしろそうだからこそ、あからさまな「反中意識」に支えられた外交は機能しないし、行き場がないという戦略眼が求められるのである。

　こうして、保守的政治指導者が語る「価値観外交」は、その理念は普遍的だが、中国を意識した「価値の地政学的利用」という側面をもっているといえる。また、普遍的価値としての民主主義や人権を語りつつ、その背景に、戦前の歴史よりも戦後の歴史を否定的に捉えがちな修正主義的な歴史観があることも、周知のとおりである。こうして安倍外交は、戦後および1990年代の日本外交の変調を体現しているといえるのである。

　事実、安倍首相がスローガンとした「戦後レジームからの脱却」や「主張する外交」は、それまでの自民党政権と外務省が主導してきた戦後外交に対するアンチテーゼとして提起されたものであった。本来「戦後レジーム」の有効性を否定する論理は、戦後日本が依拠してきたサンフランシスコ講和体制の正当性を否定する「革命的」意味合いをもつはずである。そして、とり

わけ歴史問題をめぐる修正主義的な自己主張は、究極的には、韓国や中国を越えて、戦後秩序の守護神であるアメリカと衝突する論理をもつ。それが日米同盟を手放せない日本の外交戦略の基盤になり得ないことは自明であるが、中国問題や北朝鮮問題に足をすくわれるかのように、「九条・安保体制」、すなわち「戦後レジーム」に立脚した日本外交に対するフラストレーションが、政治の中枢を支配するようになってしまったのである。

しかし、2009年8月の衆議院選挙で民主党が大勝したことは、ポストモダンな価値観が定着した一般国民に、復古的な価値意識が浸透しているわけではないことを示したといえる。しかし、民主党政権は国民から与えられた千載一遇のチャンスを自ら葬り去り、その反作用で2012年12月にふたたび安倍政権が誕生した。

(2) 安倍外交と「見えざる手」

政権に返り咲いた安倍首相は、2013年1月の最初の外遊先として、ベトナム、タイ、インドネシアを選んだ。最後の訪問地ジャカルタで、「開かれた、海の恵み――日本外交の新たな五原則」と題する政策演説を行う予定であった。しかし、アルジェリアでの邦人拘束事件への対応のため帰国を早め、そのスピーチは幻となった。しかし、その草稿は官邸や外務省のホームページに掲載され、事実上の公式声明として扱われている。

そこで安倍は「アジアの海を徹底してオープンなものとし、自由で、平和なものにする」ことを日本の国益と定義し、その目的達成のために重要なのが、第一に日米同盟であり、第二に「海洋アジアとのつながりを強くすること」であると述べた。そして、ASEAN外交の基本方針として、①普遍的価値の浸透、②法とルールによる海の支配、③自由でオープンな経済、④文化のつながりの充実、⑤未来をになう世代の交流という五原則を掲げた。

安全保障政策では、憲法九条の改正を究極的目的として温め続けながら、集団的自衛権の行使容認に道を開くべく執念をみせた。さらに、いわゆる歴史認識問題に関しても、当初は河野談話の見直しを口にするなど、1990年代の取り組みを「九条・安保体制」を前提にした日本外交の本流とすれば、それに対する修正主義的な心情を完全に抑えることはしなかった。

しかしながら、安倍首相の復古的な思想がどの程度日本の安全保障政策に反映されるのかは別問題だろう。事実、集団的自衛権の見直しや憲法改正は、決して新しい課題ではない。その議論は、1990年代に日本社会で市民権を得たといってよい。重要な違いは、1990年代の認識と議論が基本的に国際主義的であったのに対して、安倍首相を中心とする政治勢力は、同じ課題を国家主義的な衝動から語る傾向が強いことである。

　ただ、動機が国際主義であれ国家主義であれ、日本の安全保障政策の選択肢は限られている。それは、結局のところ、日本の安全保障政策には、あの戦争の歴史に深く根を下ろした「九条・安保体制」という「見えざる手」が働いているからである。安倍首相の「戦後レジームからの脱却」を求める思想は、明らかに「九条・安保体制」の枠外にある。しかし、安倍内閣が進める実際の安全保障政策は、1990年代と同様「九条・安保体制」の枠内の変革でしかない。安倍首相が行使を強く望む集団的自衛権は、日米同盟を強化するのであって、その分日本の自立は制限される。国連の集団安全保障への参加も、本質的には同じことである。その根底にあるのは疑いもなく国際協調主義である。

　同様に、憲法九条の改正とは、本来アジアへの侵略戦争の反省の上に立った一国平和主義を国際平和主義へと発展させるべき問題であり、「戦後レジームからの脱却」という内向きの衝動から語られるべきものではないだろう。それは、敗戦の歴史やその結果としての戦後改革に対する一種のルサンチマン（怨恨の情）であり、「戦後レジーム」に対する違和感は、自ずとその土台にある歴史問題に対する反発を内在させることになる。総じて日本の外交が「右傾化」や「軍国主義化」といわれるような変化を示しているわけではないにもかかわらず、そうした認識が決して弱まらないのは、まさにその根底で修正主義的な歴史認識が大きく作用しているからに他ならない。

おわりに

　以上、1945年の終戦から70年が経とうとしているにもかかわらず、なぜ歴史問題が収まらないのかについて、1990年代以降の日本外交の変化をみ

ることで考えてきた。はじめに述べたとおり、この問題は相手があることであり、最終的には韓国や中国にも、悪循環の構図の重要な一端を担っていることを自覚してもらうことが重要である。しかし現状は、悪循環が深まるばかりであり、それを長期的に好循環に変えるための第一歩は、やはり加害者である日本側から踏み出さなければならないだろう。

　上でみたとおり、1990年代の日本外交は、まさにそのような問題意識から、複雑な国内世論と政治の下で、総じて良心的に歴史問題に取り組んできたといってよい。しかし残念ながら、それが韓国や中国に十分に理解されることはなかった。韓国では、前に述べたように幼少時代からの徹底した歴史教育や領土教育により、「悪」の日本に対して道徳的な高みに立っているという自己認識があり、それが国民的アイデンティティーを支えているところがある。しかしながら、現実的問題としてそれを諸外国が変えることは不可能であり、それを極力刺激しない対応を取ることは、極めて合理的かつ戦略的な外交というべきだろう。さらにいえば、着実な市民社会交流の増大と進化により、反日感情を徐々に「沈殿」させやがて固めることも、長期的には可能かもしれない。そのためには、1990年代の試みの意味を再確認し、そこからさらに先の進展を考えることが重要になるはずである。

　中国に関しては、状況はより困難であるかもしれない。というのも、中国にとって歴史問題は、鄧小平が着手した改革開放路線と表裏一体の要素として強調され、いまや共産党体制の正統性の根拠であるのみならず、大国化した中国のナショナリズムの重要な一部として深く定着してしまっているからである。とりわけ、鄧小平が1970年代後半以降の改革開放路線を進めるための重要なパートナーとして日本にアプローチすると同時に、国内的には1980年代に南京大虐殺記念館や盧溝橋の抗日戦争記念館の建設等を進めたことは、歴史問題が中国大国化の戦略と構造的に表裏一体のものとされたことを意味していた。日本が中国の経済建設を支援すればするほど、中国共産党政権が歴史問題にすがらざるを得ないという構造的な矛盾が、日中関係には埋め込まれてしまったのである。

　ただ、ここでも長期的な希望は、中国の（一定のタブー領域を除いた）多元的な市民社会や中国のリベラルな国際主義者にあるというべきだろう。アメ

リカといえども力をつけつつある中国の将来を左右できないとすれば、その中国と平和的に共存できるかどうかの鍵は、安全保障面での備えを怠らない一方で、国際社会が協力して中国の市民社会との関係を複合的に築いていけるかどうかにある。いうまでもなく、日本もその国際協力の重要な一部でなければならない。そのためには、歴史問題で中国人を巨大な塊として敵に回すことが戦略的に愚策であることは明らかである。

第Ⅱ部 《座談会》
地域研究センター・東アジア研究所の30年
——回顧と展望

小田英郎(慶應義塾大学名誉教授)
国分良成(防衛大学校長)
鈴木正崇(東アジア研究所副所長、慶應義塾大学文学部教授)
司会:高橋伸夫(慶應義塾大学東アジア研究所所長、慶應義塾大学法学部教授)

2014年3月14日(金)　於:三田キャンパス北館1階会議室①

地域研究センター設立まで

司会(高橋)　今日はお忙しいところをお集まりいただき、ありがとうございます。地域研究センター成立以来30年の回顧と展望に関する座談会を始めたいと思います。

今日は、30年前の地域研究センター成立時に初代の所長を務められた小田先生、そしてその20年後にセンターを現在まで続く東アジア研究所に進化させた国分先生、さらにセンター時代から今日に至るまで20年以上の長きにわたって、副所長として活動に長く関わってこられた鈴木先生にお越しいただきました。

いってみれば、作った人、変えた人、見ていた人にお集まりいただき、この30年の活動の回顧と展望を行ってみようという趣旨です。

最初に、地域研究センター成立の経緯に関してですが、センターが出したニューズレター第1号に、小田先生が「地域研究センターの発足に寄せて」という文章を載せておられます。そこには、このセンターは慶應義塾創立125周年を記念して設立されたものであって、法学部の地域研究グループが当時の石川忠雄塾長あてに、地域研究センター設置要望書なるものを出し、それから2年4カ月後に発足したのだと、また石川塾長をはじめとする塾当局の積極的かつ迅速な対応に敬意を表したいとあります。

それから松本三郎先生がニューズレター100号記念特集の中で、このセン

ターは設置要望書の提出から実現まで、わずか2年余りしか要していないということで、塾当局の積極的かつ迅速な対応を強調しておられます。

　私は歴史家なので、こういう文章を見るとすぐ疑いをもってしまって、2年4カ月というのは短いといえば短いけれども、長いといえば長い。本当にそれほどスムーズに物事が進んだのだろうかと思ってしまったのですが、この点、小田先生、いかがでしょうか。

　小田　確かにスムーズといえばスムーズだし、そんなに時間がかかるのかと疑問をもてば、それもごもっともな疑問だという感じがします。

　しかし、慶應義塾は大きな組織であり、そして創立125周年記念事業の一つなので、そのくらいかかっても不思議ではないかなと。迅速だと褒められても、そう間違いではないのではないかという気はしますね。

　司会　このセンターのコンセプトに関わる点ですが、当時の法学部の地域研究グループの中で、その点をめぐってかなり議論はなされたのでしょうか。地域研究を学際的、総合的に行うのだということ。それから慶應義塾の内部で学部の垣根を取り払った形で共同研究を行う場を積極的に設けるのだということが、やはり小田先生の、「センターの発足に寄せて」という文章の中で強調されています。

　こういうセンターの基本的な姿勢も当時は広く合意されていたのでしょうか。

　小田　そうですね。法学部政治学科のカリキュラムを見ると分かるのですが、地域研究といっていいような科目がかなりたくさんあるわけです。それまではそれぞれが独立独歩で研究してきたのですが、地域研究というのはその生い立ちから考えて、やはり共同研究だろうというのがありました。

　そういうことがあったものですから、法学部内に地域研究グループを組織して、政治と軍部の関係の問題や、これは地域研究の共同研究といえるかどうか分かりませんが、アメリカの対外政策などを、各地域の専門家が集まって共同研究をして、それぞれ1冊の本にまとめるようなことはやってきたんです。

　しかしそれはあくまでも学部内あるいは学科内の主として政治学という個別科学による共同研究にすぎない。もっと広く塾内に目を向けてみると、

我々から見て地域研究に従事していると思われる研究者は、他学部にもたくさんいるわけです。本来ならそういう人たちも一緒になってマルティ・ディシプリナリーな共同研究を推進するべきではないだろうかと。

それには資金も必要ですが、慶應義塾には学事振興資金があって、研究を推進するのには、ほかの大学に比べて条件はかなりいいと思うのですが、それでもそのような大型のインター学部の共同研究を組むのは、資金的にもかなり難しい。

小田英郎氏

外部に研究資金を求めるということになると、当時の文部省の科研費などがあったわけですが、義塾独自の内発的な共同研究を組織するとなると、難しい面がある。これは塾内の、それこそ内発的な共同研究の力を一つの組織という形で集約できる機関がどうしても要るだろうと。その点については政治学科の地域研究者たちの間に意見の相違は全くなかった。

ただ、地域研究の概念ないし地域研究のイメージは人によってかなり違いはあったとは思いますが、学部の壁を取り払って慶應義塾内に地域研究といえるような共同研究の体制を作っていき、そしてまた、そこに学外の人たちも入れよう、海外の研究者も入れようという段階へと、後々、発展していくわけです。そういうことだったと思います。

国分 センターができたとき、私はちょうどアメリカに留学していました。その前から小田先生を中心に、地域研究とは何かということの議論が盛んに行われていて、できれば集える場が欲しい。つまり、それぞれの地域研究は各研究者がやっているけれども、それを共同に議論できるような場が欲しい。こういう声は前からありました。

このセンターができて、その後、地域研究講座ができ、地域研究とは何かという一連のシリーズものが多く企画されていきました。それに触発されたのではないかと思うのですが、政治学科の中でカリキュラムの改正があって、例えば地域研究については「地域研究基礎」というのを教えようと。それまでは、みんなばらばらに、地域研究といっても中国は中国、アフリカはアフ

リカ、アメリカはアメリカという形で、その地域の解説をしたような地域研究講座はあったのですが、もう少し共通の中身で教えようということで「地域研究基礎」が始まった。もちろんそれ以外にも、国際政治基礎、政治・社会理論基礎、政治思想基礎、日本政治基礎なども設置された。そのときに教員が集まって、どういう内容を教えるかという基本的なシラバスについて話し合った記憶があります。

そこで、これまでやったことのなかったような地域研究とは何かということについて、共通の合意事項、だいたいのサマリーのようなものを議論した。それもやはり地域研究センターの場を借りてやった記憶があるのです。

小田 そうですよね。そのもう一つ前にさかのぼると、このセンターができた当時の石川塾長が、1956 年にアメリカに留学されて、1957 年に帰ってきたんです。ハーバードの Yenching Institute（燕京研究所）へ行かれたのですが、向こうでいわゆる area studies というものの存在について直接触れる機会が多々あって、それに触発されたのだと思うのですが、1958 年のカリキュラム改定で、各地域圏研究（4）という、「（4）」というのは単位ですが、そういう名称の講義が専門科目の一つとして置かれたわけです。

そのときに実際に担当した先生や実際に開講された地域ははっきり覚えていませんが、まず中国がありますよね。それから、中澤精次郎先生担当のソ連もあったかもしれない。それまでアラブ圏事情といっていた、遠峰四郎先生担当の中東講座も地域圏研究の中に入ったと思います。

そういうところから始まって、だんだん増えていった。ただ、今、国分さんが言ったように、地域研究といっても、政治学科についていえば例えば中国研究でも歴史に軸足を置いた研究者もいれば、現代論に軸足を置いた研究者もいるわけです。

ですから地域研究の個別的、具体的な科目名は、中国政治史と現代中国論、アメリカ政治史と現代アメリカ論という、政治史と現代論に分れていました。そういう時代があって、そしてその後に、科目名は政治史と現代論に統一されていても、講義内容がばらばらではまずかろうというので、国分さんが紹介されたように、すべての地域研究者が集まって基礎論をやろうということになった。何が地域研究の基礎なのか。そこでいわば地域研究とは何かと

いったテーマについての意見交換が当然行われたのですが、地域の特性が研究者の育ち方に影響を与えますよね。

それから伝統的な科目を引き継いできた人の、伝統への思い入れというのもありますよね。私のように、新設の現代アフリカ論担当としていきなり出てきた、何の被拘束性もない研究者もいるわけで、地域研究とは何か、地域研究の基礎は何か、ということについてのはっきりした合意を得られたとは言い難いと思います。でも、おぼろげながら地域研究者が何を考えているかということについての共通認識はできたような気がします。

国分 さらにつけ加えていうと、地域研究センターができる前、1970年代の後半から、実はアジア研究に関して、山田辰雄先生を中心に東アジア研究会というのがあったのです。これは毎月やっていた研究会で、毎回、20人程が集まっていたと思います。

もう一つは松本三郎先生がやっていた三田ASEAN研究会で、松本先生が香港にいた時代のジャーナリストなどを中心に集めて、これも毎回20人程の研究会で、そういう個々の研究会のようなものがアジアに関してはずっと動いていました。さらに朝鮮半島に関しても、センターができる前に神谷不二先生などが国際シンポジウムなどをしばしば開催していたのです。

だから、そういうものを束ねた場が欲しいということは、その前からずっとあった議論だと思うのです。

小田 それはそうでしょうね。個があって、いきなりセンターに結集したのではなくて、その前にいくつかの地域別の研究ブロックがあって、それがセンターの設立に結びつく大きな力になったということですかね。

司会 そうした法学部の政治学科で始まった地域研究の新しいムーブメントが次第に法学部の枠を超えて広がっていった先に、この地域研究センターの成立があったということですね。

小田 そうですね。いきなりポンとできたのではなく、2年半の間に何が行われたかというと、私は、塾当局からいわれて設立準備委員会の責任者になったのですが、各学部の委員、代表者が集まって、どういうセンター作りをするかという討議を重ねてきたのです。ですから、いきなり塾当局と政治学科のグループが集まって、請願をしてパッとできたというわけではないん

です。

国分 後に塾長になられる鳥居泰彦先生も、ずいぶん積極的に議論に加わっていましたね。

小田 そうそう。鳥居さんもその準備委員会に加わって、ずいぶん積極的に意見をいってくれました。

司会 センターのコンセプトに関わることですが、山田先生がニューズレター100号記念特集の中で、自分は小田所長時代から、三無主義と称するポリシーを引き継いできたのだと。すなわち、「本を買わない・紀要を出さない・専任者を採らない」というのがそれであると書かれています。こうしたポリシーは最初から合意があったことなのでしょうか。

小田 個人的には専任者があってもいいのではないかという気がしないでもなかったけれども、塾当局に専任者採用の構想は最初からなかった。しかし考えてみると、当然、専任研究所員を10人も15人も採れませんし、仮に採用するとしても、ではどこの地域を何人採るかなどと、またつまらない取り合いになってもいけない。ですから、すっきりと専任者はなしにして、センターはコーディネートする機関として機能すればいいではないかと。私だけの意見ではないのですが、塾当局の節約主義と、それにある程度寄り添う形でセンターを作らないとしようがないという我々の思いが、その「三無主義」という形になったのだろうと思います。

国分 妥協でもあったのかな。ただ、山田先生がよくいっていましたが、派手なプロジェクトはほとんどないのですが、いわゆる学問的な意味のあるものに光を当てようということで、必ず出版をしてもらうということでやっていた。

司会 その方針は最初から変わっていませんか。

国分 最初からずっと変わっていません。今でも変わっていないはずです。

小田 そもそも研究プロジェクトは、その成果を公表してはじめて完結するわけだし、お金がかかっているわけですから、給料は払いませんが、参加した人たちはプロジェクトに参加するということでいろいろな便宜を受けているわけなので。

国分 私の所長時代も、かなり前のものを遡及して出してもらったことが

あります。
　司会　それがセンター発足当時からの掟だった。
　国分　掟ですね。
　小田　絶対のルールです。
　国分　その辺は出版やニューズレターに関わった鈴木さんからお話があるのではないでしょうか。
　司会　実は過去の記録をたどってみますと、鈴木先生がこのセンターからいちばんたくさんの書物を出されている。
　鈴木　そうですか。それは気がつきませんでした。

慶應の特色ある地域研究の伝統

　鈴木　私と地域研究センターとの関わりは、可児弘明先生から推薦されたのと、山田辰雄先生が一本釣りで、とにかく法学部や経済学部以外のところから地域研究をやる人が誰かいないかということで選ばれたわけです。ですから、もともと可児先生の流れをどう発展させていくかが私に課せられた使命だった。

　地域研究というのは、基本的にアメリカの東南アジア戦略、あるいは対ソ連というか、冷戦構造の中で、政治的な軍事作戦の一つのエリアとして設定されてきたのです。しかし、慶應にはそれとは全然別の戦前からの独自の地域研究の伝統があり、日本の植民地政策の影響が絡んでいました。

　慶應における地域研究センター以前の地域研究には二つの流れがありまして、一つはイスラーム研究です。これは、戦前から慶應と関わっていた、井筒俊彦先生というイスラームの大家がおられますが、語学が非常にできる方でしたから、アラビア語だけでなく、さまざまな語学を駆使して、イスラームを研究の中心に据えてきた。これは戦前の日本の東アジアの植民地化において回族、イスラーム勢力をどう懐柔していくかという流れと若干絡んでいた可能性があります。

　戦後になって、いわゆる学問研究として、井筒先生がやってこられた宗教研究と共に、『アラビアン・ナイト』の翻訳で知られる前嶋信次先生が東洋

第Ⅱ部　《座談会》　地域研究センター・東アジア研究所の 30 年

鈴木正崇氏

史専攻に着任しました。前嶋先生はもともと台湾の台南で先生をなさっていて、満鉄関係のイスラーム資料に出会って、日本における戦後のイスラーム研究を促進しました。前嶋先生が、井筒先生と組むような形でイスラーム研究が少しずつ広がっていった。その流れがありますね。今も、文学部の東洋史でこの流れは維持されている。

　もう一つの流れは、東南アジア研究で、語学が堪能な松本信廣先生が、地域研究だけでなく、神話学やエスノロジーの民族学も含めて、戦前に幅広くなさっていた。ただ、松本先生もただ幅広くやるのではなくて、東南アジアを視野に入れて、特にベトナム研究に力を入れていた。

　松本先生が戦前、ハノイで活動していたフランスの極東学院の方々と関係があったので、そこの資料をもらって日本へ紹介した。研究者を集めて、戦後初めての海外学術調査を組織した。それが稲作民族文化綜合調査団で、戦争が終わって間もない時期に、まだ民情もあまり落ち着いていないときに東南アジアに学術調査隊を送りました。この中から、さまざまな形で民族学者が育っていったわけです。

　この調査団に民族問題やエスニシティを研究した綾部恒雄先生や、岩田慶治先生などが参加していました。日本における Area Studies 以前の地域研究の流れが、意外にも慶應を中心にあったのです。それは後にベトナム研究のような形で、歴史書の翻刻や、言語・歴史の研究など、幅広く展開していきました。

　東南アジア研究と、イスラーム研究は、その後、どう受け継がれたかというと、東洋史の中に流れ込んでいきます。その流れをくんだのが可児弘明先生であり、神話学の伊藤清司先生であったのです。後に東洋史と日本史と西洋史はシャッフルされて、その中から民族学考古学専攻ができます。実は私は、大学院は東洋史にいたのですが、そのころは渾然一体というか、歴史学と称しながら、あまり純粋な歴史ではなく、文化史や口頭伝承を重視する伝

統が強かったのです。

その中で可児先生は香港に長くいてそこを拠点にする地域研究を促進しました。当時は中国が大躍進から文化大革命へという政治の激動の時代で、中国研究が現地でできない状況にあって、Residual China、残された中国の研究を推進しました。香港が重要な研究拠点になり得るような潜在力を秘めていた時代です。香港に長くおられ、そこを拠点に次第に東南アジアに広げて華僑・華人を視野に入れた地域研究をやってこられた。

おそらく山田先生、あるいは小田先生もそうだと思いますが、政治や経済とは少し違う視点で地域研究に関わる人が欲しいということで、私が登用されて、戦前以来の地域研究の流れをくんで副所長をやることになったということです。

国分 なるほど、とてもおもしろいですね。所長は小田先生で、そして2人の副所長が可児先生と山田先生で、3人がとても仲がよかったという印象があります。いつも3人で、部屋でお話をされていたのをよく覚えています。ある意味では可児先生がセンターを学内で広げてくれたというか。つまり、法学部の政治学科中心でできていた地域研究センターが、可児先生のおかげで、他学部に広がっていったという感じがします。

私も可児先生の香港や苦力（クーリー）の研究など、近代中国についての業績は知っていたけれど、ほとんどお話しする機会がなかったのが、これを契機に可児先生ととても親しくなれた。それがセンターでの私の貴重な出会いで、可児先生のなさっていた華僑華人のプロジェクトが最も印象に残っていますし、勉強にもなりました。

小田 可児さんは私と同学齢ですが、私から見ると香港研究者なんですね。香港研究をやっていると、かなりの部分で華僑の研究になりますよね。華僑の研究というのは全世界に関わりをもつので、彼は非常に幅広い視野をもっているという印象です。

例えば私のアフリカ研究にしても、実は華僑研究も部分的に関係がある。アフリカのどこへ行っても中華料理屋があって、「こんなところにもあるの？」という感じなのです。可児先生はそういった意味で非常に広い視野をもった方です。研究がそういう研究だから、これを人脈という言葉でいうと

少し俗っぽくなってしまうけれど、いろいろな人と関わりをもっている人なので、そういう意味でも国分さんがおっしゃったように、法学部政治学科をベースにしてでき上がっていった地域研究センターの、外に開いた大きな窓のような、そういう役割を可児さんが果たしてくれたような気がします。

　私はよく知らないけれど、可児さんはあまりこういう役職は好きではないのではないか、だから副所長を引き受けてくれないのではないかと思いながら打診に行ったら、即答はしませんでしたが快諾をしてくれたので、本当にほっとしました。大きな存在感をもっていましたね。

　鈴木　可児先生も結局、純粋な歴史というよりも社会史の研究者ですね。民衆の側に視点があるということになってくると、東洋史という枠組みでは自分の学問を発展させるわけにはいかない。だからといって、言語文化研究所のように言語中心だけで研究を進めている研究所でもうまくいかない。政治学と関わりがあるけれども、完全にそこに一体化するわけにもいかない。それをつなぐような役割として、地域研究センターというのは、可児先生にとっては非常にやりやすい場だったと思います。

　それを私もできるだけ引き継ぐような形で、外に開いていく役割を果たしてきました。ですから研究所の講座にかなり私の好みでいろいろな人を呼びました。独特の偏りがあると思うのですが、できるだけ一般の人に地域研究の面白さを広めたい、あるいは東アジア研究を今後どう構築していくかを考えてみたい。そのような問題意識を共有して、学問に接する機会を一般に開いていくという試みをしてきました。今年（2014年）もアジアの文化遺産をテーマに研究所講座を主宰します。そういう点では地域研究センターや東アジア研究所は、私にはやりやすい場であったと思います。

アメリカと日本における地域研究の相違

　小田　今、鈴木さんが最初のほうでおっしゃったことで、地域研究の問題として非常に重要なのは、誰もが分かっていることですが、生い立ちがあまりきれいではない。つまり戦争目的に沿う形で、特にアメリカで、第二次大戦中に地域研究は発展してきた。そういったものを引き継いでいるわけです。

ただ、日本の場合には、そういうものを地域研究として引き継いではきたけれども、生い立ちのやましい部分というか、そういうものをあまり持っていない。例えば、エドワード・サイードが名著『オリエンタリズム』の中で、地域研究のことはよくいっていない。汚れた、醜い、新造語だといっているようです。彼自身の出自、彼の置かれた研究環境等々から考えて、地域研究の出自に由来する汚れた部分からどうしても目をそらすことができない。きれいな顔をして、きれいな衣装をまとって登場しているけれども、実はその衣装を脱ぎ去ってみると、何か怪しげな、汚い部分があるのではないかということを考えているような気がするんです。

しかし我々、戦後の日本の地域研究者はそういうものとしては受け継いでいないし、戦後日本というのは、国家目的に沿うかたちで地域研究を推進しなければならない立場になかったから、地域研究者の育ち方というのは、割合きれいなのではないかという気はするんです。

ただ、これは日本の地域研究の話であって、世界的に地域研究を見たときには、やはりそういう汚れた部分がどうしても払拭できないということはあるのかもしれない。地域研究とは何かといってしまうと堅すぎるけれど、そういったことをもう少し我々も問い直さないといけないのかなという気はしますね。

鈴木 アメリカの地域研究は、ベトナム戦争終結と同時に急速に衰えていきます。逆に日本の地域研究はベトナム戦争以後、逆に盛んになっていく。ただ、それも西高東低なのですね。西のほうが活発です。西には京都大学の1963年創設の東南アジア研究センター、今は東南アジア研究所になっていますが、それと1974年創設の国立民族学博物館があります。文化人類学を中心とした動きです。ただし京都大学の特徴は自然科学が重視されて、自然科学と社会科学と人文科学という学際的な組み合わせによる地域研究がうまく機能していて、かなり大規模な海外の研究が可能になっていました。

東のほうはやや偏りがあって、慶應は国立民族学博物館創設より10年遅れて、1984年に地域研究センターを創設しましたが、東日本独自の地域研究というよりも、京都大学と比べて、何か学風が違うんですね。慶應ではさまざまな学部のよさを生かしながら、かなり独自の地域研究を作り上げてき

た。アメリカ的な軍事的なエリアとして作戦を立てるための戦略的研究ではなくて、1980年代以降の新しい形の地域研究として、もっと純粋に学問的な要素をもっているものを構築してきたと思います。

国分 特にベトナム戦争が終わって、アメリカが内向きになっていった。その半面、『ジャパン・アズ・ナンバーワン』が出たのが1979年で、そして1980年代がまさに日本の時代になっていくんですよね。その時代に日本でいちばん使われたのが「国際化」という言葉です。

その国際化の大波の中で、日本が国際社会でどう生きていくのかが問われる中で、地域研究と国際関係の重要性がクローズアップされて、それが地域研究センターの誕生などの形になっていったような気がします。日本国内のいくつかの大学院に地域研究専攻ができたりもしました。

そういう流れは、日本が世界にどう向き合うのかという流れの中で出てきたと思うのですが、アメリカの形とはだいぶ違うけれども、地域研究が現代性を問いかけるように、やはり一定程度、政治的あるいは政策的側面があるのではないかという気がします。

小田 国分さんが今いわれたようなことは、アメリカのアフリカ研究についても、感じられることがある。ケネディ大統領時代のことです。彼は、大統領になる前は上院外交委員会のアフリカ分科会のまとめ役だった。だからアフリカの知識も豊富で、アフリカ重視の性向ももっていた。

だからケネディ大統領の時代になると、アフリカ政策が積極化するものだから、国務省の中にもアフリカのポストが増える。そうするとアフリカ志向の学生がいろいろな名門大学で増えて、そういう人たちが国務省その他に職を得ていく。それに呼応する形でアフリカ研究者の有効需要が増えていくわけです。

ケネディ暗殺以後、その傾向が終わってしまうと、また海外との関係はかなり内向きになってしまうものだから、アフリカ研究者の有効需要は減っていくわけです。そうすると、国全体でのアフリカ研究の基盤がやせていって、縮小していってしまう。だから政策がどうであるかということによって、アメリカの地域研究のあり方は、今でも左右される傾向があるのだろうと思います。

日本では、たぶんそういうことはあまりなくて、たとえ日本政府がアフリカといい出したからといって、外務省や経産省でアフリカのポストが急に増えるわけではない。日本はよくも悪くも、研究者に対する社会的な有効需要のようなものが急に増えたり減ったりすることはないので、それによって研究が振り回される度合いというのは、あまり高くない気はします。

　国分　ただ一つ相関があるとすると、1985年のプラザ合意で、日本企業が一挙に海外に出ざるを得なくなるわけです。1ドル250円くらいだったのが、数年で100円台前半まで落ちてしまって、それで結局、企業が海外に出ていくというときに、外を知らなければいけなくなる。また、日本に学べと、留学生も急激に増えていくわけです。そして先ほどいった「国際化」のような言葉が大きく取り上げられる。

　そしてビジネスの世界では、世界のさまざまな地域でビジネスを拡大するために、その地域への理解が必要だという形での需要はありました。その半面、みんながビジネスに行くものだから、学界のほうはかえって学者が育たなかった。その後、バブルが崩壊して、研究の世界もさらに人材確保が苦しくなったというところがあったかもしれません。

　小田　日本の研究者は昔からそういうところがあるけれど、特に政府機関との接触を、少なくとも表向きは避けたがるという……。学問は政府に奉仕するためにやっているのではないぞというのが何となくあって、それは政府だけでなく産業界との関係でもなくはない。

　だから、国分さんのおっしゃったような傾向はもちろんあるけれど、アメリカほどは大きく振れない。今、アフリカは世界の最後の巨大マーケットだと盛んにいわれるようになって、日本の企業もどんどんアフリカへ出ていくようになっているのですが、では日本の研究者と産業界の間で何か新しい接点が生まれるのかというと、それはあまりないですね。少なくとも私は知らない。

海外との交流

　司会　さて、ここまではセンターの出自、あるいはセンター成立の時代背

景の話だったわけですが、次にセンターの発展のほうに話を移してみたいと思います。私は今日の座談会のために、過去のニューズレターを全部読み直してみました。

そうしますと、発足後、滑り出しは極めて順調だったように見受けられます。センターの最初のプロジェクトが山田先生の近代中国人物研究。それからアフリカ・ラテンアメリカ関係史研究、南米ボリビアの日系移民の疾病に関する研究、さらには地中海世界の宗教の研究と、極めてカラフルで、いかにも学際的だなという感じがいたしました。

それに加えて、そうそうたる人物の訪問が相次いでいまして、ウィリアム・スキナー教授に始まって、旧ソ連のミャースニコフ教授、それから韓国の金泳三氏、それからマイケル・オクセンバーグ教授等々、発足してから1年間は極めてイベントの多い年だったように思います。

以前、小田先生に金泳三氏がいらしたときのエピソードをうかがったことがありましたが、もう一度披露していただいてよろしいでしょうか。

小田 今、司会者から紹介があったように、そうそうたるメンバーがセンターにやってきましたが、その前にもう一つつけ加えておきたいのは、地域研究センターは学部の壁を取り払っての共同研究だとか、学部の壁を取り払うどころか学校の壁も取り払って、他大学の人たちとの共同研究もやろう、さらに海外の人たちも入れた共同研究をやろうということで、外との関わりを積極的にもとうというのも一つのポリシーとしてもっていたわけです。

その具体的なあらわれの一つが、人物の来訪でした。今、高橋さんが紹介されたそうそうたる研究者、あるいは政治家などが早くから訪問してくれたのですが、金泳三さんは当時まだ野党の指導者で、命をねらわれる危険があったらしいのです。そういう人を地域研究センターがビジターとして受け入れて講演をしてもらうときには、所轄の警察署へ届けないといけない。というわけで警察署の担当者が下見に来まして、「金さんをいったいどの部屋のどこに座らせるのか」「所長室の窓際のここです」「外からねらわれるおそれがあるので、それはやめていただきたい。所長と入れ替わってくれ」と。私は撃たれてもいいのかといいたかったけれど（笑）、それをいうとまたいろいろ問題だからいいませんでしたが、海外の重要政治家がセンターのよう

な小さな研究機関を訪れるというのは、本当に画期的なことだと思うのです。

そのほか、チュニジアのムハンマド・ムザーリ首相も慶應を訪問したんです。実はこれは慶應で講演をさせてもらいたいという外務省からの依頼だったのですが、石川塾長に相談したら、いいだろうということになりましたが、まだセンターの建物ができていないときなので、記録に残っていないのではないかと思うのですが。

高橋伸夫氏（司会）

司会 ありました。

小田 ありますか。ムザーリ首相が来られて、「チュニジア――昨日、今日、明日」というタイトルで話されました。フランス語の国ですからフランス語で講演をされて、文学部の松原秀一さんが通訳をして、すばらしい講演でした。

ただ残念なことにムザーリ首相は1986年に失脚してしまうんですね。アフリカのことですから、失脚は別に珍しくないのですが。金さんは後に韓国の大統領になったけれど、ムザーリさんは本当はブルギーバという当時の大統領の後継者と目されていた人です。いろいろな事情で失脚してしまいましたが、そういう人物も来た。

もっと後の話になりますが、サディク・アル・マハディというスーダンの首相も来て、センター主催の講演をされた。その方も残念ながら失脚してしまいましたが。

司会 確かに1980年代は、やはり小田先生のお力でしょうか、アフリカの研究者や政治家のセンター訪問がかなりあって、非常におもしろい時期だったと思います。

小田 センターが海外と関わりをもつ方法としては、海外の研究者をプロジェクトの中に組み込むのももちろんあるのですが、海外の研究機関と学術交流協定を結ぶやり方もあります。

これはかなり後の1987年ですが、スーダンのハルツーム大学にアフリカ・アジア研究所というものがありまして、そこと学術交流協定を締結しに

行ったんです。先方からは慶應に助手が1人、東南アジア研究で松本三郎さんのところへ来ていた。けれども、残念ながらこちらからは行く人がいないんです。「君、行かないか」と何人かに声をかけたのですが、「どこですか」「スーダン」「いや、ちょっとスーダンは……」というので、行く人が見つからないうちに、交流協定は5年くらいで期限切れになってしまったかもしれません。

それから、あれは1989年、私が所長の最後の年ですが、マドリードの、ラテンアメリカ研究機関と学術交流協定を結ぶということがありまして、これも私が現地に行って締結しました。文学部の柳田利夫さんがスペインと密接な関係をおもちだったので、柳田さんにむしろその後は窓口になっていただいたと思いますが。

また私の所長時代の最後のころ、中東・アフリカ現代政治の共同研究プロジェクトを組んだときなどは、イギリスのエクセター大学の先生がメンバーに加わって、研究の面でも直接の交流ができました。もちろん中国問題や朝鮮問題だと、もっと頻繁にそういうことが行われました。

司会 記録によりますと、スーダンのハルツーム大学と学術交流協定を調印したのがセンターにとって初めての交流協定だったのではないでしょうか。

その次が、スペインのイベロアメリカ研究センターとの交流協定でした。

小田 そうですね。実質がどれだけついてきたかは私も分かりませんが、割に初期のうちに機関レベルでの海外との交流ができました。

国分 中国の場合、復旦大学との交流が盛んでした。

司会 王滬寧（ワン・フーニン）氏が復旦側の中心でしたか……。

国分 そうです。講演は何回かやってもらいました。

司会 やっています。1989年だったと思います。

国分 彼は1992年にも1カ月程、センターへの訪問教授として慶應にいたはずです。彼はその後中国共産党指導部の最高ブレーンとなり、江沢民、胡錦濤、習近平の3代にわたって理論家として活躍し、現在は中央政治局委員ですね。目立たないようにしていますが、いつも指導者の横に座っている人です。

司会 本当におもしろい人たちがセンターにやってきたと思います。

第Ⅱ部 《座談会》 地域研究センター・東アジア研究所の30年

　過去の記録をひっくり返してみて驚いたことの一つは、バスツアーを組んで、アジア・アフリカからの留学生と訪問研究員を日本のいろいろなところに連れて行っているということです。

　小田　あれは可児さんの発案でした。

　よみうりランドのほうにある民家園へ留学生を連れて行って、さてその後ですよ。それで三田へ帰ってきて、「はい、さようなら」ではあまりにも寂しいので、ビールぐらい飲もうよと。それで可児さんが、あそこのビール工場へ行けばただで飲めるから、工場見学をやろうよと提案された（笑）。

　国分　そうか。さすが知恵袋。

　司会　そうなんです。ツアーの最後にアサヒビールの大森工場に行って、そこでビアパーティをやって。

　司会　その、アジア・アフリカからの留学生を連れてバスツアーに出かけたのが1986年7月となっています。

　小田　そうするとセンター発足の2年後くらいですかね。

　司会　それからやはり同じ月のことですが、「北東アジアの政治的展望」というタイトルで国際会議をやった後、外国からの会議参加者のご夫人たちを連れてバスツアーが組まれていました。浜離宮、浅草を回って、そして最後に屋形船に乗って。

　国分　屋形船は覚えているな。

　小田　それもたぶん、可児さんの発案ですよ。屋形船に乗って魚を網で捕って、その場で揚げて食べるというものでした。

　司会　鈴木先生も、この国際交流に関して何かありませんか。

　鈴木　地域研究センターは、意外にも海外で活動するための予算は潤沢だったのですね。ただ、徐々に減ってきましたが。以前はプロジェクトをやると、塾当局から海外調査の費用が相当出て、かなり自由に交流ができた。向こうから呼ぶこともできたし、こちらから行って交流することもできた。

　そういう点ではとても利用のしがいがあり、いろいろな方とプロジェクト以外でも交流をもちました。プロジェクトメンバーだと固定しすぎてしまうので、もっと広く研究者を呼んだり、あるいは海外で調査したりという形では大変に有効だったと思います。

ニューズレターの役割について

鈴木　昔のニューズレターをご覧になったと思うのですが、以前はかなり個性的だったのです。私が山田先生から頼まれたのは、ニューズレターの編集を担当してくれということで、いろいろな特集を組んだり、写真を入れたりして、少しおもしろくしました。北京のレストランの特集なども前にありましたが。

そういうことで、堅い研究だけでなくて、柔らかい交流もできる。地域研究というのはもっと膨らみがあって、内容豊富でおもしろいんだよという発信機能もあった。今は事務的な方向になってしまって残念ですが、こちらも忙しくなってしまって、そこまで精力を割くわけにいかなくなってしまったという事情もあります。

今後は事務的な連絡も必要かもしれないけれど、ホームページをもっと活用して、外に対して、地域研究のおもしろさを伝えるような情報を発信する必要があります。昔のニューズレターを、今も読めるようになっているかどうか分かりませんが、スキャンしてどこかに保存しておけば、外からアクセスして見られるようになって、新しいアイデアが生まれるといったことも考えられると思います。

地域研究は2種類あって、マクロな地域研究とミクロな地域研究です。法学部の先生方はどちらかというとマクロな地域研究で、我々がやっているのはミクロな地域研究です。つまり延々とやり続けるのです。しかも定点観測で、例えば、特定の村との間にいろいろな関係ができたら、ひたすら通うというか。それで20年、30年の変化を見ていくという息の長い研究です。地域全体よりも地域社会が我々の研究の一つの原点ですので、結果的に変化を見ることが重要だと思います。それに寄り添って現場で見ていくということです。

さらに地域研究の交流は、ある意味で民間外交だと思います。政治家同士の交流とはかなり違う。現地の相手もだんだん年をとっていく中で、若い世代も生まれてきて、交流が1世代だけでなく、2、3世代にわたって続いていくような、そういうミクロな地域研究というのも必要かと思います。

第Ⅱ部　《座談会》　地域研究センター・東アジア研究所の 30 年

　国分　鈴木さんがずっと長く地域研究センターを見てこられた歴史がまさにそのような感じですね。

　鈴木　そうかもしれませんね。

　司会　確かに過去のニューズレターのほうが、今のニューズレターよりもずっとおもしろいのです。写真も豊富ですし、それから読み物としても大変興味深いものがたくさん載っています。時には香港の移民に関する資料などもありまして、本当に読む価値のあるニューズレターだなという気がしています。これも鈴木先生の編集でしょうか。

　鈴木　これも実は私が編集して、最初のところに何か書いていると思います。

　司会　これはニューズレター 100 号を記念する号ですが、これには 34 人もの人が寄稿をしていまして、ボリュームからいっても内容からいっても、ニューズレターの域をはるかに超えるようなものになっている。

　地域研究とは何だろうという問題を考える場合に、これは十分に一つのテキストになり得るのではないかと思えるくらいです。例えば、地域をトータルに把握しようという試みや、研究者それぞれのディシプリンの関係はどうあるべきかとか、グローバリゼーションが進む中で地域をどう捉えたらいいかとか、コンピュータの空間の中でバーチャルエリアの登場が叫ばれているけれども、それをどう理解したらいいかといったような問題がさまざまに語られていて、大変おもしろい。

　おそらく鈴木先生、これは編集に非常に苦労されたのではないかと思いますけれども。

　小田　苦労したかいがあった、見事な出来になっているわけですね。

　司会　見事だと思います。

　鈴木　いえいえ。だんだん時間的余裕がなくなってしまって、こういうことができなくなって少し残念ですが、時代も変わりましたからね。冊子体で読む時代から、イメージで見せることも重要な時代になりました。パフォーマンスというか映像や動画なども使いながらやっていく時代になったので、紙面だけでの発言は終わっているかなという感じはします。

　ただ、少し発信機能を工夫すれば、いろいろなことができます。これも予

221

算次第ということになりますが。

　司会　ニューズレターやホームページには、確かに工夫が必要だなと思っています。

さまざまな地域研究のあり方

　小田　後で出てくるテーマなのかもしれませんが、地域研究というのは、国分さんなら中国研究、私はアフリカとか、それぞれの地域をもっているわけですが、実は地域研究センターに限らず地域研究がやらなければいけない研究の側面の一つに、地域間の関係がある。それぞれの地域は孤立して存在しているわけではない。世界の中にさまざまな地域があって、実はその地域の切り分け方も固定的ではなくて、その研究者の問題意識によっていかように切り分けても地域は成立するのだけれども、いずれにしても地域は孤立して存在するわけではない。

　そうすると、それぞれの地域間の関係によってそれぞれの地域はどう影響を受けて、どのように変わっていくのかということも、実は地域研究の視野の中に入れておかなければいけないのではないかということを、私は前から思っていて、それで初年度の研究プロジェクトにアフリカ・ラテンアメリカ関係史研究を取り上げたのです。

　それは国際関係論との関係もあるのですが、国際関係論の中で見ていくと、国も国際関係の中の一つのアクターだけれども、地域もアクターなんですね。だからさまざまな地域の相互作用というようなものを、もう少しそれぞれが見て視野を広げていかなければいけないのではないか。

　そういう点でいうと、偶然なんですけれども、初年度は経済学部の矢内原勝さんと私のアフリカ・ラテンアメリカ関係史研究だけでなく、地中海世界をめぐる宗教の比較研究も組まれたことはたいへんよかった。後者は南欧とイスラム圏を対象とした共同研究で、いわゆる地域研究の対象として設定される常識的な地域を超えた研究になっているんですよね。そういう研究ももう少し積極的にやれればいいなという気が非常にするんです。

　例えば、中国とアフリカについていうと、私もやりましたけれど、中国の

第Ⅱ部　《座談会》　地域研究センター・東アジア研究所の30年

アフリカ政策のような研究は、むろん有意義だけれども、中国とアフリカの地域としての関わり合い、相互作用という観点からすると非常に物足りないと自分で思うんです。

だから、今、外国語は最低2カ国語はできないと研究者として使いものにならないなどといういい方をする人もいるくらいですが、地域も実は複数地域に関心をもつくらいでないと、地域研究をもう一段先へ進めることになっていかないのではないか。「私はアフリカだけしか知りません」では、困るのではないかという気がしています。

鈴木　マクロな地域を考える場合に、やはりそれぞれ微妙に違います。例えば東アジアとは、歴史的な関係性とか、表意文字文化圏という性格がかなり強かった。それに対して東南アジアは、かなり人工的にアメリカが設定し、冷戦構造下でできた、むしろ新しい、かなり軍事性を帯びた空間です。これに対して南アジアというのは、宗教とカーストとか、宗教と社会といったものがかなり重要なウエートをもっている。さらにイスラーム圏や西アジアを考えた場合には、宗教と政治が合致していて、日本と違う、政教分離でないところが特徴となっている。

それぞれの地域によって違うのです。それぞれの地域の、広い意味の個性をどう比較するか、また、どう交流するかではやはり複数地域を視野に入れていくことが必要ではないか。

さらに現在は高度情報化社会ですから、どんどん交流が広がっていくのです。今までと全く違うコミュニケーション手段ができているので、ある意味で地域が無化していく時代ですが、移民とか移住とか、華僑華人などはその典型かもしれません。今は華僑華人だけでなくインド人もかなり移動している。印僑とも日本人はどんどん交流していかないといけません。そのように地域を越える研究をかなり縦横無尽に展開しないと、現代の動きについていけない側面があると思うのです。

現在では、東アジア研究所とか地域研究などという枠にあまりとらわれないほうがいいのではないでしょうか。ただ、枠組を外しすぎてしまうと目標を失いますので、そのあたりの微妙なバランスをとりながらやっていく、それが課題ではないでしょうか。

第Ⅱ部　《座談会》　地域研究センター・東アジア研究所の30年

　司会　今、小田先生に地域間の関係の問題を指摘していただき、それから鈴木先生が、地域を越える、いわば越境していくものに対する視点も重要だとおっしゃいましたが、確かにそのとおりだと思います。

　さらにつけ加えていえば、地域の中に地域を見るというのでしょうか。これは最初の講演者であるウィリアム・スキナーなどがまさにそうだったと思いますが、彼は中国をマーケットの成り立ちから考えて、分割して見ていく、「マクロ・リージョン」という概念を出しました。

　それからこのニューズレター100号記念特集の中で、速水融先生は日本の中にいくつもの日本があると書かれています。人口パターンから見ると、東北と中央と西岸地域では大きな違いがある。家族構成や結婚の仕方や、我々がひとまとまりの地域と考えている中にも実はそうしたバリエーションがあるんだと、そういった視点も必要なのではないかという気がしています。

　小田　それと似ていて別の問題だけれども、日本人が一つの時代を共有しているなどといいますが、実は必ずしも共有していないという問題もあります。例えば第二次大戦中の日本を考えたときに、東京にいて、毎日、米軍の空襲におびえていた人たちと、信州の山の中でアメリカの飛行機なんて見たこともない人たちと、あるいは中国大陸、当時の満州で異常なつらい目に遭った人たちとでは全然違うわけです。同じ1940年代、1944年、1945年といっても全然違う。

　だから、一つの年の、あるいは一つの時代の中にいくつもの様相があって、それはある意味重層的な、いろいろなものが入った時代である。1945年という年についても世界史的な意味はたしかにありますが、実はその意味には地域による違いがある。より細部にわたって見れば、それは例えば一口にアフリカといってもアフリカのどこかにもよるし、また宗主国がどこだったかにもよるし、中国の場合も中国のどこだったかにもよる、そういうところを見るきめの細かさというのも地域研究には必要ですね。

　だから、日本の中にいくつもの日本があるのと同じように、1945年の中にいくつもの1945年があるというようなことも考えていくべきだろうという気がします。私は勝手にそう思っています。

　司会　そう考えると、地域研究というのは繊細さが必要だなと思いますね。

国分 あるところに論文を書いたことがあるのですが、地域研究と国際関係というのはもともとは水と油だと思います。一般的に地域・国際という名称を使うのですが、アメリカでは国際関係学会に地域研究者はほとんどいないのです。

その理由は結局、マクロで捉えてモデル化していくという国際関係の世界と、ミクロの世界の中の個性を切り取る作業とは、もともと視点や方向性が違うわけです。しかし日本の場合は「国際化」という言葉の中で一緒になっていった。もちろん、この二つは断絶すべきものではなくて車の両輪なのだけれど。

また、地域研究の「地域」の切り方、分け方についてもいろいろ議論がありますね。つまり、これは必ずしも一定の地域的な概念ではなくて、宗教や文化などによっても地域研究は成り立つのではないかということです。まさに先ほどの可児先生の華僑華人などもそういうものだと思います。

小田 地域の切り分け方の問題ですが、そういう意味では地域研究というのは認知科学であって、どう認知するかによって地域が決まってくる。それは絶対的なものではないということだろうと思うんです。

国際関係と地域研究はアメリカでは水と油であるということについて、そうだろうなと思いながら、その一方で、例えば南北問題というのは明らかに国際関係の中の大テーマの一つですよね。南北関係というのは国や地域同士の、いってみれば強弱の関係、非対称的位置関係の問題であって、それをどう対称な関係に近づけていくのかが南北問題へのアプローチだとすると、やはり地域研究というのは、国際関係論の中でも非常に重要な一つの考察すべき、あるいは踏まえておくべき要素だろうと思うんです。

だから、その辺のところを国際関係論者はどう考えるのか。国際関係論者もまた、どこか得意な地域をもっていないと、リアリティーを感じさせる研究はできないのではないかという気もしなくもない。

鈴木 地域研究に関しては、地域を研究するという立場と、地域で何か別の一般的なテーマを研究するという立場、それから地域と生きていく立場、3種類くらいの方向性があると思うのです。

どれもそれぞれ長所と短所があるかもしれません。例えば文化人類学者の

ように地域とともに生きていると、本当にミクロのところしか見えない。例えばタイの小さな村を研究していって、タイ全体がどうなるかという話はそう簡単にはいえない。地域を研究すると、あまりにそこに没入しすぎてしまって全体が見えなくなってしまう。そのあたりのバランスが大変難しいかなと思います。

今は激動の時代ですので、とにかく変わっていく、その変わり方にも法則性があると思うのです。地域ごとにかなり違う法則性をもっています。そのあたりを見据えながら現代の動きを読んでいくというか、それに応じた新しい地域研究というのをやるべきなのではないでしょうか。そのときに「地域を、地域で、地域と」という視点を微妙に組み合わせるという形がいいのかなと思います。

東アジア研究所への移行について

　国分　そこから先が、まさに東アジア研究所に議論が移っていく部分です。私が副所長になったのは 1995 年で、1999 年に地域研究センターの所長になりました。その後、東アジア研究所に名称変更したのが 2003 年。1990 年代に地域研究センターを相当活用させていただいて、ずいぶんいろいろな活動をさせていただきました。

　1990 年代、日本でバブルが崩壊し、日本経済が低迷期に入っていく。そして 1997 年のアジア通貨危機があった。あの時代はいわゆるグローバル化といわれた時代だと思うのです。1990 年代初めはアメリカ一極支配なる言葉もあったりして、そういう動きの中で日本が陥没していく。そのときにアジアの他の国々が台頭し、北東アジアと東南アジアをあわせた形でいわゆる東アジアを設定していくという議論ができ上がっていくのですが、そういう中で日本の発信力がどんどん落ちていった時期だと思うのです。

　財政的にもセンターにくる経費が毎年削られていくという現実があり、そしてこのままだとますます縮小していくのが見えていたわけです。地域研究の議論は尽きないけれど、正直にいうと議論がいつも同じところを廻っているように思えた。そこから先にどういくのかという部分を、どうしても不安

に感じていたというのがあった。そこは個人の夢もありましたが、どうにかして慶應に東アジア研究の拠点を作りたいという、中国研究者以外の、朝鮮半島研究者なども含めて、そういう漠然とした夢のようなものはあったわけです。

　地域研究センターができて20年が経ち、もう相当基礎もでき上がったというときに、最初に浮かんだのは小田先生の顔で、先生のところへすぐに相談に行きました。東アジア研究所の構想があるのですが、いかがでしょうかと伺ったときに、小田先生が二つ返事で「それはいい考えだ」といってくださったんです。もう時代は違うのだから、国分君の考えるように、今の時代に合わせてやったほうがいいですよ、それこそ発展ですよといわれたのですね。そのことをよく覚えています。

　いちばん緊張したのは、小田先生に相談するときでした。

　やはり何といっても初代所長の重みがありましたから。それはもちろん説明要領は考えていました。東アジアでもアフリカと比較をするとか、あるいはアフリカとの関係という形ではアフリカ研究も続けられますからと。

　小田　拍子抜けした？

　国分　いえ、そのときは本当に感激をしました。初期のメンバーの可児先生も山田先生も、基本的に東アジア研究ですから。

　そのときにもう一つ議論になったのは、なぜ「東アジア研究」であって「アジア研究」ではないのかと。その議論は鈴木さんもよく覚えていらっしゃると思います。戦前にも慶應に亜細亜研究所が数年間存在したという歴史があるそうで「アジア」に広げるのはよいのですが、そこのところはやはり明確に「東アジア」に絞りたいというこだわりが私には強くありました。結局、わがままをいわせていただく形で、北東アジアと東南アジアを主体にすることになりました。となると、南アジアが抜ける部分があるのですが。

　そこで、これを一つの地理的概念ではなくて、もう少し有機的に、つまりこの東アジアの中に、ありとあらゆる世界の問題が集約されているのだから、そういう意味ではさまざまなイシューを研究テーマとして設定するような形でも組んでいける、そのような理論づけをしたような記憶があるのですが、鈴木さん、そのあたりはいかがでしたか。

第Ⅱ部　《座談会》　地域研究センター・東アジア研究所の30年

国分良成氏

鈴木　とにかく関係性ということです。東アジアと限定しないで、さまざまな地域との関係でいろいろと広げられるのだという議論は非常に説得力があったと思います。

地域研究というと世界全体に広がりますから、少し焦点がぼやけることになります。そういう点では東アジアと限定して、戦略的に動いたほうがプロジェクトもまとまりがよくなり、焦点が定まっていくし、収斂力があります。そういう点では東アジア研究所になって以降もそれ以前と比べてそんなに違いはないと思うのですが、よりわかりやすくなったといえます。東アジアにおける何々という、その発想の所在がどこかにあるかを明確にすることによって、求心力が高まったかなという感じはします。これは成功だと思います。

小田　私も国分さんから先ほどの話があったときに、もちろん大変いいアイデアだと思ったから賛成したのですが、それ以外にもう一つ、私のスタンスとして、辞めてしまった人間が、「ああせい、こうせい」はないだろうといつも思っているものだから。例えば仮に「法学部が今度、名称を変えたいと思いますがどうでしょう」といわれても、もう退職してしまった人間としては、それは「どうぞ」というと思うんです。

少しくだけたいい方をすれば、確かに地域研究センターは私が創業者かもしれないけれども、別に代々世襲でいくわけではないのだから、それは時代とともに変わらなければいけないなと。

もう一つはやはり、過去20年間の地域研究センターを見てきて、私にしてみれば期待以上ですが、でもやはり日本国内全体で見ると、これだけ実績があるのにやはり看板がはっきりしないから何となく影が薄い部分もあるんです。地域研究は我々にしてみれば研究領域として当たり前の名称ですが、日本全体で見ていくと、地域研究といっただけではぴんとこないという面はまだ否めないと思います。

だから研究機関としては東アジアでも、アジアでも何でもいいのですが、具体的な地域の名前を看板にしてしまったほうが、イメージを植えつけると

いう意味でもいいのではないか。

　少しその話題からはみ出していうと、今は緊縮財政でだいぶ減っているのかもしれませんが、研究費は高橋産業経済研究財団からいただいて、出版費用は塾当局が出してくれて、我々のころはかなり潤沢だったんです。だから研究成果はかなりたくさん印刷して、いろいろなところに配付できた。ただ単に本を出しましたといって新聞広告を出してもだめで、本を送るとそれが非常に具体的な発信になるわけだから、そういった意味の発信力はずいぶんあったと思うんです。もし個人で出した本だったら、とてもそこまでは配りきれないだろうというようなところにも配れたという面があります。

　国分　メーリングリストから何から何まで地域研究センターのベースが全部ありましたので、その後、東アジア研究所を作るのは非常に楽でした。基礎はでき上がっていましたから。

　小田　そういう意味で非常に発信力はあったんです。本当に幸いだった。

　国分　実績も多いですからね。

　小田　名前がはっきりすると、研究所の存在が明確になってくるので、そういった意味でも変えてよかったのではないかと思います。

　司会　東アジア研究所になってからの最初のニューズレターがここにあります。国分所長の巻頭言があって、そこで、なぜ東アジア研究所なのかという説明があります。

　この中には、先ほどおっしゃった財政的なシュリンクという問題があったことについて言及はありませんでしたが、現実には財政的問題もあったかと思います。

　国分　結局は存在感ですよね。そこのところが非常に心配になってきたのです。ただ東アジア研究所設立後も基本的には地域研究センターとやり方は何も変えていないんです。名称は変わったけれども、プロジェクト、出版、ニューズレターにせよ、あるいはさまざまな座談会、セミナー、講演会にせよ、基本的にほとんど変わっていないと思います。もちろん地域研究講座が東アジア研究所講座に変わったということはあるのでしょうけれど。

　それに財政基盤の問題などもあったので、どうにか自分が辞める前には東アジア研究所のさらなる財政的、人材的、学内的基盤をしっかりさせておき

たいと思いました。

　実は学内で反対というか批判もあったんです。慶應が押し出すべきはアジアではないといい出した人がいるのです。慶應が売り出すべきは福澤諭吉の伝統ある欧米社会ではないのかと。つまり脱亜だと。どうして福澤諭吉の慶應で、東アジアを前面に掲げるのかといわれたんです。

　小田　学部内で？

　国分　学部ではないです。学内の会議でいわれました。

　そのときを今でも覚えているのですが、福澤諭吉を勉強していますかと反論したのです。福澤諭吉は朝鮮から留学生をとり、アジアと向き合おうとしたではないですかと。

　その後、福澤が信頼していたかつての朝鮮からの留学生が暗殺されるということが起こって、そのときに初めて「脱亜」という言葉を使った。「入欧」という言葉は使っていない。要するに「脱亜入欧」というのは世の中が使った言葉で、福澤はそのときにアジアと仲よくしたかったのにできなかったという、そこに悔しさのようなものがにじみ出ている。

　もう一つ私がいったのは、福澤がそのとき西洋に学べといったことは革命的なことだと。その時代に本来野蛮と思われていた西洋に学べということ自体が、彼の進取の精神だと。今の時代に福澤精神を適用するとすれば、それは欧米にだけしがみついているという発想なのかという議論で、先の時代を読んでいくことのほうが重要ではないのかといった記憶があります。ここ慶應では、福澤をもって福澤を制さないとだめなのですから（笑）。

　小田　福澤先生は早くも明治2年、1869年に、『世界国尽』という本を出版しましたが、その中にはアフリカまで含めて全世界が視野に入っている。だから、特に欧米とか何かに視野を限る必要もなければ、別に東アジアがあってもいいではないかという気もしますね。

　司会　ところで財政的基盤と関わる話ですが、地域研究センターと東アジア研究所の発展を振り返る際に重要な役割を果たしてきたのは、やはり高橋産業経済研究財団の支援であったかと思います。この高橋財団からの助成を受けて刊行された地域研究センター叢書は、1989年に出された山田辰雄先生の『近代中国人物研究』が最初で、それを含めて34冊。そして東アジア

第Ⅱ部　《座談会》　地域研究センター・東アジア研究所の30年

研究所叢書になってからは20冊。合計で54冊にのぼっています。これは堂々たる成果だといってよろしいかと思います。

この財団から支援を受けた研究プロジェクトは、研究成果を出版という形で発表する。通常2年の研究期間が終わっ

小田英郎氏（右）と国分良成氏（左）

た後、2年以内に出版ができるように準備を行うというルールが、どうやらこの研究所の最も重要な掟のようです。これまでは、それがほぼ厳格に守られてきたように思います。

そもそもこの財団の支援を受けられるようになったきっかけは、どういうことだったのでしょうか。

小田　詳しくは分かりませんが、石川塾長が話を決めてくださったのだと思います。あの財団はもともといろいろなところに学術助成をしていたのですが、地域研究センターとして年間800万円研究助成を受けるということでした。そのぐらいの金額は助成できますという了解があったんです。

国分　たしか石川先生が現在のミネベア株式会社の経営者だった高橋高見氏と親交があり、その会社を基礎にできた財団が高橋産業経済研究財団でしたね。

小田　そういうことなんです。ですから、地域研究センターが自力で研究資金を見つけてきたわけではなく、きちんと資金の確保の話まで塾長のほうで決めてくださったんです。

国分　東アジア研究所への名称変更についても、もちろん石川先生にご相談したわけです。

小田　今は研究資金は減ってきているんですか。余計なことを聞く気はないけれど。

司会　実は今後のセンターの展望にも関わってくる話になるのですが、最後にその話に入りたいと思います。

2003年に東アジア研究所になって以降、この研究所もさまざまな面で進化を遂げてきたように思うのです。その最も象徴的な出来事は、2007年の現代中国研究センターの成立と、それに続く、現代韓国研究センターの成立ではないかと思います。これによって東アジア研究所という名称に、さらに豊かな内実がつけ加えられた感じがします。

現代中国研究センターについていうと、そもそも設立の目的の一つが次世代研究者の養成という点にありまして、今、博士課程の院生たち、それから博士号を取ったばかりの若手研究者がセンターの支援を受けて海外へ行き、極めて若いうちに中国語、英語で、研究報告をすることが可能になりました。つい先月も私は、院生7人を連れて、UCLAまで資料調査に出かけましたが、こんなことは私の院生時代には全く考えられないことでした。

もちろんよいことばかりではなく、課題もあります。例えば今、人間文化研究機構（NIHU）からの財政的支援を受けることができていますが、それもずっと続くわけではなくて、それが切れた後、いったいどうやってセンターの財政を賄っていったらいいのかという問題もあります。

東アジア研究所の将来に向けて

司会 今後、東アジア研究所の将来を考えた場合に、この研究所がどういう方向に発展していったらいいのか、何を目指すべきかについて、先生方のご意見をぜひお願いいたします。

国分 私は2007年に研究所の所長を降りたのですが、その前に中国研究の基盤も作っておきたいと非常に強く思っていたので、山田辰雄先生も関係していたNIHUの支援で現代中国研究センターを設置しました。正直にいうと、東アジア研究所で文部科学省のCOEをやろうと思ったこともあり、申請の概略を作成したのですが、できませんでした。なぜかというと、教育機能がないので、COEの目的に合わないということだったのです。

それでNIHUに関係していた山田先生が、現代中国研究の拠点を主要大学に作りたいという文科省の意向があるとの話をもってこられた。NIHUのもとで最初にイスラーム研究の拠点形成が始まり、その後に中国をやりたいと

いうことでした。それに山田先生が絡んでおられたのも幸いして、その構想をとにかく慶應の東アジア研究所の中にもってくるということで、そこでいちおう組織的な基盤とある程度の財政的な支援というものができた。それができたことで私は所長を退いたのです。

　ただ、そのとき心残りだったのは、現代韓国研究センターがないということでしたが、小此木先生がその前後から非常に尽力されて、韓国国際交流財団（Korean Foundation）の支援により、添谷所長のもとで設置にこぎつけました。それで 2009 年 4 月に現代韓国研究センターができて、両目が開き、東アジア研究の組織的な基盤が学内に根づきました。

　ただし今後の課題としては、財政的な基盤は永遠ではないので、そういう意味では学校だけに依存できない。高橋財団にこれまでお世話になりましたが、外部資金をもっと多様化させなければならない。

　もう一つは、これまでは教育をほとんどやってこなかったのですが、そこの部分が全くなくていいのかどうか。今は研究所講座という形であるのですが、少し授業を提供するとか、講座そのものを授業として開講するとか、そういうことは可能になるのではないかという感じもしますね。

　さらに、研究所は何といっても国際性がないといけない。これまでも国際性という点では、慶應の中でも断トツにそれを進めてきた機関の一つだと思いますが、これをとにかく維持して、発信力も含めてやっていかなくてはいけないという感じです。

　司会　確かにお金のことは頭の痛い問題で、最近、私は思うのですが、鄧小平をもじっていえば、白猫だろうと黒猫だろうと、右だろうと左だろうと、お金をもってくる所長がいい所長だという気がしていまして、財政基盤の多角化はどうしても図らなければならないだろうと思っております。

　小田　例えばそれは、高橋財団以外の外部で、いろいろ募集が出ていますが、それらにセンターのプロジェクトとして応募するということを、これからは考えてもよいのではないでしょうか。ただ、それが採用されるかどうかは分からないという問題はありますが。

　司会　そうなんです。

　先日、バークレーの東アジア研究所長のケビン・オブライエンという方が

来まして、バークレーの東アジア研究所の場合、学校から下りてくるお金は研究所の予算のわずか3％で、残りの97％はすべて寄付によって賄われている。あなた方も寄付集めをもっとしっかりやったらどうだといわれて、なるほどそうだなと。

国分　ただ一つ問題なのは、大きくなると事務スタッフの負担も大きくなります。事務方も増やせればいいのですが。

小田　難しいところがありますね。

司会　もう1点、オブライエン所長が、これからはモンゴル研究センターとインド研究センターを作って、東アジア研究所という名称から「東」を取って、アジア研究所にするという構想がもち上がっているといっていました。もしかすると我々にも、そういうときがくるかもしれません。

国分　資金の規模が違いますからね。

鈴木　やはり時流の先を読むということ、これが重要だと思うのです。魅力あるテーマ、魅力ある問題意識を常にいかにして持続するか。これは耳学問に限ります。つまり本だけ読んでいてはだめです。緩やかな知的なネットワークをいかに多彩に展開していくか。そこで好奇心を飛翔させるというか。理想論かもしれないけれど、これが大切です。

重要なのは、自分の専門以外のものに関心をもち続けるということでしょう。意外とこれが大切なのです。いつも狭いところだけでやっていないで、もっと広い場所に出ていく、これが地域研究の本来のよさです。東アジア学会という組織はないけれど、東南アジア学会、南アジア学会、アフリカ学会はあります。そこへ行くと、自然科学から始まって、気候の話や人口から経済や文化や社会まで、みんな少しずつ違う立場である地域を考えているということがわかります。そうすると意外な発見があるのですね。

例えば環境問題というのは複合的なテーマです。地球温暖化にしてもそうです。こういう課題に取りくむには、緩やかな知的ネットワークが絶対に必要だと思うのです。東アジア研究所が環境といった複合的なテーマに取り組む場合には、どういう形でリーダーシップをとってやっていくかが試されます。環境には限りませんが、広がりを持つ問題を発見して研究の組織を作る。そこに研究所の将来の発展がかかっているのではないでしょうか。

パトロンの問題は非常に重要です。戦後まもなく財界人の渋沢敬三が九学会連合を組織しましたが、これは今でいうと本当に学際的なグループ研究でした。これは国内での地域研究でしたが、理解のある経済人がパトロンとして必要でした。この点では高橋財団はとてもよかったと思うのですが、やはり高橋財団だけではリスクが高いので、もっと外に打って出て、資金を集めるような企画もある程度は必要ではないかという気はします。

これだけ面白いことをやっているのだから、どうですかという話をもちかけて、うんといわせるようにしていく。これが課題だと思うのです。

小田 確かに今話に出た耳学問は大事だと、私も本当にそう思います。私が研究者になりたての、学校に残してもらった助手のころや、専任講師時代、助教授時代には、やはり学内外の仲間との交流がいろいろ役に立っているんです。

その人の学問に全面的に敬意を表しているわけではないけれど、誰しもいいことはいうわけで、そういう話をいろいろ聞いていると、やはりプラスになる何かがあるわけです。他の人の話が一種の触媒のようになって、何か新しいアイデアが出てくるとか。

案外そういうことは大事なので、少し難しいけれど雑談会を時々主催するとか。それなら金もほとんど要らないから、案外悪くないのかなという気がします。

それから国分さんがいわれたように、本当は教育機関的な面ももちたいですよね。ただ、教育機関にするのは学内的には簡単ではないので、どうしたらいいだろうと思うのですが。

国分 講座を提供するなどというのはできると思うのです。

小田 今、大学の中には、財政的に苦しいところがたくさんあるわけですよ。苦しいけれども設置基準の縛りぎりぎりまで教員を減らしている大学があるわけです。そういう大学に出前授業のような形で講座を提供するとか、何とか工夫できないだろうか。

そうした形で他大学へ行って講義をすることによって、若い人がその面で育っていくという効果も期待できる。そういうワンセット出前講座のようなものを編成していってもいいのかなと。私は年ですからもうやる気はありま

せんが、オーガナイザーとして出ていくのは、別に定年後の人でも構わないわけでね。

国分 もう一つ、私がセンターや研究所で経験して得たいちばんの財産は何かといわれたら、やはり学部の壁を壊したことですよね。これを取り払うということがいちばん大事です。

それこそ可児先生も鈴木さんも、それから和気さんもそうだけれど、もしこれがなかったら、そんなに親しく話すことは、おそらく慶應に何十年勤めてもなかったでしょう。そういう横でのつながりから、違う分野の人と話をしたり、雑談の中からいろいろなものが生まれてきたところはあるので、やはりそういう場が必要ですよね。

鈴木 文学部には極東証券から援助をしてもらっている出前講座があります。例えば、日吉に半期ですが、「東アジアの伝統と挑戦」という連続講義です。報告書を作らなければいけないのですが、全面的に援助が受けられます。韓国や中国、台湾から講演者を呼べるぐらい余裕があるのです。講演料も出します。フレッシュマンの1年生に、東アジア研究の面白さを伝える機会があることはとても大切です。

この講座の場合、パトロンがいるのでかなりやりやすい。私自身はあまり出ていかずに、ある程度アレンジして、講師は4人ぐらい、3回ずつぐらい担当してもらいます。それぞれに個性的な東アジアの現状を知ることができます。これはまさに極東証券という企業の賜物で、パトロンがバックにいないとなかなかできないのです。

さらにこれは授業の単位になります。毎回出席をとって、学生に小さいレポートを書かせます。授業の一環として、組み込むことは可能ですね。

国分 今日、東アジア域内の関係は複雑で、そういうときこそさまざまな企画を活発にやっていくべきです。いろいろ苦しいときにこそ、学問を通じて何でもできるわけですから。いつかまた時代は戻ってきますから、そのときのために、あるいはそうなるために、研究交流を続けるということではないでしょうか。

司会 現代中国研究センターと現代韓国研究センターができて、より研究所の研究活動が制度化された感じはあるのですが、逆に政治学、外交研究、

安全保障研究が少し突出してしまって、隣接諸科学、社会科学との対話という点では、自分たちから見るとやや対話が薄れてきてしまったかなという感じも受けます。

　その面では地域研究センターができた当時のにぎやかさといいますか、開かれた雰囲気をもう一遍取り戻すような努力をどこかで積極的にしたほうがいいのかもしれません。

　小田　地域研究センター発足のころ、アフリカ・ラテンアメリカ研究のメンバーを見ると、塾内が4人、経済の矢内原さんと、私と、あと2人いるのですが。それで塾員（OB）研究者が2人なんです。塾員というのは、卒業生で他大学に行っている人ですが。それから全くの塾外が3人で、割にいいバランスなんですね。

　塾員で共同研究をやりたいのだけれども、通常塾内の資金では対応できないというのが、地域研究センターではできる。塾外の人と共同研究をやりたいといって塾内の学事振興資金に応募しても、無理だけれども、ここならできる。ということで、最初に組んだのは全部で9人ですが、そういう内訳です。

　地域でいったらアフリカ専門が4人にラテンアメリカが5人。5対4で、これもちょうどいい。大学の数でいうと6つの大学の人が集まっている。これも非常にバランスがよかったなと思いましたね。

　その次に私が関係した中東・アフリカ研究の場合は、圧倒的に塾外のほうが多いんです。塾内は文学部1人、法学部2人の合計3人、塾員が2人、全くの塾外が3人でそのうち1人はアラブ圏出身のイギリスの学者。非常にバランスがいい。形の上でのことですが、考えていた学部の壁を越え、大学の壁を越え、国境を越えるということができたので、こういう形でずっと続いていくといいなと思うんですね。

　国分　名称を東アジア研究所に変えたことで、これからの一つの大きな問

題は、私もそういう傾向があったと思うけれども、政策的な課題に集中する傾向が強くなりやすいということです。そうすると時間の中で消費されてしまうことも多い。しかしそうした部分もないと研究所の存在感が薄れてしまうので、どうバランスをとるかでしょう。

　しかし、地域研究センターからの伝統なのですが、陽の当たらないような研究をどうやってきちんと支援していくか。そして学術研究を学部の壁を取り払った形でどう進めていくかという、基本の部分を忘れてはいけないということでしょうね。

　司会　そういう創設当時の多様性、にぎやかさ、それを今日、いかにして取り戻せるかということは、一つの大きな課題なのだろうと思います。

　小田　見ていると、今後の研究所のあり方との関係で思うのは、専任者がいないというのは本当は弱点ではあるんです。誰々がいる、例えば国分教授がいる東アジア研究所という、そういうものでないと、「あそこは誰がいるの？」ということになる。

　国分　だから私は、東アジア研究所所長の時代は法学部教授という肩書きをあまり外に出さなかったんです。外にアピールするとき、すべて東アジア研究所所長で通した。

　小田　なるほど。あとほかに、どれだけ所員や研究員がいるのかということ。今はみんな非常勤あるいは兼任・兼担でしょう。それがある面では弱みなんです。でもある意味では強みで、それは逆に専任がいるため研究領域が固定化してしまったり、悪い伝統ができてしまう場合もあるからね。

　半面、あそこには誰がいるのかといったときに名前を出せる人がいないから、それはちょっと残念だなと。非常勤でもいいから現在の所員は誰々というのをしつこいぐらい出してもいいのかもしれない。

　国分　あと、先ほど小田先生も言われたように、山田先生も、そして小此木先生もそうだったけれど、後輩にあまり口出しをしませんね。

　小田　そうそう。

　国分　あとは現在の人がきちんと、やりたい方向に頑張ってやっていくということなのではないでしょうか。

　司会　はい、やりたい方向にやらせていただいています（笑）。

国分　ただし周りとのバランスをとってということですね。

司会　その通りです。まだまだ話は尽きませんが、時間がまいりましたので、今日の座談会はこれで終了したいと思います。

先生方、今日は貴重なお話を大変ありがとうございました。

第Ⅲ部 《資料》

所長・副所長　一覧

地域研究センター：1984.4.1～2003.9.30　　　　　　　　　　職位は在職当時のもの

期間 自 至	所長 氏名	所長 所属	副所長 氏名	副所長 所属
1984. 4. 1 1985. 9.30	小田　英郎	法学部教授	山田　辰雄	法学部教授 （1985.4.1～）
1985.10. 1 1987. 9.30	小田　英郎	法学部教授	可児　弘明 山田　辰雄	文学部教授 法学部教授
1987.10. 1 1989. 9.30	小田　英郎	法学部教授	可児　弘明 山田　辰雄	文学部教授 法学部教授
1989.10. 1 1991. 9.30	山田　辰雄	法学部教授	高梨　和紘 十川　廣國 小此木政夫	経済学部教授 商学部教授 法学部教授 （1990.4.1～）
1991.10. 1 1993. 9.30	山田　辰雄	法学部教授	高梨　和紘 十川　廣國 小此木政夫	経済学部教授 商学部教授 法学部教授
1993.10. 1 1995. 9.30	山田　辰雄	法学部教授	鈴木　正崇 小此木政夫 川嶋　弘尚	文学部教授 法学部教授 理工学部教授
1995.10. 1 1997. 9.30	小此木政夫	法学部教授	鈴木　正崇 国分　良成 川嶋　弘尚	文学部教授 法学部教授 理工学部教授
1997.10. 1 1999. 9.30	小此木政夫	法学部教授	鈴木　正崇 国分　良成 和気　洋子	文学部教授 法学部教授 商学部教授 （1998.4.1～）
1999.10. 1 2001. 9.30	国分　良成	法学部教授	鈴木　正崇 添谷　芳秀 和気　洋子	文学部教授 法学部教授 商学部教授
2001.10. 1 2003. 9.30	国分　良成	法学部教授	鈴木　正崇 添谷　芳秀 和気　洋子	文学部教授 法学部教授 商学部教授

第Ⅲ部 《資 料》

東アジア研究所：2003.10.1～

期　間 自　至	所　長		副　所　長	
	氏　名	所　属	氏　名	所　属
2003.10. 1 2005. 9.30	国分　良成	法学部教授	鈴木　正崇 添谷　芳秀 和気　洋子	文学部教授 法学部教授 商学部教授
2005.10. 1 2007. 9.30	国分　良成	法学部教授	鈴木　正崇 添谷　芳秀 和気　洋子	文学部教授 法学部教授 商学部教授
2007.10. 1 2009. 9.30	添谷　芳秀	法学部教授	鈴木　正崇 田所　昌幸 和気　洋子	文学部教授 法学部教授 （2008.4.1～） 商学部教授
2009.10. 1 2011. 9.30	添谷　芳秀	法学部教授	鈴木　正崇 古田　和子 高橋　伸夫	文学部教授 経済学部教授 法学部教授
2011.10. 1 2013. 9.30	添谷　芳秀	法学部教授	鈴木　正崇 古田　和子 高橋　伸夫	文学部教授 経済学部教授 法学部教授
2013.10. 1 2015. 9.30	高橋　伸夫	法学部教授	鈴木　正崇 古田　和子 田所　昌幸	文学部教授 経済学部教授 法学部教授

※2003年10月1日から「東アジア研究所」へ組織名称変更

《資 料》　第Ⅲ部

研究プロジェクト　一覧

(1) 高橋産業経済研究財団によるプロジェクト
職位は研究期間当時のもの

研究期間	研究代表者	研究テーマ
1985.4.1～ 1987.3.31	法・教授 山田　辰雄	近代中国人物研究
1985.4.1～ 1987.3.31	医・教授 浅見　敬三	南米ボリビアの日系移民の疾病構造に及ぼす社会環境因子に関する研究
1985.4.1～ 1987.3.31	文・教授 坂口　昂吉	地中海世界（南欧とイスラム圏）をめぐる宗教の比較研究
1985.4.1～ 1988.3.31	経・教授 矢内原　勝	アフリカ・ラテンアメリカ関係史研究
1986.4.1～ 1988.3.31	商・教授 藤森　三男	オーストラリアの企業経営――歴史と現状分析
1987.4.1～ 1989.3.31	文・教授 近森　正	ポリネシア・クック諸島におけるサンゴ礁環境への文化適応過程
1987.4.1～ 1989.3.31	法・教授 松本　三郎	東南アジア諸国における中国のイメージと影響力
1988.4.1～ 1990.3.31	法・教授 石川　明	韓国民事法の現代的課題
1988.4.1～ 1990.3.31	文・教授 可児　弘明	香港および香港問題に関する研究
1989.4.1～ 1991.3.31	経・教授 大山　道広	東アジアの発展と国際分業
1989.4.1～ 1991.3.31	法・教授 小田　英郎	中東・アフリカにおける政治体制の比較研究 　　――政党と軍隊
1990.4.1～ 1992.3.31	法・教授 山田　辰雄	中国経済・政治体制改革10年の歴史構造
1990.4.1～ 1993.3.31	文・教授 柳田　利夫	アメリカ大陸における日本人の研究

第Ⅲ部　《資　料》

研究期間	研究代表者	研究テーマ
1991.4.1〜 1993.3.31	法・教授 小此木政夫	北朝鮮の政治・経済・法律・外交・安保に関する総合的研究
1991.4.1〜 1993.3.31	理工・教授 橋本　芳一	中国都市環境の改善および環境科学技術の発展促進の研究——四川省成都市を中心としたケーススタディ
1991.4.1〜 1993.3.31	文・教授 宮家　準	環東シナ海文化圏のシャーマニズムに関する比較研究
1992.4.1〜 1994.3.31	経・教授 杉山　伸也	近代アジアの流通ネットワーク
1992.4.1〜 1994.3.31	経・教授 高梨　和紘	タイ経済の変容と政策課題
1993.4.1〜 1995.3.31	文・教授 可児　弘明	多民族国家の中の漢族および中国系人
1993.4.1〜 1995.3.31	商・教授 藤森　三男	東アジア資本主義（Hybrid Capitalism）の研究
1993.4.1〜 1995.3.31	法・教授 石川　明	東アジア及び西欧におけるADR（裁判外紛争処理制度）の研究
1994.4.1〜 1996.3.31	法・教授 池井　優	日本＝トルコ関係の歴史的考察
1994.4.1〜 1996.3.31	理工・教授 川嶋　弘尚	商流・物流における技術革新の展望とその社会的影響——アジアにおけるケース・スタディ
1995.4.1〜 1997.3.31	文・教授 鈴木　正崇	アジアの仮面文化に関する比較研究
1995.4.1〜 1997.3.31	法・教授 久保　文明	現代アメリカの政治変動
1995.4.1〜 1997.3.31	法・教授 添谷　芳秀	1990年代東南アジアをめぐる政治・経済の構造と動態
1996.4.1〜 1998.3.31	総合政策・教授 櫻井　雅夫	国家、法人、市民にとっての地域統合・地域協力——欧州をモデルに
1996.4.1〜 1998.3.31	法・教授 藤原淳一郎	アジア・インフラストラクチャーの研究

研究期間	研究代表者	研究テーマ
1996.4.1〜 1997.3.31	経・教授 高梨　和紘	ヴェトナムの政治と経済
1997.4.1〜 1999.3.31	文・教授 山本　英史	中国清代の国家と地域
1997.4.1〜 1999.3.31	医・教授 竹内　勤	南米における先天性シャーガス病の実態把握と地域社会的背景調査
1998.4.1〜 2000.3.31	法・教授 国分　良成	中国文化大革命の総合的研究
1998.4.1〜 2000.3.31	文・教授 柳田　利夫	ラテンアメリカにおける国家とエスニシティの研究 ——ラテンアメリカ諸国における日系社会の比較研究を中心に
1999.4.1〜 2001.3.31	商・教授 赤川　元章	東アジア経済発展の社会経済的分析
1999.4.1〜 2001.3.31	文・教授 吉原　和男	中国人の移動と文化創造
2000.4.1〜 2002.3.31	文・教授 野村　伸一	危機の共同体——東シナ海周辺の女神信仰と女性の祭祀活動
2000.4.1〜 2002.3.31	法・教授 赤木　完爾	朝鮮戦争の再検討
2001.4.1〜 2003.3.31	経・教授 倉沢　愛子	都市下層の生活構造と移動ネットワークの国際比較研究
2001.4.1〜 2003.3.31	法・教授 関根　政美	アジア・太平洋地域におけるインターネットの普及とその政治社会・文化的影響——電子ネットワーク社会のインフォミドル形成と市民社会形成
2002.4.1〜 2004.3.31	文・教授 坂本　勉	近代日本のイスラーム政策とアジア主義
2002.4.1〜 2004.3.31	商・教授 和気　洋子	EUの公共政策
2003.4.1〜 2005.3.31	法・教授 大沢　秀介	アジアに与えたアメリカの憲法裁判の影響 ——特に日本、韓国とアメリカの比較を中心に

研究期間	研究代表者	研究テーマ
2003.4.1～ 2005.3.31	総合政策・教授 野村　亨	アジアを中心とする諸地域におけるグローバリズム・ナショナリズム・ローカリズムの関係と国家・市民社会・共同体等の役割・機能に関する比較研究
2004.4.1～ 2006.3.31	法・教授 横手　慎二	日露戦争の研究——百年後の視点から
2004.4.1～ 2006.3.31	法・教授 山本　信人	東南アジア地域における政治秩序研究
2004.4.1～ 2005.3.31	東アジア研究所 所長, 法・教授 国分　良成	国際シンポジウム「日中関係——協調への政治経済学」
2005.4.1～ 2007.3.31	法・教授 岩谷　十郎	東アジア的地平の中の近代日本法政思想 ——福沢諭吉の再定位を目指して
2005.4.1～ 2007.3.31	経済・教授 渡辺　幸男	中国・中小企業研究の新地平 ——産業発展・制度改革・地域変容の統合的研究
2006.4.1～ 2008.3.31	文・教授 鈴木　正崇	東アジアにおける宗教文化の再構築
2006.4.1～ 2008.3.31	環境・教授 山本　純一	アジア、ラテンアメリカを中心とした地域における、中間組織と多元的市民社会の可能性
2007.4.1～ 2009.3.31	文・教授 藤田　弘夫	グローバリゼーションと東アジアの公共観の変貌
2007.4.1～ 2009.3.31	法・教授 小此木政夫	朝鮮半島における秩序変革
2008.4.1～ 2010.3.31	経済・教授 古田　和子	中国における市場秩序と制度に関する歴史分析
2008.4.1～ 2010.3.31	文・教授 山本　英史	近代中国の地域像
2009.4.1～ 2011.3.31	文・教授 吉原　和男	アジア太平洋地域におけるマイグレーションと日本の外国人受け入れに関する総合的研究
2009.4.1～ 2011.3.31	経済・教授 柳沢　遊	戦時期アジア地域内諸都市の発展と社会変動 ——1930～50年代の生活・営業・移動を中心に

研究期間	研究代表者	研究テーマ
2010.4.1〜 2012.3.31	環境情報・教授 厳　網林	東アジア社会における「持続可能な発展」の諸相
2010.4.1〜 2012.3.31	メディア・コミュニケーション研究所・教授 菅谷　実	太平洋島嶼国における情報通信政策と国際協力
2011.4.1〜 2013.3.31	文・教授 野村　伸一	日本・中国・韓国からみた海域文化の生成と変容 ――「東方地中海」をめぐる基層文化の比較研究
2011.4.1〜 2013.3.31	法・教授 田所　昌幸	台頭する印中――その長期展望と国際政治的意義
2012.4.1〜 2014.3.31	経済・教授 木村　福成	東アジアの生産ネットワークと経済統合 ――ショックへの耐性と投資環境
2012.4.1〜 2014.3.31	法・教授 細谷　雄一	東アジアとヨーロッパの地域間関係の総合的研究
2013.4.1〜	文・教授 関根　謙	近代中国の表象とその可能性
2013.4.1〜	経済・教授 大西　広	「過去への郷愁」にゆれる現代中国の行方
2014.4.1〜	法・教授 添谷　芳秀	東アジアの国際環境と日本外交――歴史と現在
2014.4.1〜	総合政策・准教授 加茂　具樹	現代中国政治と新制度論 ――中国の制度はどこから来て、どこへ行くのか

(2) 韓国国際交流財団（Korea Foundation）によるプロジェクト

研究期間	研究代表者	研究テーマ
1994.4.1〜 1996.3.31	法・教授 小此木政夫	The Study on North Korea and Korean Unification 北朝鮮と朝鮮統一に関する研究
1995.4.1〜 1997.3.31	商・教授 藤森　三男	Hybrid Capitalism and Capitalism in East Asia 東アジア資本主義（Hybrid Capitalism）の研究

研究期間	研究代表者	研究テーマ
1995.4.1〜 1998.3.31	総合・教授 渡辺　吉鎔	Transition of Urbanization and Life Style in Korea 韓国の都市化とライフスタイルの変遷研究
1995.4.1〜 1998.3.31	文・教授 野村　伸一	Comparative Research on Shamanism: East Asia and Cheji Island 韓国の巫俗と日本の神楽の対照研究
1999.4.1〜 2000.3.31	文・教授 田代　和生	近世日韓関係と経済交流
2004.4.1〜 2005.3.31	法・教授 小此木政夫	Japan−Korea Security Dialogue *US Alliance Transformation and Northeast Asian Security* 日韓安保対話「同盟再編と北東アジア」 国際シンポジウム（2004.9.4-5）

(3) 文部省科学研究費補助金、鹿島財団、国際交流基金によるプロジェクト

研究期間	研究代表者	研究テーマ
1996.4.1〜 1997.3.31	総合・教授 小島　朋之	中国環境問題の総合的研究

(4) US-Japan Foundation（NY）によるプロジェクト

研究期間	研究代表者	研究テーマ
1995.4.1〜 1998.3.31	法・教授 小此木政夫	日米中トライラテラル会議 Japan, the U.S. and China: A Program of Deliberations

刊行物　一覧

（1）高橋産業経済研究財団からの助成を受けた研究プロジェクトの成果刊行物
2003.9 までは慶應義塾大学地域研究センター叢書として刊行

編（著）者	刊行物名	出版社	出版年
山田　辰雄	『近代中国人物研究』	慶應通信	1989 年
矢内原　勝 小田　英郎	『アフリカ・ラテンアメリカ関係の史的展開』	平凡社	1989 年
坂口　昂吉	『地中海世界と宗教』	慶應通信	1989 年
石井　裕正 津金昌一郎	『ボリビアにおける日本人移住者の環境と健康』	慶應通信	1990 年
近森　正	『クック諸島――人間と先史社会』	慶應義塾大学地域研究センター	1991 年
可児　弘明	『香港および香港問題の研究』	東方書店	1991 年
松本　三郎 川本　邦衛	『東南アジアにおける中国のイメージと影響力』	大修館	1991 年
金　疇洙 石川　明	『韓国民事法の現代的諸問題』	慶應通信	1991 年
藤森　三男	『オーストラリアの企業環境と経営』	慶應通信	1991 年
シェリダン京子	The Australian Economy in the Japanese Mirror	University of Queensland Press	1992 年
大山　道広 高梨　和紘	『東アジアの国際交流と経済発展』	文眞堂	1993 年
小田　英郎 富田　広士	『中東・アフリカ現代政治 ――民主化・宗教・軍部・政党』	勁草書房	1993 年
宮家　準 鈴木　正崇	『東アジアのシャーマニズムと民俗』	勁草書房	1994 年
柳田　利夫	『アメリカの日系人――都市・社会・生活』	同文舘出版	1995 年
山田　辰雄 橋本　芳一	『中国環境研究――四川省成都市における事例研究』	勁草書房	1995 年
高梨　和紘	『タイ経済の変容と政策課題』	文眞堂	1995 年
山田　辰雄	『歴史のなかの現代中国』	勁草書房	1996 年

第Ⅲ部　《資　料》

以下は地域研究センター叢書　CAS として刊行

編(著)者	刊　行　物　名	出版社	出版年
石川　　明 三上　威彦	『比較　裁判外紛争解決制度』	慶應義塾大学出版会	1997年
藤森　三男 榊原　貞雄 佐藤　　和	『ハイブリッド・キャピタリズム 　　――東アジアの「和魂洋才」型発展』	慶應義塾大学出版会	1997年
金子　量重 坂田　貞二 鈴木　正崇	『ラーマーヤナの宇宙――伝承と民族造形』	春秋社	1998年
可児　弘明 国分　良成 鈴木　正崇 関根　政美	『民族で読む中国』	朝日新聞社	1998年
川嶋　弘尚 根本　敏則	『アジアの国際分業とロジスティクス 　　――生産・物流から見えるアジアそして日本』	勁草書房	1998年
小此木政夫監修 徐大粛監修 鐸木昌之編 坂井　隆編 古田博司編	『資料 北朝鮮研究 Ⅰ 政治・思想』	慶應義塾大学出版会	1998年
池井　　優 坂本　　勉	『近代日本とトルコ世界』	勁草書房	1999年
藤原淳一郎	『アジア・インフラストラクチャー 　　――21世紀への展望』	慶應義塾大学出版会	1999年
石川　　明 櫻井　雅夫	『EU の法的課題』	慶應義塾大学出版会	1999年
鈴木　正崇 野村　伸一	『仮面と巫俗の研究――日本と韓国』	第一書房	1999年
杉山　伸也 リンダ・グローブ	『近代アジアの流通ネットワーク』	創文社	1999年
久保　文明 草野　　厚 大沢　秀介	『現代アメリカ政治の変容』	勁草書房	1999年

編（著）者	刊行物名	出版社	出版年
添谷　芳秀 山本　信人	『世紀末からの東南アジア 　　──錯綜する政治・経済秩序のゆくえ』	慶應義塾大学出版会	2000年
山本　英史	『伝統中国の地域像』	慶應義塾大学出版会	2000年
柳田　利夫	『ラテンアメリカの日系人──国家とエスニシティ』	慶應義塾大学出版会	2002年
吉原　和男 鈴木　正崇	『拡大する中国世界と文化創造 　　──アジア太平洋の底流』	弘文堂	2002年
国分　良成	『中国文化大革命再論』	慶應義塾大学出版会	2003年

2003年10月1日付けで組織名称を変更したことに伴い、以下からは慶應義塾大学東アジア研究所叢書として刊行

編（著）者	刊行物名	出版社	出版年
赤木　完爾	『朝鮮戦争 　　──休戦50周年の検証・半島の内と外から』	慶應義塾大学出版会	2003年
野村　伸一	『東アジアの女神信仰と女性生活』	慶應義塾大学出版会	2004年
赤川　元章 唐木　圀和	『東アジア経済研究のフロンティア 　　──社会経済的変化の分析』	慶應義塾大学出版会	2004年
野村　　亨 山本　純一	『グローバル・ナショナル・ローカルの現在』	慶應義塾大学出版会	2006年
和気　洋子 伊藤　規子	『EUの公共政策』	慶應義塾大学出版会	2006年
大沢　秀介 小山　　剛	『東アジアにおけるアメリカ憲法 　　──憲法裁判の影響を中心に』	慶應義塾大学出版会	2006年
倉沢　愛子	『都市下層の生活構造と移動ネットワーク 　　──ジャカルタ、東京、大阪、サン・クリストバルのフィールドワークによる実証』	明石書店	2007年
坂本　　勉	『日中戦争とイスラーム 　　──満蒙・アジア地域における統治・懐柔政策』	慶應義塾大学出版会	2008年

第Ⅲ部　《資　料》

編　者	刊　行　物　名	出版社	出版年
関根　政美	『東アジアの電子ネットワーク戦略』	慶應義塾大学出版会	2008年
竹内　勤 三浦左千夫	『しのびよるシャーガス病 　　――中南米の知られざる感染症』	慶應義塾大学出版会	2009年
小此木政夫 礒﨑　敦仁	『北朝鮮と人間の安全保障』	慶應義塾大学出版会	2009年
山本　信人	『東南アジアからの問いかけ』	慶應義塾大学出版会	2009年
田島　英一 山本　純一	『協働体主義――中間組織が開くオルタナティブ』	慶應義塾大学出版会	2009年
渡辺　幸男 周　　立群 駒形　哲哉	『東アジア自転車産業論 　　――日中台における産業発展と分業の再編』	慶應義塾大学出版会	2009年
藤田　弘夫	『東アジアにおける公共性の変容』	慶應義塾大学出版会	2010年
鈴木　正崇	『東アジアにおける宗教文化の再構築』	風響社	2010年
山本　英史	『近代中国の地域像』	山川出版社	2011年
古田　和子	『中国の市場秩序 　　――17世紀から20世紀前半を中心に』	慶應義塾大学出版会	2013年
小此木政夫 西野　純也	『朝鮮半島の秩序再編』	慶應義塾大学出版会	2013年
吉原　和男	『現代における人の国際移動 　　――アジアの中の日本』	慶應義塾大学出版会	2013年
菅谷　実	『太平洋島嶼地域における情報通信政策と国際協力』	慶應義塾大学出版会	2013年
柳沢　遊 木村　健二 浅田　進史	『日本帝国勢力圏の東アジア都市経済』	慶應義塾大学出版会	2013年
厳　　網林 田島　英一	『アジアの持続可能な発展に向けて 　　――環境・経済・社会の視点から』	慶應義塾大学出版会	2013年

《資料》

(2) 地域研究講座（2004年度より「東アジア研究所講座」と名称を変更）
講義成果刊行物

編　者	刊　行　物　名	発売所	出版年
地域研究センター	『地域研究と第三世界』	慶應通信	1989年
地域研究センター	『アジア・太平洋経済圏の新時代』	慶應通信	1991年
地域研究センター	『アジア・太平洋新秩序の模索』	慶應通信	1994年
地域研究センター	『民族・宗教・国家──現代アジアの社会変動』	慶應通信	1995年
地域研究センター	『アジアの物流──現状と課題』	慶應義塾大学出版会	1997年
地域研究センター	『アジアの金融・資本市場──危機の内層』	慶應義塾大学出版会	2000年
地域研究センター	『変わる東南アジア──危機の教訓と展望』	慶應義塾大学出版会	2002年
地域研究センター	『21世紀とイスラーム──その多様性と現代的課題』	慶應義塾大学出版会	2003年
国分　良成	『世界のなかの東アジア』	慶應義塾大学出版会	2006年
鈴木　正崇	『東アジアの近代と日本』	慶應義塾大学出版会	2007年
鈴木　正崇	『東アジアの民衆文化と祝祭空間』	慶應義塾大学出版会	2009年
鈴木　正崇	『南アジアの文化と社会を読み解く』	慶應義塾大学出版会	2011年
高橋　伸夫	『アジアの「核」と私たち──フクシマを見つめながら』	慶應義塾大学出版会	2014年

※2003年10月1日より「東アジア研究所」と組織名称を変更。
　名称変更に伴い、講座名称を「東アジア研究所講座」とした。

(3) シンポジウム関係　成果刊行物

編　者	刊　行　物　名	発売所	出版年
地域研究センター	『シンポジウム華南——華僑・華人の故郷』	（非売品）	1992 年
山田　辰雄	『日中関係の 150 年——相互依存・競存・敵対』	東方書店	1994 年
地域研究センター	The Chinese Expansion and the World Today: North American Experience	（非売品）	1996 年
Young-Sun Lee Masao Okonogi	Japan and Korean Unification	Yonsei University Press	1999 年
Chung-in Moon Masao Okonogi Mitchell B. Reiss	The Perry Report, the Missile Quagmire, and the North Korean Question	Yonsei Universty Press	2000 年
吉原　和男 鈴木　正崇 末成　道男	『＜血縁＞の再構築 ——東アジアにおける父系出自と同姓結合』	風響社	2000 年

(4) その他の刊行物

① US–Japan Foundation による日米中三国共同研究プロジェクトの研究成果の刊行
　Center for Area Studies, Keio University
　The Sigur Center for Asian Studies, the George Washington University
　China Institute of Contemporary Relations
　　Towards the 21st Century
　　　—The Roles of the United States, China & Japan in the Asia-Pacific（1997 年）

② 講演記録
　Al Sadiq Al Mahdi（The Prime Minister of the Republic of the Sudan）
　　"The Sudan: Challenges of Democracy"（1987 年）

東アジア研究所・現代中国研究シリーズ

編者	刊行物名	出版社	出版年
高橋　伸夫	『救国、動員、秩序 　　──変革期中国の政治と社会』	慶應義塾大学 出版会	2010年
添谷　芳秀	『現代中国外交の六十年──変化と持続』	慶應義塾大学 出版会	2011年
加茂　具樹 小嶋華津子 星野　昌裕 武内　宏樹	『党国体制の現在 　　──変容する社会と中国共産党の適応』	慶應義塾大学 出版会	2012年
王　雪萍	『戦後日中関係と廖承志 　　──中国の知日派(ジャパンハンズ)と対日政策』	慶應義塾大学 出版会	2013年

東アジア研究所・現代韓国研究シリーズ

編者	刊行物名	出版社	出版年
春木　育美 薛　東勲	『韓国の少子高齢化と格差社会 　　──日韓比較の視座から』	慶應義塾大学 出版会	2011年
小此木政夫 文　正仁 西野　純也	『転換期の東アジアと北朝鮮問題』	慶應義塾大学 出版会	2012年

【執筆者紹介】

小田英郎（おだ ひでお）　慶應義塾大学名誉教授。1933 年生まれ。慶應義塾大学大学院法学研究科博士課程単位取得退学、法学博士。専門分野：政治学（アフリカ現代政治）、国際政治。主要著作：『現代アフリカの政治とイデオロギー』（新泉社、1971 年）、『アフリカ現代政治』（東京大学出版会、1989 年）、ほか。

山田辰雄（やまだ たつお）　慶應義塾大学名誉教授。1938 年生まれ。慶應義塾大学大学院法学研究科博士課程単位取得退学、博士（法学）。専門分野：中国近代政治史。主要著作：『中国国民党左派の研究』（慶應通信、1980 年）、『中国近代政治史』（放送大学教育振興会、2002 年）、ほか。

可児弘明（かに ひろあき）　慶應義塾大学名誉教授。1932 年生まれ。慶應義塾大学大学院文学研究科博士課程単位取得退学、文学修士。専門分野：中国社会史。主要著作：『近代中国の苦力と豬花』（岩波書店、1979 年）、『民衆道教の周辺』（風響社、2004 年）、ほか。

小此木政夫（おこのぎ まさお）　慶應義塾大学名誉教授。1945 年生まれ。慶應義塾大学大学院法学研究科博士課程単位取得退学、法学博士。専門分野：国際政治・韓国朝鮮政治論。主要著作：『朝鮮戦争―米国の介入過程―』（中央公論社、1986 年）、『市場・国家・国際体制』（共編、慶應義塾大学出版会、2001 年）、ほか。

鈴木正崇（すずき まさたか）　慶應義塾大学文学部教授。1949 年生まれ。慶應義塾大学大学院文学研究科博士課程単位取得退学、博士（文学）。専門分野：文化人類学・宗教学・民俗学。主要著作：『スリランカの宗教と社会―文化人類学的考察―』（春秋社、1996 年）、『ミャオ族の歴史と文化の動態―中国南部山地民の想像力の変容―』（風響社、2012 年）、ほか。

国分良成（こくぶん りょうせい）　防衛大学校長。1953 年生まれ。慶應義塾大学大学院法学研究科博士課程単位取得退学、博士（法学）。専門分野：現代中国論、東アジア国際関係。主要著作：『現代中国の政治と官僚制』（慶應義塾大学出版会、2004 年）、『日中関係史』（編著、有斐閣、2013 年）、ほか。

添谷芳秀（そえや よしひで）　慶應義塾大学法学部教授。1955 年生まれ。米国ミシガン大学大学院政治学専攻博士課程修了、博士（Ph.D. 国際政治学）。専門分野：日本外交、東アジアの国際関係、国際政治。主要著作：『日本の「ミドルパワー」外

交―戦後日本の選択と構想―』（ちくま新書、2005 年）、『「普通」の国日本』（共編、千倉書房、2014 年）、ほか。

高橋伸夫（たかはし のぶお）　慶應義塾大学法学部教授。1960 年生まれ。慶應義塾大学大学院法学研究科博士課程修了、法学博士。専門分野：現代中国政治史。主要著作：『中国革命と国際環境―中国共産党の国際情勢認識とソ連、1937～1960 年―』（慶應義塾大学出版会、1996 年）、『救国、動員、秩序―変革期中国の政治と社会―』（編著、慶應義塾大学出版会、2010 年）、ほか。

慶應義塾大学東アジア研究所 10 周年（地域研究センター 30 周年）記念講演集
アジア・アフリカ研究
──現在と過去との対話

2015 年 2 月 28 日　初版第 1 刷発行

編　者─────慶應義塾大学東アジア研究所
発行者─────慶應義塾大学東アジア研究所
　　　　　　　代表者　高橋伸夫
　　　　　　　〒108-8345　東京都港区三田 2-15-45
　　　　　　　TEL 03-5427-1598
発売所─────慶應義塾大学出版会株式会社
　　　　　　　〒108-8346　東京都港区三田 2-19-30
　　　　　　　TEL 03-3451-3584　FAX 03-3451-3122
装　丁─────渡辺澪子
印刷・製本───株式会社加藤文明社

　　　　　　Ⓒ2015　Keio Institute of East Asian Studies
　　　　　　Printed in Japan ISBN978-4-7664-2192-7
　　　　　　落丁・乱丁本はお取替いたします。